甲午

갑오(甲午)

120년 전 뉴스 일러스트로 본 청일전쟁

초판 1쇄 인쇄 2020년 1월 10일
초판 1쇄 발행 2020년 1월 15일

편저	만국보관
옮긴이	이창주
해제	이은상
펴낸이	이영선
책임편집	강영선
편집	강영선 김선정 김문정 김종훈 이민재 김연수 이현정
디자인	김회량
독자본부	김일신 김진규 정혜영 박정래 손미경 김동욱

펴낸곳 서해문집 | 출판등록 1989년 3월 16일(제406-2005-000047호)
주소 경기도 파주시 광인사길 217(파주출판도시)
전화 (031)955-7470 | 팩스 (031)955-7469
홈페이지 www.booksea.co.kr | 이메일 shmj21@hanmail.net

ISBN 978-89-7483-004-5 03900

이 도서의 국립중앙도서관 출판예정도서목록(CIP)은 서지정보유통지원시스템 홈페이지(http://
seoji.nl.go.kr)와 국가자료공동목록시스템(http://www.nl.go.kr/kolisnet)에서 이용하실 수
있습니다.(CIP제어번호: CIP2019045026)

갑오

120년 전
뉴스 일러스트로 본
청일전쟁

만국보관(萬國報館) 편저
이창주 옮김
이은상 해제

서해문집

중일갑오전쟁
(청일전쟁, 1894~1895)의
주요 사건

1894년   청 광서(光緒) 20년, 일본 메이지(明治) 27년, 조선 고종(高宗) 31년

2월 15일   조선 동학농민운동 봉기

6월 2일   일본 내각회의 조선 파병 결정, 중의원 해산

6월 7일   중국·일본 조선 출병 외교 문서 상호 제출

6월 22일   일본 외상이 중국 공사에게 첫 절교서 제출

7월 16일   일본·영국 통상항해조약(通商航海條約) 체결

7월 17일   일본에서 소집한 어전회의에서 중국과의 개전 확정

7월 23일   일본 군대 조선 왕궁 점령, 흥선대원군 집정 지원

7월 25일   일본 해군이 조선 서해안 풍도(豊島) 인근에서 중국 해군함정과 병력수송선을 기습, 고승호(高陞號) 병력운송선을 격침, 중일갑오전쟁 첫 개전의 전사(戰事) 기록

7월 29일   일본 육군과 청군은 조선의 성환(成歡)에서 개전, 익일 일본군 아산 점령, 중일갑오전쟁 내륙전쟁 발발

8월 1일   중국과 일본 양국 선전포고, 중일갑오전쟁 정식 개전

9월 16일   일본군, 청군이 사수하던 평양 함락, 조선 청군 전체 라인 대패, 압록강의 중국 측 지역으로 후퇴

9월 17일   북양함대는 황해 쪽 대동구(大東溝, 현재의 단동항이 위치한 랴오닝성 둥강시-역주) 해역에서 일본 연합함대와 대규모 해전을 전개, 일본 연합함대 승리, 일본 연합함대가 황해 제해권 장악

10월 23일   일본군 압록강 도강, 중국 본토 공격

11월 21일   일본군 제2군 뤼순(旅順) 점령 후 중국 군대가 이전에 저항했던 것에 보복하기 위해 뤼순 전체 도시 학살, 뤼순 내 중국군과 민간인 거의 몰살, 오직 36명의 시신 운반인만이 생환

1895년 청 광서 21년, 일본 메이지 28년, 조선 고종 32년

1월 20일 일본군 산둥작전군은 웨이하이(威海) 룽청(榮成)
룽쉬(龍須)반도 인근의 룽청만에 상륙, 거의 저항 없이
상륙

2월 1일 중국과 일본 양국 전권대표 히로시마 회담

2월 2일 중국과 일본 양국 전권대표 회담 결렬, 일본군은 산둥
웨이하이웨이(威海衛) 남북 측 포대를 공격, 일본군
제2군은 당일 웨이하이 방어 지역을 최종으로 공격하는
데 주력, 웨이하이웨이 점령

2월 12일 중국 북양함대 류궁섬(劉公島)에서 일본 해군에 투항

2월 19일 청 정부, 이홍장(李鴻章)을 평화회담 전권대표로 임명

3월 16일 일본은 참모총장 고마쓰노미야 아키히토(小松宮彰仁)
친왕(親王)을 정청대총독(征淸大總督, 청나라 정벌
대총독)으로 임명

3월 23일 히시지마 요시테루(比志島義輝) 일본군 지대(支隊), 타이완
펑후(澎湖)열도 상륙

3월 24일 일본인 고야마 도로타로(小山豊太郎, 小山六之助)가 총을 쏴
이홍장 암살 시도, 이홍장 중상

3월 30일 중일정전조약 체결

4월 17일 중국과 일본, 일본 시모노세키 춘범루(春帆樓)에서
마관신약(馬關新約) 혹은 마관조약(馬關條約,
시모노세키조약을 지칭함-역주) 체결, 조약 체결은
중일갑오전쟁의 종료를 의미

4월 23일 러시아, 독일, 프랑스 3국이 대일 간섭 진행

5월 4일 일본 내각은 중국에 랴오둥반도 할양 요구 포기 결정

5월 10일 일본 천황, 일본 해군 군령부장으로 황해해전을 감독,
지휘했던 가바야마 스케노리(樺山資紀)를 타이완
총독으로 임명

5월 29일 일본군 타이완 북부 상륙

10월 21일 타이난(臺南) 함락, 중국 군대 타이완 내 조직적 저항 종료

이홍장은 방미 기간 동안 미국의《뉴욕 타임스(The New York Times, 紐約時報)》와 인터뷰를 나누었다. 그는 이렇게 말했다.

"중국에도 신문이 있지만, 안타까운 점은 우리 편집인은 진실한 상황을 독자에게 알리길 원하지 않는다는 것이다. 그들은 당신들의 신문이 '진실, 전체 진실, 오직 진실만'을 말하는 것처럼 하지 못한다. 중국의 편집인은 진실을 말할 때 매우 인색하다. 그들은 오직 일부의 사실만을 말하며, 그들의 신문은 당신들의 신문만큼 이렇게 큰 발행량을 보이지도 않는다. 성실히 진실을 설명하지 못하기 때문에 우리 신문은 매체 본연의 고귀한 가치를 상실했고, 널리 문명을 전달할 가능성을 상실하게 됐다."

– 이홍장, 1896년 8월 29일, 미국《뉴욕 타임스》인터뷰

李鴻章訪美期間接受美國《紐約時報》記者的采訪時說.

"中國辦有報紙, 但遺憾的是我們的編輯們不願將真實情況告訴讀者, 他們不像你們的報紙講真話, 只講真話. 我國的編輯們在講真話的時候十分吝嗇, 他們只講部分的事實, 而且他們的報紙也沒有你們的報紙這麼大的發行量. 由於不能誠實地說明真相, 我們的報紙就失去了新聞本身高貴的價值, 失去了廣泛傳播文明的可能."

– 李鴻章, 1896年 8月 29日, 美國《紐約時報》專訪

"There are newspapers in China, but the Chinese editors, unfortunately, do not tell the truth. They do not, as your papers, tell 'the truth, the whole truth, and nothing but the truth.' The editors in China are great economizers of the truth; they tell only a part of it. They do not have , therefore, the great circulation that your papers have. Because of this economy of the truth, our papers fail in the mission of a great press, to be one of the means of civilization."

– Li Hung Chang, in an inteview given to The New York Times on August 29, 1896

일러두기

- 우리가 청일전쟁(1894~1895)으로 부르는 역사적 사건을 중국은 중일갑오전쟁
  또는 갑오전쟁으로 표기하는데, 여기서는 중일갑오전쟁으로 통일했다.
- 본문에서 편집자는 원서의 편집자다.

차례

동아시아를 넘어
중일갑오전쟁
관찰

마융(馬勇)

120년 전 일어난 중일갑오전쟁(청일전쟁)은 인류 역사상 중대한 사건이었다. 이 전쟁은 중국의 근대 역사를 전후 양 시기로 분리했을 뿐만 아니라, 중국이 앞서 30년 넘게 추진했던 양무신정(洋務新政)을 포기하게 만들었으며, 중국으로 하여금 급진주의 변혁이라는 돌이킬 수 없는 길에 들어서게 했다. 또 이 전쟁으로 인해 국제정치 판도에 또다시 지각변동이 있었다. 기존의 국제정치에서 어떤 역할도 발휘하지 못했던 일본이 한순간 주목할 만한 변수로 부상했다. 일본의 굴기는 바로 이 전쟁 덕분이었다.

이 전쟁에 대해 중국 학계에서 정부는 시종일관 강한 모습을 보였지만 막상 언급을 하기는 주저했다. 그 이유는 중국이 패전국이기 때문이었다. 당시 청나라 조야는 이에 대해 후회와 반성의 목소리를 냈다. 조정(朝廷)은 앞선 몇십 년 동안 일본처럼 철저히 국가 체제를 개조하지 못하고 시대에 적응하지 못한 것을 후회했다. 민간의 지식인은 각자의 입장에 따라 이 전쟁에 대한 각기 다른 견해와 해석을 내놓았다. 어떤 이들은 중일갑오전쟁의 실패는 만주족의 이기심을 설명하는 것이며, 그들은 중국을 현대로 이끌 수 없다고 말했다. 따라서 중국의 현대화를 위해서는 청 조정을 전복하고 만주족을 몰아내야 한다고 했다. 이것이 바로 손중산의 배만혁명(排滿革命, 만주족을 배척하는 혁명)이다. 또 어떤 이들은 중국이 실패한 주요 원인은 낙후되고 진부한 군사체제, 지휘 시스템 때문이며, 지금이라도 일본처럼 현대화된 군대를 재구성해야 한다고 말했다. 중국 정부는 이 견해를 받아들여 전쟁이 아직 끝나지 않았는데도 독일에 현대화된 신식 군대의 훈련을 도와달라고 요청하기로 결심했다. 와신상담 후 복수해 치욕을 씻겠다는 의미다. 또 어떤 이들은 중국의 주요 실패 원인은 지난 몇십 년 동안 발전의 기회를 잡지 못했기 때문이라고 주장했다. 중국은 사회 구조, 시스템 조직, 교육체제, 사회관리 등 전면적 개조가 필요했고, 자유자본주의(시장경제-역주)를 충분히 발전시켜야 했지만 그러지 못했다는 것이다. 전쟁이 끝난 후 중국 정부는 사회와 자본의 자율성을 폭넓게 부여했고, 새로운 현대식 교육체제를 구축했다. 이로써 중국은 전면적으로 일본이 과거 몇십 년 동안 걸어온 길을 따라가게 됐다.

100년의 시간이 흐르는 동안 중일갑오전쟁의 과정, 영향, 의의에 대한 인식은 중국인의 마음속 깊이 전면적으로 각인됐다. 중국은 이 세월 동안 확실히 중일갑오전쟁을 교훈 삼아 원점에서 시작해 머리부터 자신을 개조했다. 1895년 이후 중국은 3년도 되지 않아 외관에 큰 변화가 생겼으며, 활력이 넘치는 신흥 경제체로 거듭났다. 중국은 세계자본에 대한 흡인력을 다시 보여주며, 결국 새로운 발전의 궤도에 들어서게 됐다.

중일갑오전쟁은 중국과 일본 간의 전쟁에 그치지 않는다. 중국의 다양한 발언은 실질적으로 '치욕 뒤의 용기'에 불과했고, 실패자의 침통한 반성이었다. 그러나 중일갑오전쟁은 중국과 일본,

동아시아뿐 아니라 세계정세 구조에도 변화를 일으켰다. 역사를 돌이켜 중국이 이 전쟁을 어떻게 생각하는지만 살펴본다면 그 연구의 폭은 너무 좁은 것이다. 일본이 어떻게 말하는지도 알아야 한다. 일본 역시 중일갑오전쟁의 중요한 참전국이기 때문이다.

또한 중국과 일본 양국의 논조, 견해 외에 조선이 어떻게 생각하고 표현하는지도 살펴볼 필요가 있다. 중일갑오전쟁은 조선의 미래를 건 전쟁이었다. 조선의 생각이 이 전쟁에 근본적인 영향을 미쳤건 그렇지 않건 간에 조선 역시 이 전쟁의 중요한 참여자였다. 그들의 견해가 중국의 입장에서 봤을 때 맞는 것이건 틀린 것이건, 우리는 그 견해를 무시할 수 없다.

당시 열강은 중일갑오전쟁에 대해 서로 다른 관심을 보였고, 영향을 미쳤으며, 해석을 내놓았다. 열강은 중일갑오전쟁에서 중요한 일부였다. 게다가 중일갑오전쟁 중에 발생한 사건, 예를 들어 풍도해전(豊島海戰), 고승호(高陞號) 침몰, 중·일 강화, 삼국간섭에 의한 랴오둥반도 반환 등은 열강의 개입으로 발생한 사건이자 정세를 전환시킨 사건이다. 만약 우리가 열강의 생각, 견해, 논조 등을 분명히 해석하지 못한다면 우리는 중일갑오전쟁을 진정으로 이해하기 어려울 것이고, 여전히 민족주의의 비애에 젖어 있을지 모른다.

다행히도 세계는 디지털 시대에 진입했고, 사람들은 비교적 쉽게 중문(中文) 역사 자료와 연구 성과를 얻을 수 있다. 그뿐 아니라 그럴 마음만 있다면 중문 이외의 다른 세계에서 더 많은 사료, 더 많은 연구 성과를 접할 수 있다. 비중문(非中文) 사료와 연구 성과는 근대 중국 역사에 대한 표현을 매우 풍부하게 만들어준다. 동서양 각국의 상이한 논조와 견해는 우리가 기존에 가지고 있던 견해와 논조, 시각 등을 수정할 수 있는 많은 기회를 제공한다.

역사 연구는 '장님이 코끼리를 만지는 것'과 같다. 역사는 이미 사라진 과거이기 때문이다. 그래서 하나의 역사적 사건을 기록한 사료를 두고도 다양한 해석을 하는 모순이 생기기 마련이다. 연구자의 탐구는 당연히 역사적 사건, 역사적 인물을 제대로 인식하는 데 도움을 준다. 그러나 역사는 복제할 수 없고, 자연과학처럼 다시 실험할 수 없다. 따라서 역사학 연구는 연구자의 주관적 판단에 따라 역사적 진실에 부단히 접근해갈 수밖에 없다. 현대의 역사학자는 '그 자체로 완전하고 입체적인 역사'인 '코끼리'를 묘사하기 위해 망망대해에서 손과 발을 움직여 물건을 찾는 행위나 다름없다고 주장한다. 오직 상이한 사료, 상이한 견해로 완전한 현상을 드러낼 수밖에 없다. 인간은 이러한 모순되고 복잡한 진술 중에서 자연스럽게 한 줄기 문맥을 도출해낼 수 있고, 한 사건을 둘러싼 각각의 면을 묘사해낼 수 있다.

세계에 영향을 준 중일갑오전쟁에 대한 중문 사료는 비교적 충분한 편이지만, 비중문 문헌은 여전히 개척해야 할 공간이 존재한다. 그 원인은 매우 복잡한데, 연구 수단(언어)과 정치적 장애(이데올로기) 등이 그 원인이다. 현재 중국은 120년 전 상황과 완전히 달라졌다. 충분히 다양한 면에서 중일갑오전쟁을 해석할 수 있게 됐다. 당시 서양에서 출판된 수십 종의 화보에 근거해 편집한 이 책《갑오: 120년 전 서양 매체의 관찰》은 동아시아를 초월해 중일갑오전쟁을 재구성해보고 관찰할 기회를 제공해준다. 또 당시의 매체를 통해 좀 더 직관적으로 그 시기의 모습을 바라볼 수 있게 해주며, 꾸밈없는 사건 묘사로 중일갑오전쟁에 대한 다양한 시각을 제공해준다. 이 책의 독창성은 의심할 여지가 없으며, 머지않은 미래에 중국 근대사 서술의 다양함에 일조하게 될 것이다. 또 중국 근대사의 서사를 재구성하기 위한 기초 자료를 제공해줄 것이라고 믿는다.

역사 인식에는 끝이 없고, 사료 발굴에도 끝이 없다. 모든 기회, 능력, 흥미를 가진 이들이 자신의 장점을 이용해 도달 가능한 세계 구석구석에서 중국 근대사 사료를 부단히 확보해야 한다. 특히 세계화라는 새로운 시대의 우위를 이용해 비중문 세계의 사료를 깊이 있게 발굴해야 한다. 그렇게 확보한 서양 문헌을 활용해 기존의 시각과 다른 근대 중국을 다시 발견해야 한다.

2014년 6월 8일

백년
갑오의
뉴스 해설

퉁빙(童兵)

이 책은 그림 위주로 구성되어 있다. 책의 글과 그림이 모두 뛰어난 대작이다.

만국보관(萬國報館)은 서양의 기자가 찍은 몇백 장의 사진과 화가의 그림을 통해 120년 전 발생한 한 차례의 대전(大戰), 보잘것없던 소국(小國)이 엄연한 천조(天朝, 청나라 조정을 지칭함-역주)를 이긴 전쟁을 드러내 평가했다. 이 책은 120년 후의 우리에게 한 가지 사실을 알려준다. 중일갑오전쟁의 실패, 이는 양무운동(洋務運動)의 비애나 북양수사(北洋水師, 북양함대 또는 북양해군이라고도 함-역주)의 참패뿐만 아니라, 중국의 정치 부패로 인한 필연적 결과물이었으며, 자본주의 신정(新政)의 봉건통치 잔재에 대한 승리였다.

이 대작은 간결한 글과 생동감 있는 그림을 통해 독자에게 하나의 진리를 알려준다. 그것은 눈앞의 참혹한 현실은 내용 없고 무기력한 설교를 이긴다는 것이다. 일본 신생의 자본주의 체제는 결국 보수적이고 몰락한 청 왕조에 승리했다. 이 가운데 주목할 점은 중·일 간 사회체제의 대립, 전혀 다른 미디어 정책의 채택 부분이다. 전체 중일갑오전쟁 중에 일본 정부는 공개적이고 투명한 미디어 정책을 실행했다. 일본 정부는 선전 기기를 전부 동원해 전쟁 서비스로 삼았고, 그들은 외국 무관에게 전쟁 참관을 허락했으며, 외국과 본국의 기자가 종군하며 취재하는 것을 환영했다. 일본 정부 수뇌부의 발언을 빌리면 미디어의 공세를 이용해 국민 여론의 지지를 얻었으니, 이는 전쟁 승리의 절반을 취득한 것이나 진배없었다. 그러나 청 정부는 어떠했는가? 여전히 일관되게 보수적이고 폐쇄적인 태도를 보였다. 외국 기자의 취재를 거절했고, 외국 무관의 전쟁 참관을 불허했으며, 그 결과 전쟁 국면의 보도권, 승패의 평가 등은 모두 국제사회와 일본 매체에 넘겨주게 됐다.

양국은 상이한 미디어 정책으로 전혀 다른 언론의 평가와 지지를 받게 된다. 일본은 중국 본토 내로 진군한 이후 곳곳에서 방화하고 살인하며 약탈을 자행했지만, 오히려 서양 매체를 통해 무엇이 인의도덕이고, 고난에 빠진 중국 백성을 어떻게 구제할지 등의 허풍을 떨었다. 이에 대해 이홍장은 중국 신문의 표현에 완전히 불만이었다. 그는 《뉴욕 타임스》와 인터뷰를 하면서 중국 신문의 "편집자는 진실한 상황을 독자에게 알리기를 원치 않는다"라고 하거나 "우리 신문은 성실하게 진실을 알리지 않음으로써 매체 본연의 고귀한 가치를 상실하게 됐다. 우리는 문명의 가능성을 광범위하게 전달하는 기능을 상실했다"라고 하며 중국 신문을 비판했다. 서양의 기자는 전장에 깊숙이 개입하여 전쟁 국면에 대한 이해가 높았다. 또 중국에 대해서도 한층 더 진실에 가까운 인식을 갖고 있었다. 《하퍼스 위클리(Haper's Weekly, 哈珀斯周刊)》는 평론을 실어 다음과 같이 지적했다. "중국은 '적을 향해 빙하처럼 나아가는' 하나로 묶인 전체가 아니었다. 사실상 중국은 하나의 엉망진창인 모래주머니와 같았으며, 대상이 공격해오면 사방으로 흩어져버렸다." 이것이 중일갑오전쟁 기간 동안의 중국에 내려진 평가였다. 이는 매우 정확하고 핵심을 찌르는 평가였다.

중일갑오전쟁 발발 20년 전, 100명이 넘는 선교사가 상하이에서 중국 내 기독교 선교사 대회를 개최했다. 그들은 회의장에서 격렬한 토론을 거쳐 공통되고 일치된 하나의 인식을 도출했다. 중국이라는 거인이 긴 수면에서 깨어나 오래된 족쇄를 흔들고 몽롱한 두 눈을 비비며 자신이 처한 위치(지위, 현실)를 직시하면, 자기 자신이 속히 행동해야 한다고 느끼게 될 것이라는 점이다. 이 때문에 서양은 세 가지 매체를 서둘러 이용해야 한다고 주장했다. 그 세 가지란 설교단, 교실 그리고 미디어다. 미디어의 보급과 발전의 전제는 높은 경제발전과 고도로 개방된 정치체제인데, 청나라 왕조의 폐쇄적 쇄국 정책은 미디어가 성장할 수 있는 그 어떤 영양분도 제공하지 않았다. 이런 이유로 궁극적으로 중일갑오전쟁의 참패에 직면하게 될 것이며, 중국이라는 이 거인은 시종일관 일어날 수 없을 것이라고 했다.

일단 그림과 글 두 가지 모두 훌륭한 형태로 독자에게 당시 사회의 진실한 모습을 생동감 있게 보여준 작가에게 감사의 인사를 남긴다. 이 책은 120년 후의 우리에게 중일갑오전쟁의 배후에 있던, 사람들에게 잘 알려지지 않았던 진실을 볼 기회를 제공한다. 또 당시 전쟁이 현대인에게 남긴 이해할 수 없는 문제들을 사람들이 좀 더 생각해볼 수 있게 만든다. 우리는 믿는다. 이러한 문제의 현대적 분석은 우리가 가는 길을 더욱 굳건히 해줄 자신감에 도움이 될 것이고, 중국의 현대화 과정에도 유리하게 작용하게 될 것을 말이다.

이 대작의 출판을 축하한다. 이 책의 출판은 중일갑오전쟁 120주년을 기념하는 것뿐 아니라, 이 전쟁의 배후에 있는 수많은 사회 본질에 대한 반성과 성찰의 계기가 될 것이다. 그뿐 아니라 우리가 현재 노력하고 있는 중화 번영의 중국몽을 실현하기 위한 좋은 밑바탕이 될 것이다. 이로써 중국이라는 역사 거인은 세계의 동방에 다시 출현하게 될 것이다.

서문을 마친다.

2014년 5월 26일

전언.

2014년은 중일갑오전쟁 발발 120주년이 되는 해다. 이 전쟁에 대한 생각은 더 많은 사료가 발굴됨에 따라 점점 더 깊어지고 더 전면적이 된다. 발굴된 중일갑오전쟁 사료 중에서 필자는 '중일갑오전쟁에 대한 서양 미디어의 관심과 보도'라는 시각을 선택했다. 우리의 미디어 보도자료 수집은 1850~1900년에 집중됐으며, 우리는 영국, 프랑스, 미국, 러시아, 일본 등이 내보낸 10여 종의 보도물 중 300여 개에 가까운 지면을 수집했다. 우리가 수집한 보도물은 주간물 위주이며, 일보와 월간물도 있다. 글과 그림으로 된 보도자료 외에도 대량의 논평이 있으며, 보도의 시각도 매우 풍부했다.

120년 전 오늘, 점차 대문을 활짝 열어가던 동아시아 각국은 마침 항해의 세계화, 상업무역의 세계화, 전쟁의 세계화를 경험하고 있었다. 미디어 통신의 세계화 역시 전보(電報)와 촬영 기술의 사용에 따라 점차 보편화됐다. 비록 미디어의 사진은 첫 선을 보이는 수준이었고, 오래된 목판이나 동판 등 다양한 인쇄 수단이 사용되어 통일된 방식의 통신사 보도 모델은 없었지만, 서양 미디어가 채용하는 삽화와 글을 통한 보도 방식은 이미 현재 신문, 잡지의 편집 방식에 근접해 있었다. 전쟁터 일선의 기자가 문자로 작성한 내용은 현장에서 사진으로 찍거나 종군 화가에 의해 그림(스케치)으로 그려져 후방에서 편집이 되는 방식이었다. 기사 중 일부는 전보로 보내지기도 했지만, 대부분의 기사와 초안, 그림은 여전히 상선이나 우편선을 통해 전달됐다.

지속적으로 발전하던 근대의 신문 및 매체는 중국, 일본, 조선 3국의 역사적 변혁이 세계정세에 미치는 변화와 각국의 이익에 미칠 영향을 탐색하는 데 촉각을 곤두세웠다.

미국의 《하퍼스 위클리》는 다음과 같이 지적했다. "서양 열강은 이번에 조선에서 발생한 사건을 두고 20년 전과 전혀 다른 반응을 보였다. 20년 전 무관심했던 것과 다르게, 이번 사건은 서양 각국이 주목하는 쟁점이 됐다. 그 이유는 사건의 배후에 동아시아에서 가장 실력 있는 양국 간의 갈등이 존재했다는 것, 또 아마도 유럽 열강에 대해 줄곧 억제해왔던 적대감을 격발해낼 수 있다는 것, 그리고 이는 세계 차원의 전쟁으로 확장될 수 있다고 보았기 때문이다."

이런 기사를 수집하는 과정에서 한 가지 현상이 우리의 관심과 생각을 끌었다. 중국인의 시각에서 중일갑오전쟁은 중국이 침략당한 전쟁이었다. 그러나 서양 매체의 이런 보도를 보면 중국에 대한 동정을 찾아보기 힘들다. 왜 그럴까? 그 이유는 일본이 포연(砲煙) 없는 전쟁을 일으켰기 때문이다. 이것이 바로 미디어 전쟁이다.

전쟁 기간 동안 일본은 114명의 종군기자를 초청했다. 그리고 열한 명의 현장 스케치 기자, 네 명의 사진기자도 초청했다. 일본은 조선 포위 전략을 진행하던 시기, 심지어 비밀리에 미국인 전문가를 채용해 국가 선전(宣傳) 전쟁의 총 지휘를 맡겼다. 이 인물이 바로《뉴욕 트리뷴(New-York Tribune)》 기자인 에드워드 하우스(Edward House)다. 에드워드 하우스는 서양 미디어의 운영 방식에 익숙했다. 그의 계획적 포장 아래 서양 매체는 중국과 일본을 각각 야만과 문명의 시각으로 분별해 인식하게 됐으며, 일종의 트렌드와 공통 인식을 형성했다. 예를 들어《뉴욕 헤럴드(The Herald)》가 보도한 내용을 보면, 일본이 조선에서 한 행위는 세계 전체에 이익이 될 것이며, 일본이 만약 실패한다면 조선은 다시 중국이라는 야만적 통치체제로 회귀할 것이라고 했다. 이는 당시 세계의 전형적인 견해였다. 미국 애틀랜타의《어드밴스 퍼블리케이션 뉴스페이퍼(Advance Publications Newspapers, 先進報)》의 보도에 따르면, 미국의 대중은 의심의 여지없이 일본을 동정하며 일본이 동아시아의 영광과 진보를 대표한다고 인식했다. 당시 미국의 대중 사이에 일본이 '동방의 양키(미국 사내)'라는 표현이 돌 만큼 그들은 일본인에게 동질감을 느꼈고, 실제로 미디어에서도 그렇게 포장하고 있었다.

우리는 지금 120년 전 서양 미디어가 당시 동아시아의 정세를 어떻게 관찰했는지 되돌아볼 필요가 있다. 이는 우리의 역사 인식에 대한 다양한 시각을 제공해줄 것이다. 당시 매체의 보도 기사를 정리하고 번역할 때 우리는 원판 그대로를 게재하고, 원문을 번역한다는 원칙을 준수했다. 그래야 120년 전 당시 서양의 매체가 중일갑오전쟁을 어떻게 보도했는지 분명히 들여다볼 수 있다. 이 책에서는 당시 중일갑오전쟁에 대한 서로 다른 서양 미디어의 관찰을 최대한 진실하게 재현했다. 따라서 서로 다른 서양 매체의 동일 사건 혹은 동일 인물에 대한 보도 혹은 표현 속에서 각기 다른 국가의 입장과 관점을 찾아볼 수 있을 것이다.

이러한 보도 가운데 서양 미디어의 중일갑오전쟁에 대한 높은 관심을 찾아볼 수 있다. 우리가 수집한 자료만 보더라도 전쟁 기간 동안 최소한 20개의 표지 기사가 있었고, 특집 보도 역시 약 100편에 달했다.

이 책에 게재된 간행물은 삽화가 많은 주간지 위주지만, 동시에 문자 보도를 기반으로 하는 간행물도 실었다. 특히 전쟁 과정뿐 아니라 전쟁 이전 동아시아의 정세나 동아시아에서의 각국의 이익에 대해 다룬 문자 보도와 미디어를 분석했다(이 책 후기의 '서양의 화보' 참고). 당시 취재원은 여럿 있었는데, 보도 원고는 주로 특파원의 전선(戰線) 취재 특별 원고, 현장의 삽화 기자가 제공하는 문자 원고, 당시 동아시아에 파견된 군사지휘관이나 외교 인사에게 청탁해 받은 원고 등이었다. 이런 이유로 당시 보도는 시각의 차이가 다양했고 글 쓰는 스타일도 달랐으며 읽기도 정말 쉬웠다. 이 책은 보도 원문과 어울리는 삽화를 선택해 배치했으며, 보도 사건과 보도된 인물에 대해 간단한 배경을 설명했다.

이 책은 기본적으로 전쟁의 시간 흐름에 따라, 또 중요한 뉴스 사건과 인물을 고려해 관련 삽화나 기사를 배치했다. 각 매체의 전쟁 이전 동아시아 정세에 대한 관찰 역시 중요한 내용이다. 특히 중국의 양무운동과 일본의 메이지유신에 보이는 관심이 컸고, 이는 매우 가치 있는 보도 내용으로 나타났다. 서양의 미디어로서는 조선 역시 완전히 새로운 관찰 대상이었다. 또 당시 미디어는 중국과 일본 양국의 군사 실력에 매우 비상한 관심을 갖고 있었다. 이러한 내용을 전부 포괄하여 이 책은 모두 열두 개의 장으로 구분해 구성했다. 가장 마지막 장의 내용은 '여론전'이라고 할 수 있는데, 이 포연 없는 전쟁이 중일갑오전쟁에 대한 서술에서 가장 특색 있는 부분이라 할 수 있다. 현재에 이르기까지 계속 반추해보게 만드는 대목이다.

우리는 자료를 수집하고 정리하는 과정에서 반복적으로 고증하고 다방면으로 교정을 받았지만, 편집자도 단지 역사 애호가일 뿐이라서 일부 내용은 편파적이거나 누락된 부분이 있을 수 있다. 이에 많은 전문가의 수정을 기대한다. 동시에 많은 독자와 교류하고 충돌하며 함께 생각해보는 계기가 되기를 희망한다.

1

동아시아의 화약통: 조선

사건이 또 발생했다. 동양에서 새로운 문제가 발생했다. 이번에는 처리가 곤란하고 은밀한 극동 지역 문제다. 이 문제에 개입하는 과정에서 만약 유럽이 외교적으로 과도하게 손을 댄다면 누가 이번 사건의 방향을 주도할지 그 누가 알겠는가. 이번 사건의 결말은 어디까지 확대될까?

중국과 일본은 목숨을 걸고 대결 중이다. 1884년의 상황과 비슷하다(1884년은 조선에서 갑신정변이 있던 해). 현재 조선은 도화선일 뿐만 아니라, 선혈이 낭자하도록 충돌하는 핵심 지역이다. 최근 상하이에서 전해온 전보는 우리에게 이 사변의 서막을 알려준다. 그러나 1884년 중·일 간의 갈등이 종결되던 시기에 무장 충돌은 없었으며, 마지막에 양국은 정식으로 조약을 체결했다(1885년 중·일 간의 '톈진조약'을 의미함-편집자 주). 당시 적대적이던 양국은 서로 국력이 비슷한 수준이었다. 그러나 지금 일본은 해양 함대의 우위를 확보한 지 몇 년이 지났고, 자신들의 휘황찬란한 군사 역량을 보여줄 결정적 시기가 도래하고 있음을 판단하고 있다. 이론상 조선은 청나라의 번속국(藩屬國, 제후국)이다. 하지만 실제로는 일본과의 무역에 의존한다. 1876년 중국의 반대에도 일본은 강제로 중요한 조선의 항만 세 곳을 열었다. 일본해(동해-역주)의 원산, 부산 그리고 황해 쪽 한양(서울)의 남서부에 있는 인천이다. 매년 이 세 곳의 통상

항만을 통해 1400만 프랑 가치의 화물이 일본 나가사키(長崎)에서 수출되어 조선에 들어왔다. 그러나 조선은 여전히 '은둔 국가'다. 이 국가는 다른 국가와 거리 두기를 원하는데, 심지어 중국과도 마찬가지다. 조선은 어떤 전통 관습의 변화도 거부한다. 조선 국왕 고종(高宗) 이희(李熙)는 이런 보수적 세력의 대표다. 고종과 중국을 대표하는 이홍장 직례(直隸) 총독 간에는 교감이 있었다. 그러나 계속 변혁을 추진하던 일본은 조선의 궁중에 그들의 대리인을 두었는데, 그는 다른 사람도 아닌 고종 이희의 아버지인 대원군이었다. 이 두 세력의 갈등 중에 혼란이 발생했다.

곧 일어날 무장 충돌, 그 결과가 어떻게 되건 마지막에는 신비에 싸인 이 국가의 면모가 유럽을 향해 드러나게 될 것이다.

1894년 8월 4일, 프랑스
《릴뤼스트라시옹(L'ILLUSTRATION, 插圖報)》

THE ILLUSTRATED LONDON NEWS.

REGISTERED AT THE GENERAL POST OFFICE FOR TRANSMISSION ABROAD.

No. 2884.—VOL. CV.　　SATURDAY, JULY 28, 1894.　　WITH SIXPENCE.
SUPPLEMENT DE POST, 9D.

THE IMPENDING WAR BETWEEN CHINA AND JAPAN: NATIVE MARKET NEAR SEOUL, COREA.

1894년 7월 28일, 영국 《일러스트레이티드 런던 뉴스(The Illustrated London News, 倫敦新聞畫報)》

중일갑오전쟁이 눈앞에 다가온 때: 조선 한양 부근의 시장

ATTENDANT ON THE KING OF COREA.

1894년 7월 28일, 영국 《일러스트레이티드 런던 뉴스》

조선 궁녀(명성황후로 추정되나 확실치 않다―편집자 주)

명성황후(明成皇后, 1851년 10월 19일~1895년 10월 8일)
이름은 민자영(閔玆暎), 조선 왕조 고종의 왕비이자 순종의 모친이다. 근대
조선의 역사에서 민비라고도 불렸다. 그녀는 외척 여흥(驪興) 민씨 세력의 핵심
인물이었다. 1895년 10월 8일 한성의 건청궁에서 일본 낭인의 손에 살해됐다.
역사에서 '을미사변'라고 부르는 이 사건 이후 '명성황후'라는 시호를 받았다.

1894년 11월 《하퍼스 위클리》는 다음과 같이 보도했다. "조선의
왕궁에서 왕후는 진정한 국왕이다. 왕후는 궁중에서 실권을 장악한
최고의 통치자다. 그녀의 남편은 마치 조선의 다른 지방에서 국왕을
하는 듯 보였다. 궁중 내의 모든 사람은 남녀를 불문하고 그녀의
임명에 따라, 그녀의 은혜로 궁중에서 지위를 얻었다. 그들은
설령 국왕의 뜻을 거역하거나 심지어 국왕을 분노하게 할지라도
그렇게 하는 게 왕후의 안전을 존중하지 않는 것보다 훨씬 낫다는
것을 깊이 이해하고 있었다. 그들은 왕후에게 궁중 내 사람들의
일거수일투족을 주동적으로 보고했다. 그녀의 의중을 묻기 전에는
왕궁에서 어떠한 일도 절대 진행되지 않았다."
"국왕과 왕후는 혁명이 일어날 것을 두려워해 밤에는 잠을 이룰 수
없어 밤낮이 뒤바뀐 삶을 살고 있다."

(23쪽) 이 삽화는 삼국의 관계를 분명히
묘사해준다. 조선은 청나라의 번속국으로서
독특한 지리적 위치를 차지하고 있는데,
하나의 쐐기처럼 중국, 러시아, 일본의
가운데 박혀 있다. 조선은 극동 지역에서
열강이 가장 늦게 진출한 신비로운 봉건
지역이다.

VIEWS OF COREA.

The singular and sequestered nation of Mongolian race inhabiting the large peninsula of Eastern Asia between the Chinese "Yellow Sea" and the Japanese islands in the North Pacific Ocean cannot be regarded as savage, but is probably the least tinged with modern civilisation, certainly the most remote from European progressive influences, of any equally large community on earth, having for ages past rejected all foreign commercial intercourse and resisted the ideas and customs of its powerful neighbours. The Coreans, estimated in number at nearly nine millions, are quite distinct in race from the Mantchu Tartars, as well as from the Chinese and the Japanese; their spoken language is akin, in some degree, to that of Japan and the Loo-choo Islands, but they use the Chinese written signs for things and thoughts without knowing Chinese words; and they have some tincture of Buddhism, also of the Lao-tse religion of China. Their political institutions, however, are different from the Chinese, involving an hereditary privileged aristocracy and priesthood, together with an absolute monarchy. The King is a well-meaning, inoffensive, but very weak-minded man, completely under the thumb of the Queen, whose family is all powerful, while the Crown Prince is said to be mentally imbecile. Hence the recent intervention of Japan, demanding certain administrative reforms, as there are some two or three thousand Japanese traders or industrialists settled at the south-eastern extremity of Corea. The chief ports and towns of Corea are situated on its western side, fronting China. The capital city, named Seoul, the King's residence, is some twenty-five miles inland from the port of Chemulpo, of which we present some views.

CONSULATE-HILL AND HARBOUR, CHEMULPO.

PALACE GROUNDS AT SEOUL: KING'S AUDIENCE-HALL IN THE BACKGROUND.

A COREAN GENERAL.

THE KING AND CROWN PRINCE OF COREA.

THE BRITISH CONSULATE-GENERAL, SEOUL.

1894년 8월 4일, 영국 《일러스트레이티드 런던 뉴스》

(이 화보는 2주 후인 1894년 8월 18일 뉴욕에서도 출판됨-편집자 주)

1 인천에 위치한 영사관 언덕. 해양 항만, 제물포
2 한양 내 황제의 정원. 배경은 국왕의 청정전(聽政殿)
3 조선의 고위 장교
4 조선 국왕(고종 이희)과 그의 아들(왕세자 이척. 이후 태자, 조선 황제 순종이 됨-편집자 주)
5 한양 주재 영국 총영사관

이 이상하고 봉쇄된 민족은 중국 황해와 일본군도 사이 반도에 거주한다. 그들은 비록 야만족이라고 볼 수는 없지만, 현대 문명과는 거리가 아주 멀다. 또 그들의 땅은 유럽의 정신 개조 영향이 가장 작은 지역이라고 할 수 있다. 오랜 기간 동안 그들은 외부 세계와 통상, 교류 등을 거부해왔으며, 심지어 주변에 이웃한 강대국들이 진행 중이던 개혁 역시 배척했다. 이 900만 명 정도 되는 조선민족은 그들의 이웃(만주여진족, 중국인, 일본인 등)과 다르다. 그들의 언어 발음은 일본이나 류큐와 비슷하다. 또 글은 중문(한자)을 쓰고, 불교와 중국 도교의 영향을 받았다. 조선의 정치제도와 중국의 제도는 비슷한데, 차이도 있다. 귀족과 승려 계급은 세습이 가능하고, 군주는 절대 권력을 누린다. 국왕은 비록 선량하지만, 매우 무기력하다. 현재 왕후의 지배를 받고 있고, 왕후의 가족이 전권(專權)을 쥐고 있다. 소식에 따르면 태자 역시 정신박약 상태다. 최근 일본이 조선 간섭을 하려는 목적은 조선의 정치체제 개혁을 요구하기 위해서다. 조선 남동부의 일본과 인접한 항만 지역에서 2000~3000명의 일본 교민이 장사를 하고 있다. 그러나 조선의 주요 항만은 중국 쪽으로 향한 조선 서부에 위치한다. 조선의 수도는 한양이며, 해양 항만인 인천에서 25마일 정도 떨어져 있다.

1894년 8월 4일,
영국 《일러스트레이티드 런던 뉴스》
〈조선 개관〉[선역(選譯)]

Le Petit Journal

TOUS LES JOURS
Le Petit Journal
5 Centimes

SUPPLÉMENT ILLUSTRÉ
Huit pages : CINQ centimes

TOUS LES DIMANCHES
Le Supplément illustré
5 Centimes

Cinquième année — LUNDI 13 AOUT 1894 — Numéro 195

LES ÉVÉNEMENTS DE CORÉE
Agitation à Séoul

LES AFFAIRES DE CORÉE. — Vue de Seoul.

1894년 8월 4일, 프랑스 《릴뤼스트라시옹》

조선의 정세, 한양을 조망한 모습

1894년 8월 13일, 프랑스 《르 프티 주르날(Le Petit Journal, 小日報)》 표지

조선의 정세, 술렁이는 한양

SKETCHES IN COREA.

The war that has been suddenly commenced, on land and on sea, between the rival empires of China and Japan, for dominion or control over the peninsula which lies a few hundred miles to the east of the Gulf of Pekin, and to the west of the island realm of the Mikado, whatever may be its naval and military victories for the one or the other of those two considerable rival Powers, will probably terminate the domestic independence of the feeble Corean nation. No one who is acquainted with the disposition of that unwarlike people seems to think it likely that the Coreans will fight on either side, unless it be under the compulsion of a foreign conqueror, but they must be alarmed and annoyed by this disturbance of their careless existence. They are genial and kind-hearted, but extremely lazy, and in this respect present a marked contrast to the restless Japanese and the industrious Chinese. Their pipes are over a yard long, and the people smoke from early childhood all day long, whatever work they are supposed to be doing. How they manage to support these huge pipes in their mouths is a mystery, as the leverage exerted is tremendous. It may be remarked that their clothes are not sewn together, but are glued at the seams with rice paste; for a Corean tailor would never be at the pains of stitching. Persons of the upper and middle classes wear a large conical black hat, which is transparent, being made of plaited horse-hair, of much the same texture as the seat of a cane-bottom chair, and plaited quite open. The beauty of this hat is that it excludes neither air, sun, nor rain. The people feed largely on crushed beans and bacon or fish. They dwell in huts or cabins built of hardened mud, and every family

ENTRANCE TO THE KING'S PALACE, SEOUL.

COREAN OFFICIALS IN COURT DRESS.

HIGH COREAN OFFICIAL AND CHILDREN.

KI-SANG, OR COREAN DANCING WOMEN.

keeps a pig. The Buddhist priests are forbidden, on pain of death, to enter Seoul, owing to their once having stirred up a rebellion in that city. Only a small proportion of the people are Buddhists. This religion, as practised in Corea, is of a very debased type. The lower orders of the people, with the exception of those who are Buddhists, believe only in the powers of evil, and have no conception of a beneficent deity. The devils are supposed by them to inhabit certain withered trees; and in order to propitiate them, persons by throw stones at the tree, or tie pieces of coloured rag to its branches, and, when in trouble, they place offerings of rice and rum in a little house put up at the foot of the tree. The "Ki-Sang," or Corean dancing-women, are usually the wives of Court retainers, and are employed to amuse the guests at official dinners. In Corean dancing, the feet are scarcely moved at all, the body swaying to the music. This dancing is not ungraceful, and closely resembles that of the Japanese. The Court dress of an official personage of high rank is rather costly. The badges on the front of the robes are of fine embroidery, very dark blue in colour, and are made of thick silk gauze. The most curious part of this Court dress is the belt, which stands out two inches from the body all round, and is supported by tags made of wood, covered with leather, and ornamented with tortoiseshell, jade, or gems, according to the owner's dignity. The hat is of camel's-wood felt, and is surmounted by red and blue feathers and a button of the appropriate colours. The chin-strap is composed of jade beads, and is made a great deal too loose. Coreans have the habit of going about with their mouths open in order to keep their hats on. The Corean army, except the palace guards at Seoul, has only swords and bows and arrows, and is of no account as a military force. It is to enforce certain demands of administrative reform in Corea that Japan has sent troops into that country, which act of intervention has been opposed by China as an infringement of some ancient Chinese claims of sovereignty, long practically in abeyance.

1894년 8월 11일, 영국 《일러스트레이티드 런던 뉴스》

1 한양 왕궁 입구
2 조복(朝服)을 입은 조선 관원
3 조선의 고관과 자녀들
4 무희[영문으로 '기생(Ki-Sang)'으로 표기함–역주]

Le port de Tchemoulpo.

Le port de Fou-San.

EN CORÉE

Voir notre dernier numéro

La côte coréenne présente des aspects fort différents, en général assez tristes. Le port de Fou San, sis à l'extrémité sud, est le plus important de la presqu'île, il s'y fait un grand commerce de céréales, peaux, algues marines, poissons, chanvre et minerai de cuivre. Le climat est très doux; la ville, essentiellement japonaise, est assez pittoresque. Une de nos gravures en donne un aperçu. À l'ouest, Tchemoulpo est peut-être moins séduisant. La ville s'est pourtant beaucoup développée depuis dix ans; mais, à part une quinzaine d'Européens, les Chinois et les Japonais forment le gros de la population. Un service régulier de paquebots relie ce port à Yokohama. Il y a deux hôtels dont l'un est tenu par le Japonais Daibutsu, à la fois boucher, boulanger, épicier, cordonnier et... banquier.

La capitale du royaume, Séoul, se trouve à 35 kilomètres de Tchemoulpo. Les diplomates s'y rendent en chaise à porteur; les simples propriétaires se contentent des poneys du pays dont la race est particulièrement vigoureuse.

La ville, encaissée entre deux montagnes verdoyantes, est entourée d'un mur de vingt pieds de haut, percée de sept portes, dont plusieurs constituent d'assez intéressants spécimens de l'architecture yamen. Vue de loin, par un beau coucher de soleil, elle donne une impression séduisante. L'illusion ne dure guère.

Sauf les palais des mandarins et des agents diplomatiques, cette énorme cité de 250,000 âmes ne comprend que de misérables cabanes en chaume, bâties pêle-mêle, au hasard, entourées de véritables lacs d'immondices où la marmaille coréenne grouille toute la journée. Au coucher du soleil, l'inkicung, cloche en bronze gigantesque, représentée par une de nos gravures, donne le signal de la fermeture des portes, qui s'ouvrent à trois heures du matin en été, à sept heures en hiver. Le poste de sonneur est une des fonctions les plus recherchées et les mieux rétribuées. En dehors des heures réglementaires, nul ne peut franchir les murs de la capitale s'il n'a reçu le mot de passe du roi lui-même.

Dès que la retraite est sonnée, la ville devient déserte. L'indigène s'enferme dans sa cabane pour manger le pap riz en famille. Après quoi il fume bourgeoisement sa pipe, en absorbant des quantités prodigieuses de sol eau-de-vie.

Après la malpropreté, l'ivrognerie est en effet le plus grand défaut du Coréen. Dans le pays « du calme matinal » on ne se baigne jamais. Au dire de mon interprète, ces braves gens craignent de s'enrhumer. C'est peut-être là une des causes principales du mépris des Japonais pour leurs voisins.

La vie de la « cour » présente certains détails curieux. Il y avait jadis trois palais. L'un, appelé par les Européens palais des Mériers, et concédé pendant quelque temps à un Allemand pour la culture des vers à soie, tombe aujourd'hui en ruines. Le palais d'été, construit sur les bords d'un lac artificiel couvert de nénuphars bleus et blancs, est assez élégant, mais le roi l'a abandonné pour fuir le mauvais Dragon. Li-Hi habite maintenant toute l'année son palais d'hiver où un Canadien a réussi à lui imposer la lumière électrique. Toujours, pour échapper aux mauvais génies, les ministres tiennent conseil la nuit et dorment le jour.

SÉOUL — Promenade du roi.

1894년 1월 9일, 프랑스 《릴뤼스트라시옹》

1 인천항

2 부산항

3 한양, 국왕의 출궁 행렬

SÉOUL. — « L'In-kieung », cloche donnant le signal de la fermeture des portes.

Fête des vieilles femmes, à Séoul.

SÉOUL. — Salle d'audience du palais d'Été : vue extérieure.

CORÉE. — Vue panoramique de Séoul.

SÉOUL. — Entrée du palais.

Promenade du roi : le défilé des étendards.

SÉOUL. — Nouvelle garde coréenne.

LES EVENEMENTS DE CORÉE. — D'après des photographies de M. le colonel Chaillé-Long. (Voir l'article pages 178-179.)

1894년 1월 9일, 프랑스 《릴뤼스트라시옹》

1 한양, '음궐(音闕)' 대종(大鍾)(인경-역주). 성문을 닫고 열 때 치는 종

2 한양, 노년의 부녀자 행사

3 한양, 하궁(夏宮) 조정전(朝政殿)(경복궁 근정전-역주) 외관

4 조선 한양의 전경

5 한양, 왕궁 입구

6 국왕의 출행. 군기가 펄럭이고 있다.

7 신식 군대

샤이에 롱(Chaillé-Long, 조선 주재 미국 공사-편집자 주) 대령이 원고를 쓰고
그림을 제공했는데, 이 그림들은 모두 그가 촬영한 것을 기반으로 작업한
것이다.

사실상 술주정은 불결함 다음으로 조선의 가장 심각한 결점이다. 이
'고요한 아침'의 나라 사람은 거의 샤워를 하지 않는다. 통역을 통해
들어보니 이 나라의 백성은 감기를 두려워한다. 이 역시 아마도 일본인이
그들의 이웃 국가를 무시하는 원인 중 하나일 것이다.

매번 접하는 것은《관보(官報)》가 주목하는 화제다. 조선에는 매일 발행하는
기관지인《관보》가 있는데, 국왕 찬양이 큰 비중을 차지한다. 하지만 그
밖에 세무관 임명 소식이나 각 정부기관의 활동에 대해 싣기도 한다. 조선
국왕 이희는 미디어의 위력을 분명히 이해하고 있다. 그는 여론의 동향을
이끌고 싶어 하고 그 방법도 알고 있었는데, 긍정적이건 부정적이건 기관지
지면에 특별기고란을 하나 새로 마련하기만 하면 됐다.

조선에 군대는 사실상 존재하지 않는다. 여섯 개의 성문을 지키는 관제
군대의 장관은 지방 출신 문관이다. 그들은 스스로 도적을 모집해 휘하에
두고 있다. 어떤 이는 뇌물을 받기도 한다. 조선 국왕은 더 정규적인
호위대가 필요하다고 생각했다. 그래서 1888년 미국의 총독에게 군대를
지휘할 수 있는 미국 군관 세 사람을 파견해달라고 부탁했다. 그들은
귀족의 입학이 가능한 군사학교를 설립했다. 이 군사 사절단의 단장은 매우
용맹하고 이전에 이스마일(Khédive Ismail) 이집트 번왕 밑에서 일한 적도
있는 믹다이(Mickdye) 대령이었다. 하지만 당시 조선에는 군대를 조직할
만한 기반이 전혀 없었다. 사실 조선인은 군사적 기개가 거의 없다시피
했다. 게다가 일본이 이미 레밍턴 소총으로 무장한 6~8개의 황가(皇家)
호위부대를 조직한 상태였다. 앞서 설명했던 도적 군대를 제외하면 이
부대가 조선군의 거의 전부였다. 그들의 군복은 남색 상의, 흰색 바지,
붉은 장식 끈으로 된 검은 모자로 이루어졌는데, 멋있지도 않고 입기에
불편하기도 했다.

언젠가 한번 국왕 이희가 그의 군대 지휘권을 내게 주고 싶다고 한 적이
있었는데, 나는 그 좋은 직책을 사양했다.

1894년 1월 9일, 프랑스《릴뤼스트라시옹》〈조선에서〉(샤이에 롱, 선역)

Une des portes de Séoul.

Paysanne coréenne et son enfant.

Dévideuses de soie

royaume est resté si bien isolé, que personne n'a idée que les choses puissent marcher autrement. On se fait à tout lorsque les points de comparaison manquent pour souhaiter mieux. »

Oui, mais les points de comparaison se multiplient, l'élément étranger s'infiltre peu à peu et, avec lui, un bagage, léger encore, mais toujours grossissant d'idées subversives de l'ordre de choses actuel. Genson, Fousan et Ninsan ont été les trois brèches ouvertes par le Japon à l'invasion de l'esprit nouveau. C'est lui que nous voyons à l'œuvre aujourd'hui. Souhaitons qu'il ne souffle pas trop en tempête, et surtout que la vieille Europe n'en reçoive aucune éclaboussure. Quant à la Corée, la crise ne peut que lui être favorable; elle a vraiment besoin d'une infusion de vie nouvelle.

La lutte à main armée, dont elle va être le théâtre, aura sans doute pour résultat, quelle qu'en soit l'issue, de révéler définitivement à l'Europe les secrets de ce mystérieux pays.

G. D'H.

D'après les photographies de M. Gaston Lefèvre.

LES AFFAIRES DE CORÉE. · Entrée de Séoul.

1894년 8월 4일, 프랑스 《릴뤼스트라시옹》

1 한양의 성문 중 하나
2 조선의 농민과 아이
3 얼레에 연실을 감고 있는 아이들
4 한양의 대문(경복궁 광화문-역주)

1. The Japanese Settlement at Fu-san. 2. The Japanese Legation at Seoul. 3. Ping-yang. 4. The River Ta-tung. 5. Ping-yang.

VIEWS IN COREA.

1894년 8월 25일, 미국 《어드밴스 퍼블리케이션 뉴스페이퍼(Advance Publications Newspapers, 先進報)》

조선의 풍경

1 일본 교민의 부산 거주 지역
2 한양의 일본 공사관
3 평양
4 대동강
5 평양

COOLIE.

BOY PEDDLERS.

KOREAN SOLDIERS.

A CABINET MINISTER, HIS SON, AND DANCING-GIRLS.

A KOREAN LADY AND MAIDS.

TAI-WUN-KUN, THE KING'S FATHER.　　　A PALACE WOMAN, SEOUL.　　　AN OFFICIAL IN COURT DRESS.

KOREA—A NATION OF MOURNERS.—DRAWN BY G. W. PETERS FROM PHOTOGRAPHS.—[SEE PAGE 11.]

조선, 완고하게 세계와 단절하며 자급자족하고, 서양 국가와 우호적
왕래를 거부하며, 교류가 가져올 모든 이익도 거절하는 국가다. 이로
인해 '은둔의 국가'라는 별칭도 얻었다. 그러나 10년 전 우리의 안내로
조선은 드디어 세계 공동체에 진입하게 됐다.

조선인의 생활환경은 불결했다. 흰옷을 입는 조선인의 모습과
지저분한 환경 사이에는 큰 차이가 있다. 장기간 흰옷을 입는 것은
조선인의 천성이 청결하기 때문이 아니다. 이는 중국의 장례 관습
규정을 따르기 때문이다. 규정에 따르면 어떤 이가 불행히도 상을
당했을 경우 그의 모든 친척이 망자를 기념하기 위해 반드시 1000일
동안 염색하지 않은 흰옷을 입어야 하는데, 이는 심심한 애도의
표현을 의미했다. 만약 이 불행한 국가가 주권을 상실한다면 백성은
마찬가지 방법으로 조국을 애도해야 하는 도의상의 책임을 져야 한다.
공교롭게도 근 반세기 이전의 조선에서 당시 국왕이 붕어한 후
백성은 애도의 뜻을 표하는 흰 상복을 입기 시작했다. 이후 두 명의
왕위 계승자가 있었는데, 각각 집권 3년차와 6년차에 농민에 의해
인정사정없이 잔인하게 살해됐다(역사적 근거 없이 신문에 실린 내용-
역주). 그 결과 이 나라 백성은 연속으로 10년 동안이나 흰옷을 입는
수난을 겪어야 했다. 헛되이 오랜 시간을 끈 애도의 기간이 끝나는 날,
몇몇 지식인은 이렇게 말했다. "10년의 애도 기간 중에 다음과 같은
결론을 내릴 수 있었다. 만약 사람들이 경사스러운 날 형형색색의
복식을 다시 갖춰 입을 일이 있더라도, 사람들은 혹시 가까운 시일
안에 황실 귀족이 사망하는 일이 또 발생하지 않을까 하는 근심
걱정을 하게 된다"라는 것이다. 이런 이유로 백성은 간소하게 옷을
입을 수밖에 없는 것이다. 그래서 이 나라의 백성은 쓸데없이 돈을
써야 하는 의복을 다시는 입지 않게 됐다. 이런 관점에서 봤을 때
쇠락한 경제와 죽음의 신이 왕림한다는 공포심리 아래 조선의 백성은
영원히 묵념하는 사람이 됐다. 이러한 견해가 맞건 틀리건 간에
조선의 백성은 분명 장기간 흰옷을 입었다. 관원을 제외하고 모든
사람이 다 그렇게 해야 했다.

1895년 1월 5일,
미국 《하퍼스 위클리》〈조선, 애도자의 국가〉(선역)

**1894년 10월 27일,
영국 《그래픽(The Graphic, 圖片報)》**

조선의 길거리에서 밥을 먹고 있는 거지들

1894년 8월 25일, 영국 《일러스트레이티드 런던 뉴스》

영국의 의사 랜디스(Landis)와 그가 조선 인천에 설립한 영어 야간학교(야간학교에서는 개항장의 일본 및 중국 교민을 모집했음-편집자 주)

The thickness of the stick is in proportion to the crime committed. The malefactor is strapped face downwards on to a bench and part of his clothing removed. If he has money the criminal may send for it to give to the police, who will then let him off more easily. Prisoners condemned to capital punishment are flogged to death with very thick sticks, which lacerate the flesh and generally break several bones

THE ADMINISTRATION OF JUSTICE IN COREA: A THIEF BEING FLOGGED BY THE POLICE AT FUSAN

DRAWN FROM LIFE BY OUR SPECIAL ARTIST, M. GEORGES BIGOT

1894년 10월 27일, 영국 《그래픽》

조선의 형벌 집행. 부산 지역의 도둑이 경찰에게 곤장을 맞는 모습

곤형(棍刑) 집행 시 사용되는 곤장의 굵기와 범죄의 정도는 비례한다. 나무판에 엎드린
범인은 옷이 일부 벗겨진 채로 형벌을 받는다. 만약 범인이 경찰에게 약간의 돈을
찔러준다면 편하게 형벌을 받을 수 있다. 극형(사형)을 선고받으면 피부가 찢기고 살이
터지거나 뼈가 부러지기도 하며, 사망에 이를 정도로 맞는다.

THE HARA-KIRI OF YENYA HANGUWAN.

THE art and literature of Japan have found many interpreters, but her drama, her wonderful stage, which Mr. Percival Lowell has said, in his charming book on Korea, is one of the finest the world has produced, still waits for some loving hand to unfold its wonders.

It is a perfect storehouse of history, and on its boards old Japan moves again with a vividness that is startling and a realism that needs no libretto. Its tragedies leave little to the imagination, and its comedies and farces are easily understood and some of them very funny.

The theatres are barnlike structures, with unpainted and little-adorned interiors. The stage is at one end of the auditorium, which is divided into squares, like a great checker-board. On both sides, at right angles to the front of the stage, are the *hana-michi*, or flower-paths. They are raised above the floor. The broader one, and the path most frequently employed, is about three feet in width. It is used by the players for entrance and exit, and is really a part of the stage itself, for much of the acting takes place upon it, and in the skilful hands of the Japanese it is most effective.

The costuming is excellent, the scenery fair, and the acting in the main natural and good. The theatre is essentially the amusement of the people, and consequently, of all Japanese art, it is the least tinctured with foreign imitation.

In the plays are preserved the quaint customs and curious manners of by-gone days. They represent scenes of daily life, the myths and legends of the country or of the feudal times. Of all the figures of old Japan which the stage has preserved, the most striking is the *samurai*, the man of two swords, who occupies in Japanese romantic story the place filled by the knights of old in the legends of European chivalry. He was the backbone of the feudal system, and the military class to which he belonged ruled Japan. He was the logical outcome of that system. From it was evolved for his guidance a code of conduct of the most intricate character and of etiquette of the greatest nicety, which, though it may be to our minds somewhat fantastic and strained, had for its basis an ideal of honor which was no mean conception. Patriotism in its Western sense was unknown. There was no common country, no unified nation. The lives of the castles and the camps centred about the clan. Loyalty to the clan chief was the soul of the samurai, and individual rights and liberties were sunk in the intensity of the feeling. This fealty was called *yamato damashii*, and its spirit pervaded the entire history and romance of old Japan. It found expression in the old clan wars and in the thousand feuds and fights of the ancient time. In these modern days it survives in the form of a most intense, unreasoning patriotism.

The motive of a large part of Japanese romantic story is found in the deeds of these knights of the far East, and of all the tales of the olden time none is more well known than the true story of the Forty-seven Ronins. The record of their deeds is embalmed in the hearts of the Japanese people, because it embodies to them the very essence of loyalty, which they call *chiushin*. This word, combined with *kura* (gura), a storehouse, gives the title to the most popular play on the Japanese stage—*Chiushingura*—which is founded on the story of the Forty-seven Ronins, and which is the apotheosis of the samurai.

The scene from the play which is the subject of the illustration is the last act of the master of the devoted ronins (literally wave-men, or retainers without a master), the *hara-kiri* of Yenya Hanguwan, the Asano Takumi no Kami of the original story.

The tearful and sorrowing retainers have, with bowed heads, come to see the last of their beloved master. All the preparations have been made with the precision and nicety which characterize this ancient and marvellous ceremony, no jot or tittle of which is omitted in its stage counterfeit.

Two straw mats six feet square have been laid, and over them is drawn a white cloth. At the corners are placed little tubes of wood, and in them sprigs of green bamboo. In front is a low stand of unpainted wood. The condemned man enters. He is attired in spotless white.

Gravely he kneels upon the mats, and, with unmoved face, listens to the sentence of self-inflicted death as read by the commissioner, a court noble, who is present as the representative of the authorities. When this is done a favored retainer moves with noiseless step to the front and lays upon the little wooden stand the fatal knife, carefully wrapped from point to hilt in soft white paper, and as silently glides away. The condemned noble bares the body about the waist, takes the knife, and raising it reverently to his forehead, calls upon the commissioner to witness his obedience. The handle is then firmly grasped in the right hand. The point of the blade is fixed touching the skin on the left side just below the rib, the edge inwards. The left hand is then placed over the right. With one strong effort the keen blade is driven home, a mighty sweep to the right across the abdomen, and the man has disembowelled himself, falling forward dead.

The samurai, who has witnessed this awful deed, walks down the *hana-michi* with stately step and grave Buddha-like face, to bear to his master his testimony of the dead man's obedience.

EUSTACE B. ROGERS, U.S.N.

KIM OK KIUN, THE KOREAN.

LAST spring a Korean noble of high degree lay dead upon a Shanghai street, murdered by a fellow-countryman. Had his schemes been successful in 1884 it might have saved his country her present humiliation; but failing, he started the train of events which has brought on a war of which the possibilities are immeasurable. This was Kim Ok Kiun. Born in 1851, he sprang from a noble family of pure Korean descent of great antiquity, and connected with the family of the King. He was a man of ability, courage, and ambition, of unusually active mind and ready resource. He had watched with keen interest the progress of Korea's neighbor and ancient enemy, Japan, and in 1873, with one companion, So Kwang Pom, he secretly went to that country—the first Koreans of noble birth who had gone, in these later days, elsewhere than to China.

On their return to Korea the fugitives went boldly to the King and told him what they had seen. But it was too soon for any forward movement.

In 1876, China consenting, a treaty was made with Japan. On May 9, 1882, the treaty with the United States was signed, the first ever made by Korea with a Western nation. Others soon followed, and the little kingdom emerged from its long seclusion. But the struggle had barely commenced. The numerous and powerful Min family, to which the Queen belonged, dominated the government. The Tai-wen Kun, father of the King, who had been deposed some years before on account of his fanaticism and cruelty, was a man of considerable energy and ability, was still active, and the leader of the "foreigner-haters," a wing of the conservative or pro-Chinese party, whose backbone was the clan of Min. Opposed to them were a few noble families who wished to shake off the bonds of Chinese conservatism and adopt Western methods and ideas. They made up the progressionist or liberal party, and were pro-Japanese.

The opening of the country was not a national movement, and it met with the most violent opposition from the people. It succeeded because it was advocated by a few of the more powerful of the noble families, but principally because China wished it; and the Min family were, in consequence, all obedience, thereby earning the enmity of the Tai-wen Kun, who thought they had joined the party of progress, and he waited like a tiger for a chance to pounce upon them.

In July, 1882, it came. On the 23d a mob incited by his agents attacked the Mins. Min Thai Ho, a leader of his family, was left for dead in a ditch; his son, Min Yong Ik,

KIM OK KIUN, ❶
The Korean Friend of the Japanese.

fled to the mountains, and thence to Japan, disguised as a Buddhist priest. Poison intended for the Queen was taken by a maid personating her, who died. The Japanese legation was attacked. The minister, Mr. Hanabusa, with great courage, cut his way through the mob at the head of his men, and retreated to the palace to claim the protection of the King. The gates were closed. It was night, and nothing remained but a return through the hostile city. Pursued by a howling mob, stoned and fired at from the house-tops, the brave little band marched through Seoul's crooked streets, out into the country, and on to Chemulpo, where twenty-six survivors found safety on a British war-ship. Sixteen were left dead on Korean soil. The party proceeded immediately to Japan. On August 16th Mr. Hanabusa re-entered the Korean capital at the head of a Japanese regiment. Korea apologized and paid an indemnity. While these events were taking place, Kim Ok Kiun was hurrying to Korea from the Japanese capital, whence he had been summoned. Arriving at Chemulpo, he proceeded in disguise to Seoul, finding the Tai-wen Kun, his deadliest enemy, in possession. He returned to the coast, and reported the condition of affairs to the Chinese general. On August 25th 3000 Chinese troops marched into Seoul, so suspicious was China of Japan's warlike preparations. The Tai-wen Kun was kidnapped and forcibly sent to China.

Two years passed by without further outbreak. A mission had been despatched to the United States, at the head of which was Min Yong Ik.

HONG TJYONG OU, ❷
Murderer of Kim Ok Kiun.

Our government sent the embassy back to Korea in the United States steamship *Trenton*. They returned to Seoul in June, 1884. Kim Ok Kiun returned about the same time, after two years' study in Tokyo. The liberals were active and hopeful, but it was soon apparent that a reactionary movement had set in. Min Yong Ik, of whom great things were expected, seemed to have lost the progressive ideas he had imbibed in foreign lands, and to be returning to Chinese methods. The arrival of the Chinese troops in 1882 had resulted in a new agreement with Korea, which bound her more closely to China, and welded more tightly the chains of her vassalage. Just what this agreement was has never been divulged, but of its existence there is little doubt. It was strongly fostered by the Mins. And Korea presented the singular spectacle of a revolution moving backward. The liberal leaders were in despair. They had looked hopefully upon the American treaty, and now everything seemed to be drifting out into the boundless sea of Chinese conservatism. Kim Ok Kiun and So Kwang Pom were at the head of the party, and it was soon apparent to them that at any moment they might lose their heads. The expedient most natural to an Oriental is a conspiracy, and one was formed, with Kim at its head. The time chosen for its consummation was the occasion of a banquet on the evening of December 4, 1884, in the new post-office building. A false cry of fire caused the inmates to rush forth. Min Yong Ik was wounded and left for dead.

The conservative ministers summoned to the palace were assassinated on reaching there. A new ministry was formed with Kim at the head. Unfortunately the Japanese troops were called to the palace, ostensibly to defend the King. On the 6th they were attacked by a thousand Chinese soldiers under the command of Yuen, the Resident. The Japanese, with admirable discipline and courage, repulsed all assaults, and retreated to Chemulpo in perfect order at the close of that day. This ended the new government. Kim Ok Kiun and two of his fellow-ministers fled to Japan. The third met his death bravely, preferring to die for his principles rather than escape.

Japan was in arms at once, and war was only averted by the fact that Korea and China acceded to her demands. The former apologized and paid an indemnity. The treaty with the latter bound both countries to withdraw their armed forces from Korea, except eighty men, who could be retained for the defence of the legations, and it was agreed that neither would send troops into Korea without the consent of the other, which agreement Japan now claims China has violated.

The leaders of the *émeute* of 1884 have stated that their action was urged on them by fear that the Mins would cut off their heads, also that their plans had the approval of the King. This has been fiercely denied, but the writer was informed by Lieutenant G. C. Foulk, U.S.N., who was at the time in Seoul, lived for years in Korea, and was thoroughly well informed concerning the country, that the King was at heart a progressionist, and that he did give countenance to Kim's conspiracy in 1884.

We need not follow Kim through the years of his exile in Japan. Twice his extradition was demanded and resolutely refused. Several times his life was attempted. Japan sent him to her southern possession, the Bonin Islands. Here he introduced new methods of agriculture, sent for American plants and agricultural implements, and succeeded in producing great economic changes among the wild inhabitants. At last Japan, in a soft-hearted mood, permitted his return.

On June 18th a Korean named Li Itsu Shoku was on trial in Tokyo for instigating the assassination of Kim and attempting to murder, on Japanese soil, another Korean exile. His testimony under oath showed that he had come to Japan to murder Kim and others if he could not abduct them; that he had met Hong Tjyong Ou in Japan and induced him to murder Kim. It was shown how Kim was persuaded to go to Shanghai by false representations, and how the prisoner supplied Hong with arms and money. The rest is known. The bloody work was undoubtedly instigated by the Mins. Kim's body was sent to Korea, where it was exposed in Seoul. It was then cut into eight pieces, and these fragments distributed in as many different provinces of the kingdom.

While the writer was preparing this article he received a letter from a friend who had known Kim Ok Kiun well during his exile, and he considers it of sufficient interest to be quoted almost entire. It is as follows:

"Kim was thirty-three years old in 1884, when I first saw him, a man of great dignity, genial, pleasant, and fond of story-telling. At that time he only spoke Korean; later on he learned Japanese, and spoke it fluently, but not English. He was very fond of giving entertainments. . . . He adopted American ideas at once, wanted to buy jewelry and be as foreign as he possibly could. While detained at the Bonin Islands he became so homesick that his health failed very rapidly, and to save his life the Japanese had to bring him to Japan. For some time he lived in Yezo, under guard; finally the Japanese removed their protection, and then, for safety, he cut his hair, wore Japanese dress, and lived under the name of Iwata, known to very few. In May, 1892, when I was in Tokyo, he came in disguise to see me. He had grown so sad, so pathetic-looking, that it made me feel melancholy.

"At the time of the rebellion in 1884 he had a wife and four children, I believe three girls and a boy, because I remember he regretted that he had not more sons. I have seen in a newspaper article that his family were beheaded after his assassination, but I am sure this is not true. I always understood that his wife, children, father, and other relations were beheaded at the time of the revolution of 1884. A Korean friend confirmed that report. Kim belonged to the same family that the King does, and there has always been great rivalry between the Kims and the Queen's family, the Mins. I believe Kim had the King's confidence and encouragement, while the Queen was against him, in his efforts to open the country. Kim was very ambitious as well for his country as for himself, but unfortunately with all his advanced ideas he tried the Chinese instead of the Western, method of making himself a hero. He was the brightest man Korea has ever produced, and if he had pushed his ideas more slowly, and had won over the Queen's party, the result would have been very different both for him and for his country. . . ."

EUSTACE B. ROGERS, U.S.N.

SUNDAY AFTERNOON IN CHINATOWN.

LOS ANGELES is termed the Chicago of California because of its rapid growth and business progress. It has now a population of over 65,000, and, like every California town, possesses a proportion of Chinese inhabitants. A stroll through the Chinese quarter will reward the searcher for the unusual and interesting on any week-day, but on Sunday afternoons perhaps one of the strangest sights of all may greet the eye. On the corner of one of the little side streets, whose every flavor is of the flowery Celestial Empire, amidst the strange signs and gayly-colored lanterns, may be seen a group of sombrely clad Chinamen, standing about a comrade who diligently pedals a cheap melodeon. Their shrilly pitched tones rise together singing Christian hymns in their comical English, and as if to add further strangeness to the scene, sweet-voiced American girls are grouped with them, joining in the out-door service of song. Most of the worshippers, or, rather, singers, amongst the Chinese appear to be of the poorer class. The wealthy men are usually merchants or proprietors of some business. They never mingle with the crowd, but clad in silken blouse and flowing trousers, pass by without glancing even at their countrymen. Prominent church members of various denominations are banded together in an effort to convert and better the condition of the Chinese in California. But it is slow work, for a Chinaman generally thinks the older a bad custom is the wickeder it is to give it up.

1894년 8월 18일, 미국 《하퍼스 위클리》

1 김옥균 - 일본인의 조선 친구

2 홍종우 - 김옥균을 살해한 자객

김옥균(1851~1894)

조선의 자산계급 개혁주의 정당인
'개화당(開化黨)'의 지도자. 1884년
'갑신정변(甲申政變)'이 발생하자 조선 주재 청나라
군에 의해 진압되고 일본으로 망명했다. 10년 후
김옥균은 일본을 떠나 상하이에 도착했는데, 이때
민비가 보낸 자객 홍종우의 총에 맞아 사망했다.
-편집자 주

올봄, 높은 지위의 조선 귀족이 상하이의
길거리에서 그의 동포에게 살해됐다. 이 조선인은
일찍이 1884년 정변을 일으켰다. 만약 정변이
성공했다면 그의 조국은 아마도 현재 직면한
치욕에 이르지 않았을 것이다. 그러나 그가
실패하면서 일련의 일이 꼬리를 물고 급습해왔고,
조선은 망망한 전쟁에 빠지게 됐다(이는 1894년
발발한 중일갑오전쟁을 의미함-편집자 주). 그는 바로
김옥균이다. 김옥균은 1851년 왕실과 관련 있는
조선의 세습 귀족 가정에서 태어났다. 그의 뜻은
원대했다. 그는 타인을 능가하는 담력과 식견,
능력이 있었고, 살아 있는 사고를 하며 지혜가
풍부하고 계략이 많았다. 그는 줄곧 조선의
이웃이자 숙적인 일본의 발전에 대해 높은 관심과
흥미를 가지고 있었다. 또 1873년 그의 동지인
서광범과 함께 몰래 일본을 방문했다(사료 기록에
따르면 김옥균과 서광범이 처음으로 일본에 방문한 것은
1881년임 – 편집자 주). 당시 조선의 귀족 중에서
(중국을 제외하고) 가장 먼저 출국한 인물이었다.
1884년 김옥균은 자신이 주도했던 '갑신정변'이
실패하면서 조선을 떠났다. 아내와 네 자녀는
조선에 남았다. 내 기억에 자녀는 아마도 딸 셋과
아들 하나가 맞을 것이다. 평소 그는 아들 하나가 더

없는 것을 안타까워했기 때문이다. 나는 전에 그의
가족이 그가 암살된 후 살해됐다는 보도를 본 적이
있는데, 이는 사실이 아니다. 그의 아내와 아이들,
부친을 비롯한 그의 가족은 모두 1884년 정변이
실패했을 때 이미 잔인하게 살해됐기 때문이다. 내
조선 친구가 확인해준 정보에 따르면 그런 보도가
분명히 있었다. 김옥균과 국왕은 족보상 가족인데,
이로 인해 김옥균과 왕후인 민비의 가족 간에
시종일관 격렬한 갈등이 존재했다. 나는 김옥균이
국왕의 신임과 격려를 얻었을 것이라고 믿는다.
그러나 김옥균은 끝까지 국가의 문을 개방하고자
하는 거사를 견지해 나갔고, 이는 민비의 강한
불만을 샀다. 김옥균의 웅장한 이상과 포부는
국가만을 위한 것이 아니라, 자기 자신을 위한
것이기도 했다. 안타까운 점은 그가 비록 많은
선진적 이념을 장악했다지만, 그는 여전히 중국의
방식 혹은 비서양적 방식을 이용해 일을 시도하며
스스로를 하나의 영웅으로 만들었다는 것이다. 그는
조선 역사상 가장 위대한 인물이다. 만약 그가 좀
더 온건한 방식으로 자신의 이념을 추진해 나갈 수
있었더라면, 만약 그가 왕후 세력의 지지를 획득할
수 있었더라면 이 국가에 대해서건 그 자신을
위해서건 아마도 현재와는 현격히 다른 국면이 됐을
것이다.

1894년 8월 18일, 미국《하퍼스 위클리》〈김옥균
이야기〉(선역)

LA GUERRE ENTRE LA CHINE ET LE JAPON

LI-HUNG-CHANG
GÉNÉRALISSIME DE L'ARMÉE CHINOISE

MUTSUHITO
EMPEREUR DU JAPON

LE GÉNÉRAL EN CHEF
DES TROUPES CORÉENNES A SÉOUL

1894년 9월 9일, 프랑스《르 프티 파리지앵(Le Petit Parisien, 小巴黎人)》

1 이홍장, 중국 군대의 원수(元帥, 총사령관)
2 일본 메이지 천황
3 조선 군대의 지휘자(고종 이희-편집자 주)

REPRODUCED BY PERMISSION OF THE DIRECTOR OF MILITARY INTELLIGENCE, WAR DEPARTMENT.　[PUBLISHED BY MR. E. STANFORD.]

1894년 9월 1일, 영국 《일러스트레이티드 런던 뉴스》

(미국) 전쟁부 군사정보사 사장의 허가를 받아서 발행한 조선의 이웃 나라 지도

지도에 전신선, 해저 케이블선, 철도 노선과 운하가 표기돼 있다. 밑줄 친 도시는 중, 일, 한 3국의 조약항(條約港)-편집자 주

MAP OF THE SCENE OF JAPANESE OPERATIONS ON SEA AND LAND.

1894년 11월 24일 미국 《하퍼스 위클리》

수륙 두 방면의 일본 군사행동구역 지도

맺음말

일본은 비록 스스로 평화를 갈망한다고
말하지만, 오히려 일관되게 전쟁을 계획했다.
일본은 야심이 있고, 중국은 일본의 대대에
걸친 적국이다. 얼마 전 일본은 국내 분쟁으로
곤혹스러운 적이 있었는데, 일본은 국외
전쟁이 국내 안정을 가져올 것이라고
희망했다. 확실히 중국은 보수적이고
반개혁적이었으며, 그들은 (조선의) 발전이
지연되고 답보되길 희망했다. 그러나 만약
조선이 일본의 수중에 떨어진다면 조선을
누가 구할 수 있을지는 귀신도 모를 일
아닌가! 우리로 하여금 조선을 위해 기도하게
한다. 그러나 조선이 전쟁의 외상(外傷)에서
벗어난 이후에, 설령 보호를 받지 못하게
될지라도 타국의 도움 아래 굴기하고 독립할
수 있길 바란다.

1894년 9월, 미국《북아메리칸 리뷰(The North American
Review, 北美評論)》[어거스틴 허드(Augustine Heard, 조선 주재
미국 전 공사)]

중국과 일본은 이미 조선(중·일 양국이 모두
조선을 자신의 보호국이라고 주장함)을 두고
대판 싸움을 벌였다. 그 이유는 조선이 국정
관리를 제대로 하지 못하기 때문이라는
것이었다. 출병의 핑계는 각자 자국의 교민을
보호하겠다는 것이었는데, 실제로는 일본이
중국과 겨뤄보겠다는 절박한 감정을 가졌기
때문이다. 만약 중국과 일본 양국의 부대가
서로 대면하게 된다면? 그리 어렵지 않게
전쟁의 결과를 예상할 수 있다. 중국은 우선
사회조직이 더 선진적이고 무기 장비가 더
정교하고 우수한 일본에게 만신창이가 될
것이다. 하지만 이 국면이 지나면 중국은 곧
수백만 병력으로 일본을 끌어내릴 것이다.
그런데 상황은 그렇게 간단하지만은 않을
것이다. 아직 다른 국가가 어떤 단계에서
이 전쟁에 휩쓸리게 될지 모른다. 러시아의
군함은 매년 얼어붙는 블라디보스토크
항만에서 수개월 동안 봉쇄되어 있다.
러시아는 계속 조선의 부동항을 노린다.
영국은 러시아가 손을 쓴다면 거문도는
자신의 것이라고 떠벌린다. 미국 역시 조선에
보호가 필요한 상업적 이익이 있다고 말한다.
이 전쟁이 우리에게 어떤 영향을 미칠지 누가
알겠는가? 아무튼 저곳에 검은 먹구름이
있다. 커다란 먹구름이다.

1894년 8월 13일,
프랑스《르 프티 주르날》

2

동아시아에서의 서양 세력

지난 몇 년간 러시아는 매번 태평양 지역으로 전함 한 척을 파견했다. 영국의 전통적 대응은 바로 동등한 급의 전함 두 척을 동일한 수역에 파견하는 것이었다. 동시에 보도에 따르면 프랑스도 같은 방식으로 해군 행동을 취했는데, 그러면서도 러시아의 처지에 최대한 동정을 표했다.

오늘날 세계인의 이목이 주목되는 이 시점에 러시아는 탐욕스러운 눈빛으로 조선의 원산항을 정조준하고 있다. 어떤 이들은 원산항을 라자레프(Lazaref)항이라고 부른다. 이 항구는 천혜의 항만으로, 수비는 쉽고 공략은 어려운 지형이며, 시베리아에서도 거리가 멀지 않았다. 중요한 것은 사계절 기온이 적당해서 겨울에도 결빙이 잘 안 된다는 것이다. 그런데 갑자기 정세가 180도로 급격히 바뀌었다. 생기 넘치는 신흥 강국이 순식간에 조선을 향해 손을 뻗쳐 미처 손쓸 사이도 없이 대대로 이어지던 중국의 지배적 상황을 뒤집어버린 것이다. 이로써 일본은 마치 영국이 이집트를 지배한 것처럼 조선 지배권을 얻게 됐다. 물론 일본은 조선의 주권 독립 깃발을 높이 치켜들 것이다. 그러나 역사적 경험을 근거로 판단해보면 이러한 임시 점령은 아마도 조금씩 장기적 불법 점거로 변해갈 것이다. 이런 잔혹한 현실이 면전에서 펼쳐지게 되면 러시아는 갑자기 전대미문의 돌이킬 수 없고 승산 없는 국면에 빠졌음을 알게 될 것이고, 이런 이유로 분노와 절망을 느끼게 될 것이다.

만약 이런 명백한 국면이 장기간 지속된다면 영국의 외교관은 분명 계속 남의 재앙을 보며 고소하게 생각할 것이며 몰래 기뻐할 것이다. 왜냐하면 영국은 조선에서 얻을 수 있는 상업적 이익이 거의 없었다. 이런 이유로 영국은 개화된 신흥국 일본이 러시아를 몰아내며 자신의 영역 범위를 조선반도로 확대하는 모습을 볼 수 있길 더욱 희망했다. 이때부터 이 땅에서 이익을 얻고자 하는 러시아인의 생각이 차단됐다.

1894년 10월 20일,
미국《하퍼스 위클리》〈러시아, 극동에서의 이익〉
[아서 H. 리(Arthur H. Lee)]

HWA-SHA-NA.   THE EARL OF ELGIN.   KWEI-LEANG.   ADMIRAL SEYMOUR.

SIGNING OF THE TREATY BETWEEN ENGLAND AND CHINA AT TIEN-TSIN ON JUNE 26, 1858.—SEE NEXT PAGE.

1858년 10월 2일, 영국 《일러스트레이티드 런던 뉴스》

1858년 6월 26일, 중국과 영국 간의 '톈진조약(天津條約)' 체결 현장

앞줄 인물: 화사나(花沙納, Hwa-Sha-Na), 엘긴 백작(The Earl of Elgin), 구이량(桂良, Kwei-Leang),
시모어(Seymour) 제독

1857년 프랑스와 연합한 영국은 원정군을 중국으로 파견해 광저우(廣州)를 점령했다.
1858년 4월 다시 북침해 대고(大沽, 현재의 톈진 신구-역주)를 공격했다. 영국, 프랑스, 미국,
러시아 4개국의 특명전권대사들은 청나라 정부에 외교 문서를 제출했다. 6일 이내에
그들의 요구에 답하라고 했다. 영국 측 대표의 협박하에 구이량 등은 결국 굴복했고,
영국의 조건을 강제로 수용했다. 6월 26일 중국 측의 구이량과 화사나, 영국 측의 엘긴
백작 등은 정식으로 중국과 영국 간 톈진조약을 체결했다.

越事成行

南服不靖　中法失諧　兵有民鮮　主兩之勢　君相之庭　懷頗善士　民之義憤　同深扎令　將二戰夫　乃忽鳥而　天心厭亂　世運維艱　歆母華傅相　奧法素傳相　楊尺見在　津商訂和　約吉歸於　好化干戈　為上馬籌　操俎以折　術國之福　也民之幸　也

THE WAR BETWEEN FRANCE AND CHINA—SIGNING THE TIENTSIN TREATY

FACSIMILE OF A DRAWING BY A CHINESE ARTIST

1884년 8월 30일 영국 《그래픽》

중국과 프랑스의 전쟁(청프전쟁), 톈진에서 조약 체결

1862년 프랑스는 당시 청나라의 속국이었던 베트남을
대대적으로 침략하기 시작했다. 1884년 이홍장은
톈진에서 푸르니에(François Ernest Fournier) 프랑스
대표와 '중국-프랑스 회의간명조약(中法會議簡明條約)'을
체결하며 프랑스의 완전한 베트남 점령을 인정했다.
또 베트남에 주둔한 청나라 군대를 철수하는 것에도
동의했다. 그러나 이 조약은 10일도 가지 못했다.
프랑스군이 다시 공격을 시작했고, 청나라는 어쩔 수
없이 반격하게 되면서 중국과 프랑스 간에 전면전이
발생하게 됐다. 이 그림이 묘사하는 것은 당시의 조약 체결
장면이다[《점석재화보(點石齋畫報)》(청 말기에 발간된 중국 최초
의 근대 그림신문-역주)].

LE VILLAGE DE DONG-DANG ET LA FRONTIÈRE DE CHINE ❶

12   11   10   9   8   7   6
  5   4   1   3   2

LA COMMISSION DE DÉLIMITATION. — POUR LES NOMS, VOIR CI-DESSUS L'ARTICLE ❷

1886년 9월 11일, 프랑스 《릴뤼스트라시옹》

1 중국 국경 위쪽의 동당촌(東塘村)
2 국경경계측량위원회 관원들의 단체 사진

앞줄 왼쪽부터 이흥례(李興銳) 직례후보도(直隸候補道),
왕지춘(王之春) 광둥독량도(廣東督糧道), 프리쉐 프랑스 총리
국경경계측량사무대신이자 전 외무부 시랑이며 프랑스 대표단
단장, 이병형(李秉衡) 광시(廣西) 순무, 등승수(鄧承修) 광시
국경경계측량사무대신이자 총리아문대신이며 홍려(鴻臚) 사경(寺卿)
뒷줄 왼쪽부터 들랑다(DeLanda) 프랑스 대표단 서기(書記員),
디에젤(Diesel) 프랑스 전쟁부 대표이자 참장관(參將官),
이주천(李周天) 중국 대표단 통역, 하트(Hart) 중국 대표단 고문(로버트
하트 중국 해관총세무사의 친형), 하이티시 부영사 겸 한학자, 브이네
프랑스 해양부 대표이자 해군육전대 대위, 니스 태국과 라오스,
인도차이나 구역의 탐험가 겸 의사

1885년 중국과 프랑스 간의 전쟁 이후 중국은 프랑스와
'중국-프랑스신조약(中法新約)'을 체결하며 프랑스의
베트남 보호권을 승인했다. 중국과 프랑스는 사람을
파견해 중국-베트남 국경을 측량, 조사해 결정했다.
베트남은 이때부터 정식으로 청나라의 속국에서 벗어나게
된다.

1894년 8월 4일, 영국 《일러스트레이티드 런던 뉴스》

중일갑오전쟁 당시 조선의 객잔(客棧)

그림은 조선에서의 중·일 양국의 표현을 재현한 것이다. 영국인은 세 나라의 목소리를 경청하고 있다. 각국은 모두 조선의 일에 간섭하길 원한다. 사실상 10일 전 이 글이 발표됐을 때 전쟁은 이미 발발했고, 8월 1일 중·일 양국은 정식으로 전쟁을 선언했다.

THE WAR BETWEEN CHINA AND JAPAN: A COREAN REST-HOUSE.

Cho-Pyong-Sik, ministre des affaires étrangères, en visite officielle.

LE CORPS DIPLOMATIQUE EN CORÉE

Les événements de Corée donnent un intérêt particulier à tout ce qui concerne les mœurs de ce pays si peu connu. Aux renseignements généraux publiés dans notre précédent numéro, nous sommes heureux de pouvoir ajouter aujourd'hui un récit du colonel Chaillé-Long, qui nous fait connaître les agréments de la vie diplomatique à Séoul où il résida naguère comme consul général des États-Unis.

Le président Cleveland m'ayant nommé consul général des États-Unis en Égypte, Nubar-Pacha, alors président du conseil des ministres du Khédive,

Consulat anglais.

lui fit remettre une note ainsi conçue : « Les sympathies de Chaillé-Long pour la France sont trop connues pour que sa nomination soit agréable au gouvernement égyptien. La nomination d'un Américain aussi francophile nuirait à l'occupation anglaise. » M. Cleveland, ne voulant point chagriner l'Angleterre, me nomma consul général en Corée.

Au mois de septembre 1887, je faisais mon entrée à Séoul dans une chaise à huit porteurs. C'est le carrosse de gala obligatoire pour les gens qui se respectent. A part quelques inscriptions, toutes ces chaises se ressemblent; celle du ministre des affaires étrangères que représente une de nos gravures ne se distingue guère de celle d'un autre gentilhomme. Comme tout yanghan noble , cet auguste personnage ne

sort jamais sans être accompagné par un porteur de pipes. De plus, s'il fait une visite de cérémonie, il est suivi d'un fonctionnaire portant religieusement son vase de nuit. A l'occasion, il s'en sert avec une certaine ostentation, comme s'il accomplissait ce « geste » en votre honneur : c'est dans les rites. D'après le Père Petitot, un usage identique existe chez les Esquimaux.

Aux termes de traités signés en 1882 et en 1886, les États-Unis, la France, la Russie, l'Angleterre et l'Allemagne entretiennent des agents diplomatiques en Corée. Le traité de 1886 intervenu avec la France stipule que « chacune des parties contractantes pourra nommer un représentant diplomatique qui aura la faculté de résider d'une façon permanente ou temporaire dans la capitale de l'autre ». Seuls, la Russie et les États-Unis engagèrent le Foreign Office de la Corée à s'offrir le luxe d'ambassadeurs en Europe et en Amérique. Ce fut, comme on sait, un grave sujet de froissement pour la Chine qui s'est toujours attribué un certain droit de suzeraineté sur « son frère cadet ». L'aventure se termina d'une façon plaisante qui, je crois, a été fort sommairement racontée.

Le roi Li-Hi, dont l'intelligence est très bornée, désigna comme ministre plénipotentiaire à Washington son mandarin favori Pak-Pansa qui hésita à accepter un pareil honneur. Devant la menace d'être décapité, il s'inclina. Ce brave homme n'avait jamais quitté la capitale. Arrivé à Tchemoulpo, il se trouva mal à la vue du vapeur américain qui devait le transporter à Yokoama, et on dut l'embarquer de force. Les usages coréens ne permettant pas à la femme de quitter le domicile conjugal, Son Excellence avait emmené une collection de danseuses

Legation de Russie.

1894년 8월 25일, 프랑스 《릴뤼스트라시옹》

1 조병식, 조선의 외교부 장관이자 독판교섭통상사무대신
2 영국 영사관
3 러시아 공사관

qu'il eut l'audace d'imposer à la haute société américaine comme ses épouses légitimes. Puis, un beau jour, il décampa à l'improviste pour revenir à Séoul. Le résident chinois lui fit refuser l'entrée de la ville, et il fut contraint d'abriter sa disgrâce dans une cabane... en dehors des fortifications. Un autre mandarin, M. Cho, désigné pour représenter la Corée en Europe, alla jusqu'à Hong-Kong, et le gouvernement chinois eut assez d'influence pour l'obliger à rebrousser chemin.

En général, les membres du corps diplomatique entretiennent des relations assez cordiales et multiplient les dîners officiels pour tromper la monotonie de l'hiver. Ils admettent dans leur cercle les missionnaires protestants, tous pères d'une nombreuse famille, qui vivent sur un très grand pied.

Les palais des légations sont, avec ceux des mandarins, les seules habitations coréennes offrant quelque confortable. La légation de Russie, le consulat anglais, le consulat allemand, sont bâtis à l'euro-

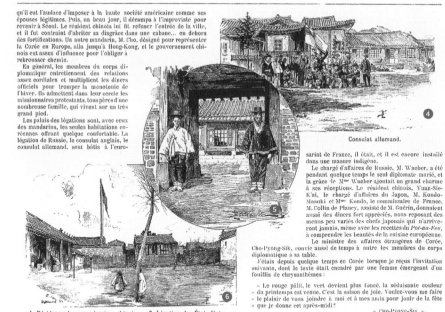

Consulat allemand.

1. Résidence des commissaires chinois. — 2. Légation des États-Unis.

péenne; la légation des États-Unis est une maison coréenne plus ou moins bien adaptée aux exigences de la civilisation américaine; la résidence des commissaires du Céleste Empire est du plus pur chinois. Quant au commis-

sariat de France, il était, et il est encore installé dans une masure indigène.

Le chargé d'affaires de Russie, M. Waeber, a été pendant quelque temps le seul diplomate marié, et la grâce de Mᵐᵉ Waeber ajoutait un grand charme à ses réceptions. Le résident chinois, Yuan-Sie-K'aï, le chargé d'affaires du Japon, M. Kondo-Masuki et Mᵐᵉ Kondo, le commissaire de France, M. Collin de Plancy, assisté de M. Guérin, donnaient aussi des dîners fort appréciés, nous reposant des menus peu variés des chefs japonais qui n'arriveront jamais, même avec les recettes du *Pot-au-Feu*, à comprendre les beautés de la cuisine européenne.

Le ministre des affaires étrangères de Corée, Cho-P'yong-Sik, convie aussi de temps à autre les membres du corps diplomatique à sa table.

J'étais depuis quelque temps en Corée lorsque je reçus l'invitation suivante, dont le texte était encadré par une femme émergeant d'un fouillis de chrysanthèmes :

« Le rouge pâlit, le vert devient plus foncé, la séduisante couleur « du printemps est venue. C'est la saison de joie. Voulez-vous me faire « le plaisir de vous joindre à moi et à mes amis pour jouir de la fête « que je donne cet après-midi?

« CHO-P'YONG-SIK ».

Mon interprète, me montrant quelques fleurs, me fit remarquer l'évolution de leurs couleurs, indice du changement de saison.

M. Cho-P'yong est un homme fort aimable, d'environ soixante-cinq ans. Son âge lui donnait un grand prestige : « Votre Excellence semble plus vieille

SÉOUL. — Un déjeuner diplomatique chez le ministre des Affaires étrangères.

4 독일 영사관

5 중국 특사 관저

6 미국 공사관

7 한양. 외교부 장관이 집에서 각국의 조선 주재 사절들을 환대하는 오찬회 개최

Fête donnée par le ministre des Affaires étrangères : le danseur de corde.

8 외교부 장관의 집에서 열린 축하연. 줄타기하는 모습

이상의 신문 보도는 조병식 조선 독판교섭통상사무(督辦交涉通商事務)대신이
외교 사절단을 위해 연회를 베푸는 장면이다.

연회장 그림은 조선 주재 미국 총영사인 샤이에 롱 중령이 촬영한 것을
기반으로 했다. 그는 다음과 같이 당시의 현장을 묘사했다.

모든 외국 사절은 무희(기생)와 통역사 중간에 앉았다. 우리는 통역사와의
대화를 통해 평소 시중에서 쓰는 몇 마디 속어를 말할 수 있었지만, 이런 고품격
연회장에서는 쓸 만한 말이 아니었다. 그러나 우리 옆에 앉아 있던 조선인은
심지어 우리 면전에서 침을 뱉었다. 조병식 선생은 연회장의 서비스 질에
매우 주의하고 주위 손님들에게 돌아가며 안부를 건네면서도 애매하게 옆에
앉은 여성을 쓰다듬었다. 나는 늘 카메라를 휴대했기 때문에 연회가 끝날 때쯤
연회장을 향해 카메라를 들이댔다. 내 행동을 본 조병식 선생이 자신의 체면을
고려해달라고 말했다. 이에 무희가 물러나도록 했는데, 이때 찍은 것 중 일곱
장의 사진에 여인이 없는 이유가 바로 그 때문이다."

FORT MONOCACY CAPTURED BY THE UNITED STATES FORCES ON THE MORNING OF JUNE 11, 1871.

OUR NAVY IN KOREA.

BY CAPTAIN W. S. SCHLEY, U.S.N.

THE purpose of this paper is to recall an event in the history of our navy through which the last one of the exclusive empires of the East was brought into the fellowship of our Western civilization.

Some twenty-eight years ago an American schooner, named the *General Sherman*, visited the coast of Korea, that peninsula projecting in a southerly direction from Manchooria, and lying between the Yellow Sea and the Sea of Japan. This vessel was loaded with a cargo of Yankee notions, and the purpose of her captain was a peaceful exchange of these commodities with the Koreans. At the time of her visit this empire was not in touch with the outer world, but in some form or other maintained communication with the Chinese, whose language they understood, and according to the best available information at that period, Korea was reputed to be a tributary empire of China.

769

1894년 8월 18일, 미국 《하퍼스 위클리》

1 1871년 6월 11일 새벽, 미국 군대가 점령한 조선 덕진보(Fort Monocacy)

LOWER FORT IN POSSESSION OF BLUEJACKETS AND MARINES.

2 미국의 수군과 해군 육전대원 통제하의 조선군 토치카(碉堡, 돌로 만든 보루)

the peninsula to the river, north of this promontory, and isolating it from the line of rifle-pits and other defences along the hill-tops beyond the ravine. These defences were intended to hold an enemy in check until the defending forces around this promontory could have time to retreat safely into the citadel from the outlying defences.

In one angle of this quadrangular-shaped citadel a large tent was erected, and from a tall bamboo pole a few feet in front of it floated a large yellow flag containing some characters, which, our interpreters afterwards stated, were intended to indicate the headquarters of the commanding officer. In another angle of this fortification a number of thatched bamboo sheds were constructed, no doubt as quarters for the soldiers. On the walls of the forts and along the slopes of the hills near these fortifications large groups of men were collected, but it was not imagined their purpose was hostile; it was thought to be merely curiosity.

On a bold bluff, to the right going up the river, and on the mainland of Korea, another small fort was so placed as to converge its fire upon a point of the river, making a cross-fire with the batteries opposite on the peninsula, which was, in fact, the island of Kang Hoa.

When the surveying vessels had reached this vicinity the groups of men already observed suddenly disappeared, and a signal gun was fired from the citadel. Only a moment elapsed, when a furious fire was opened upon the surveying vessels from the forts situated on both the mainland and the island of Kang Hoa. A perfect storm of missiles struck about the ships and launches, but fortunately did no harm, as the guns had been ranged upon points in the channel during low water, while the increasing tide allowed the vessels to pass over a different route from that contemplated by the artillerists in laying their guns. The surveying vessels instantly opened their batteries upon the forts, and the engagement became general until they passed completely above them, silencing their guns in passing. An incident of much interest in this attack upon the ships was the heroic behavior of Master Seaton Schroeder, in command of the steam-launch of the corvette *Benicia*. Earlier in the day, at a point below the forts, while sounding out the channel, the lead line in some manner fouled the launch's propeller; some time was taken to clear it, and this delayed the little steamer until all the other vessels had gone by the forts. It was an ugly position for a little steam-launch with only one small howitzer mounted in her bow, but Schroeder's orders were to go up with the other vessels, and this was sufficient; without hesitation he pointed her up the river, and passed the forts under a perfect cyclone of projectiles. It was an instance of heroic determination to obey his orders, and in so doing he doubtless counted upon the boldness of his manœuvre to disarrange the enemy's fire. This did happen, for his party escaped without material damage. In any other service in the world his reward would have been promotion at least one grade.

The passing of these forts was not without severe damage to the *Monocacy*, as she ran upon a submerged rock in sweeping a turn around the promontory, and seriously injured her bottom plating. When she returned to the anchorage of the squadron below, she was obliged to run on to the mud flats about the fleet to repair a serious rent in her bottom plates. She was sent to Shanghai, China, after the operations closed, and at this writing is still an efficient cruiser on the Asiatic station.

After the vessels had succeeded in passing the forts, they turned about to repass them. This time, however, they were the aggressors, and did not wait for the enemy's fire, but began a tremendous bombardment of each fort as it came within range. The reverberation of the heavy guns was

Charles D. Graves / 94

THE KOREANS ON BOARD SHIP.

heard on board the vessels below, and from positions aloft the smoke of battle could be seen rising up over the hills about the fortifications. Occasionally a shell that had struck the ramparts was seen to burst in the air above them, but the fire of the enemy during this attack was feeble, and was

mainly from the guns that had not been fired at the vessels on their way up.

The forts were only repassed when they had ceased to show any further resistance. The cannonade by our vessels was furious and destructive, and it awakened some of the rec-

INSIDE FORT DU COUDE, AFTER THE HAND-TO-HAND FIGHTING.

3 선박(미국 콜로라도호) 위의 조선인

4 강화도 광성보. 백병전 이후 모습

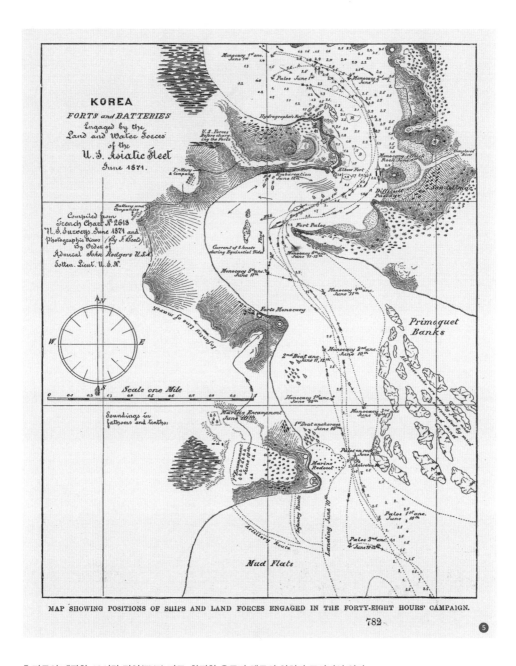

5 미군이 제작한 48시간 전역(戰役) 지도. 참전한 육군과 해군의 위치가 표시되어 있다.

이상의 보도 내용은 1894년 8월 18일 자《하퍼스 위클리》에서 인용한 것이다. 제목은 〈조선에 있는 우리 해군〉으로, 이 글은 역사상 미국 해군이 두 차례 조선에 진입했던 경과를 회고한 것이다. 1차는 1866년 8월의 '제너럴셔먼호' 사건이고, 2차는 1871년의 '신미양요'다. 20년 이상 시간이 지난 후 조선이 재차 서양 국가의 관심을 받는 상황이 됐을 때 이 두 차례의 사건 역시 다시 사람들의 관심 사항이 됐다.

COM: PERRY'S VISIT TO SHUI, LEW CHEW

판화. 1853년 6월 6일
미국의 페리 제독이 류큐국 수리성(首里城, 오늘의 오키나와 나하)에 도착했을 때의 모습

매슈 C. 페리(Matthew Calbraith Perry, 1794~1858)는 미국의 해군 고위 장교로, 흑선을
이끌어 봉쇄 정책을 펼치던 일본의 문호를 개방하면서 유명해졌다.

1852년 11월 미국은 페리 함대를 일본으로 원정을 보냈다. 1853년 5월 중도에 류큐국
나하항(那霸港)에 정박해 류큐의 개방을 모색했다. 페리 함대는 이후 1년이 넘는
시간 동안 다섯 차례 류큐를 방문해 개항을 요구했다. 류큐 당국은 여러 차례 일본과
중국(청나라)에 지원을 요청했다. 일본은 당시 류큐국은 요원한 국가라면서 일본에는
관련 항만의 개항을 결정할 권한이 없다고 했다. 청나라는 아편전쟁의 패배 상태에 처해
있었다. 비록 적극적으로 교섭하려 했지만 힘이 부족해 뜻대로 되지 않았다. 양측 모두
류큐에 대해 유효한 보호를 실시할 수 없었다. 1854년 3월 '미일화친조약'이 체결되면서
일본이 개항하게 됐다. 1854년 7월 페리와 류큐 정부는 중국어와 영어로
'미국-류큐수호조약'을 체결하면서 나하항을 개방했다.

일본 가나가와현(神奈川縣) 요코스카시(橫須賀市)의 구리하마(久里浜)에 페리 공원이
있다. 당시 페리가 이끌던 흑선이 상륙했던 곳이다. 일본 개방을 재촉한 미국의
장군에게 감사를 표하기 위해 일본인은 이곳에 페리 상륙 기념비를 세웠다. 그 기념비에
이토 히로부미 당시 총리가 친필로 이런 글을 썼다. "북미합중국 수군제독 페리 상륙
기념비(北米合衆國水師提督伯理上陸紀念碑)."

THE GERMAN CLUB, YOKOHAMA.

THE BUND, KOBÉ.

YOKOHAMA.

THE UNITED CLUB AND CLUB HOTEL, YOKOHAMA.

THE "HUNDRED STEPS," YOKOHAMA.

NAGASAKI BAY, JAPAN.
Pappenberg Island in the Distance.

NAGASAKI HARBOR ON A FOURTH OF JULY.
American and Japanese Fleets saluting.

LIFE IN THE FOREIGN SETTLEMENTS OF JAPAN.—[SEE PAGE 1234.]

1894년 12월 29일, 미국 《하퍼스 위클리》

서양 교민의 일본 조계지 생활

1 요코하마(橫濱)의 구락부(클럽)
2 고베(神戶)의 부두(外灘, The Bund)
3 요코하마
4 요코하마의 연합 구락부와 회소(會所)
5 요코하마의 모토마치햐쿠단(元町百段, Hundred Steps, 서양 교민의 거주지)
6 일본 나가사키만(灣). 멀리 보이는 것은 다카보코섬(高鉾島, Papenberg Island)
7 나가사키만에 정박한 미국과 일본 함대가 미국 국경일에 축포를 쏘고 있다.

유스터스 B. 로저스(Eustace B. Rogers) 미국 해군 총출납관은 《하퍼스 위클리》에 〈서양 국가 교민의 일본 조계지 생활〉이라는 제목의 기사를 작성했다. "통상 세관 바깥에 거주하는 일본인은 높은 호기심을 품고 예의를 갖춰 외국인을 '이인군(異人君)' 혹은 '노외선생(老外先生)'이라 불렀다. 그들은 자신들의 눈에 매우 기이해 보이는 외국인의 행위를 관찰했고, 심지어 그런 관찰에 몰두해 피곤함을 몰랐다. 외국인의 나이, 생활습관 또는 각종 기호에 상관없이 모두 그들의 관찰과 논의의 주제가 됐다."

그는 또한 매우 재미있는 내용을 구체적으로 서술했다. "요코하마에는 중국인 외에 1605명의 외국인이 있었는데, 그중 808명이 빅토리아 여왕에게 충성했으며, 은행 시스템을 장악하고 있었다."

SKETCHES FROM SHANGHAI.

GROUP OF DISCIPLINED CHINESE SOLDIERS WITH EUROPEAN OFFICER.

1863년 8월 29일, 영국 《일러스트레이티드 런던 뉴스》

서양인이 엄격한 규율 아래 훈련한 중국 병사들

이 사진은 잘 훈련된 중국 사병들과 그들의 유럽인 장관(長官)이 함께 찍은 단체 사진이다.
그들이 바로 태평군(太平軍)의 토벌군인 '상승군(常勝軍)'이다. 화얼(華爾, Frederick Townsend
Ward), 바이치원(白齊文, Henry Andres Burgevine), 거덩(戈登, Charles George Gordon) 등 역대 유럽인
지휘관의 훈련과 지도하에 청나라 조정은 서양의 군사훈련 기술과 서양식 총포 사용법을
깨닫기 시작했다. 중국의 사병 역시 규율이 엄격하고 공정하며 용맹무쌍한 병사로 변모해갔다.

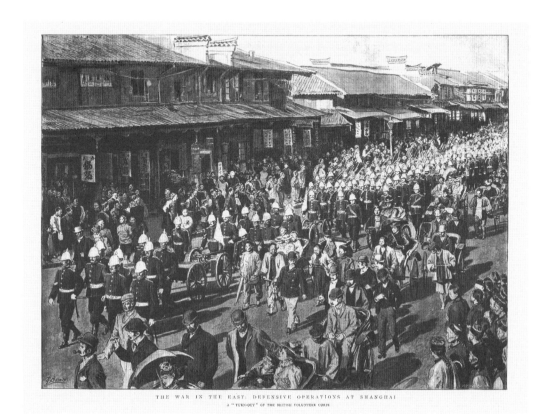

THE WAR IN THE EAST: DEFENSIVE OPERATIONS AT SHANGHAI
A "TURN-OUT" OF THE BRITISH VOLUNTEER CORPS

1894년 9월 8일, 영국 《그래픽》

동양의 전쟁: 상하이의 방어 행동, 영국인 지원군이 거리에서 위엄을 뽐내는 모습

이 그림은 중일갑오전쟁 중의 영국 군대를 그린 것이다. 영국은
표면적으로 중립을 표명했다. 영국 상선인 '고승호(高陞號, Kow-Shing)'가
침몰된 후 일본은 이 문제를 해결하기 위해 대대적인 외교 노력을
기울였다. 영국은 일본에 책임을 묻지 않았고, 청과 러시아의 관계가
밀접해지면서 영국의 여론은 일본을 더욱 지지하게 됐다.

1. LYING IN WAIT AT THE BOTTOM OF A DITCH TO HACK AT THE PONIES AS THEY JUMP OVER

3. THE RESULT OF A HOLE THOUGHTFULLY DUG BY A PLAYFUL NATIVE

DRAWN BY FRANK DADD, R.I.

4. A TRUCULENT PEASANT WITH A PAIL OF SEWAGE BARRING THE PASSAGE OF A BRIDGE

5. THE

EUROPEAN RESIDENTS IN CHINA : PAPER-CHASING AT SH

2. THE SUMMARY REVENGE WHICH WAS PROMPTLY INFLICTED

FROM SKETCHES BY A. BRUCKSHAW CURJEL

E PONY HAS BOLTED INTO A VILLAGE AND FALLEN INTO THE HANDS OF THE NATIVES

ALLY MUCH RESENTED

1894년 10월 20일, 영국《그래픽》

유럽 교민이 상하이에서 행한 종이 추적 게임(撒紙追蹤遊戲, paper-chasing)

이 게임은 현지인의 혐오감을 자아냈다.
(종이 추적 게임은 영국의 게임으로 땅에 뿌려진 종잇조각의 기호에 따라 종이 뿌린 사람을 추적하는 놀이-편집자 주)

1 배수로에 숨어서 말 탄 유럽인을 기습하려는 중국인
2 즉시 가해진 복수
3 못된 장난을 하려는 현지인이 판 함정에 빠져 말에서 떨어진 유럽인
4 간악한 현지인이 다리를 막아선 채 거름을 뿌리려는 모습
5 유럽 교민의 말이 운 나쁘게 마을에 들어가 현지인의 손에 잡힌 모습

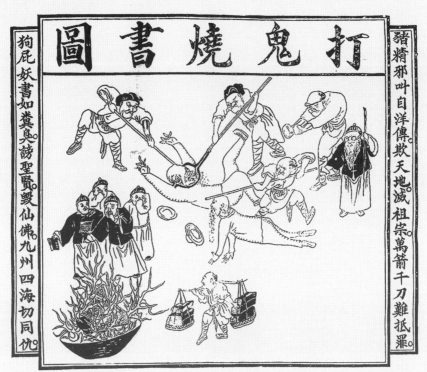

Placard anti-européen affiché dans les rues de Tien-Tsin et de Shang-Haï.
D'après une photographie communiquée par M. D. Fricot.

1891년 12월 5일, 프랑스 《릴뤼스트라시옹》

톈진과 상하이 거리에 붙어 있는 외국인 배척 포스터

그림: 귀신을 때리고 책을 태우는 모습
오른쪽 글: 돼지 같은 정신에 사악한 말은 양인에게서 온 것이다. 하늘을 기만하고
조상을 멸한다. 만 개의 활과 천 개의 칼로도 그 죄를 갚기 어렵다.
왼쪽 글: 개 같은 요상한 소리는 너무 역겹다. 성현을 비방하고 신선과 부처를
불태운다. 구주사해(온 세상)가 이 공동의 적을 잘라내야 한다.

Le Petit Journal

SUPPLÉMENT ILLUSTRÉ

Huit pages : CINQ centimes

TOUS LES VENDREDIS
Le Supplément illustré
5 Centimes

TOUS LES JOURS
Le Petit Journal
5 Centimes

Deuxième Année   SAMEDI 19 DECEMBRE 1891   Numero 56

Les massacres en Chine
(SUPPLICES)

1891년 12월 19일, 프랑스《르 프티 주르날》

1 중국에서 발생한 (서양인) 학살 – 혹형(酷刑)

NOS GRAVURES

Les massacres en Chine

Les événements les plus graves se passent en ce moment en Chine; une révolte formidable y a éclaté qui menace non seulement les Européens et en particulier nos missionnaires, mais encore le trône de l'empereur actuel.

La chose est sérieuse comme on le voit.

Il est admis, les abstracteurs de quintessence et autres philosophes à longue portée ont depuis longtemps certifié que l'Europe entière périrait par suite d'une invasion des Tartares, Mongols, Mandchous, Chinois de toute origine qui peuplent avec trop de surabondance l'empire du Milieu.

Alors que nous n'avons pas assez d'enfants, ces gens-là en ont trop, et, malgré la légende qui motive l'œuvre célèbre de rachat, les porcs n'en mangent pas assez pour empêcher que la population étouffe dans des frontières pourtant pas mal développées.

Quand les sujets du Fils du Ciel ne trouveront plus à pâturer chez eux, il faudra qu'ils cherchent ailleurs leur nourriture; l'on affirme qu'alors ils se répandront sur l'Europe comme font les sauterelles en Algérie, dévorant tout, dévastant tout.

En vain à ces vrais inventeurs de la poudre opposera-t-on les engins les plus perfectionnés; on en tuera beaucoup, malgré quoi ils resteront encore au moins cent contre un et nous serons perdus.

En attendant cette excursion chez nous, non dirigée par les agences, ils essaient leurs crocs les uns sur les autres et se massacrent en masse.

Ils ont comme de coutume commencé par les chrétiens. Nos dessins représentent d'odieuses scènes dont ils sont les sinistres acteurs. Mais aussi ils se sont entre-déchirés de façon à diminuer notablement l'encombrement sur le sol de leur patrie.

Quel est leur mobile ?

On a peine à croire qu'il s'agissait seulement d'un mouvement politique. Les bandits monstrueux qui égorgent, saignent, brûlent et pillent ne savent probablement même point le nom de leur empereur.

C'est probablement le besoin de vivre seulement. C'est une manifestation de la bête humaine.

On a dit qu'ils voulaient se venger sur tous ceux qui ne sont pas de leur race de ce que les Américains, trop envahis par les travailleurs chinois, ne voulaient plus leur ouvrir leurs territoires.

Il est vraisemblable que cela a été imaginé par ceux qui en vue d'une action générale ne seraient point fâchés d'y intéresser les États-Unis dont la marine est très puissante.

Que va-t-il se passer ? L'avenir nous l'apprendra.

Il paraît difficile qu'on laisse s'accomplir, sans les réprimer, de pareils forfaits. C'est donc une nouvelle expédition lointaine qui se prépare, et l'on sait ce qu'elles coûtent.

Quoi qu'il en soit, en cette circonstance, il n'y aura peut-être point trop lieu de regretter notre argent.

Puisqu'il est convenu que nous devons être mangés un jour par les Chinois, autant retarder le moment le plus possible.

Les massacres en Chine
(INCENDIES)

2 중국에서 발생한 (서양인) 학살 - 화형(火刑)

프랑스의 일간지《르 프티 주르날》에 보도된 기사, 앞표지, 뒤표지 등에
실린 삽화는 매우 생동감 있게 19세기 말의 상황을 재현해준다. 서양에는
'황화론(黃禍論, 황인종의 번영은 백인 문명에 위협이 된다는 내용을 골자로 한 황인종
억압론-역주)'이 퍼져서 중국에 대한 공포 심리가 만연했다. 이런 원인이
복합적으로 작용했는데, 이는 비록 서양 침략자의 음모였지만, 정치인은
중국인을 추악하게 묘사하면서 황인종과 백인종 간의 대립을 초래했다.
동아시아를 압박하고 침략하기 위한 여론을 형성하기 위해서였다. 사회학자는
중국에서 노예제가 점차 사라진 후 많은 쿨리(coolie, 하층 육체노동자-
역주)가 해외로 진출했는데, 이것이 서양인의 취업 기회 침해로 이어졌다고
분석했다. 경제학자는 왕왕 서양 세계에서 반복적으로 발생하는 금융위기
분석에 착수했다. 그런데 종교계 사람들은 중국이 서양의 공헌을 잊은 채
선교 단체를 멸시했고 잔학하게 습격했다며 과장했고, 이를 자신들에게
유리하게 재해석했다. 사실 이러한 관점 가운데 어느 것이 더 타당한지 혹은
더 중요한지는 상관이 없었다. 서양 미디어가 보도한 사진을 통해, 또 이들
매체의 극단적이고 편협한 어휘를 통해, 중일갑오전쟁 이전에 서양 세계에
문호를 개방했던 중국과 일본이 확연히 다른 마음 자세를 갖고 있었음을
우리는 어렵지 않게 발견할 수 있다. 이 두 국가에 대한 국제 여론의 인정과
동정에도 큰 차이가 존재했다. 청나라와 계속 우호 관계를 유지했던 미국은
중일갑오전쟁 발발 10년 전에 배화법안(중국을 배척하는 법안)을 통과시켰고,
1895년에는 중국인의 이민을 막았다. 독일 황제 빌헬름 2세는 심지어
〈황화도(黃禍圖)〉를 직접 구상하기도 했다.

〈중국에서 발생한 학살〉이라는 제목의 이 기사에서 기자는 다음과 같이
서술한다. "우리는 가장 선진 무기를 이용해 가장 일찍 화약을 발명한
이 사람들에게 대항하고 있지만 헛수고일 것이다. 설사 우리가 그들을
다수 살해할 수 있다고 해도 적어도 100 대 1의 현저한 세력 차이에 밀려
궁극적으로 그들은 여전히 살아남을 것이며 우리는 패배할 것이다. 그들을
진압하지 않으면 그들은 제멋대로 우리를 학대하게 될 텐데, 이를 방치하는
것은 안 될 것이다. 이런 이유로 새로운 원정을 현재 계획 중이다. 그러나 다들
아는 것처럼 이러한 원정에는 상당히 많은 비용이 든다. 어찌 됐건 이러한
정세하에서 우리가 이런 비용을 지불할 여지가 많지 않다는 점은 애석한
일이다. 우리가 언젠가 중국인에게 먹힐 운명이라면 최대한 그런 순간을 점점
뒤로 미루는 것이 좋은 일일 것이다."

TRAVELLING IN NORTH CHINA: AN EASY BIT OF

VAN PASS.

1883년 9월 15일,
영국《일러스트레이티드 런던 뉴스》

곡관(穀關) 주변의 산길을 걷고 있는
중국 북부의 행상

A MONGOL COURIER CARRYING THE CHINESE MAIL ACROSS THE GOBI DESERT.

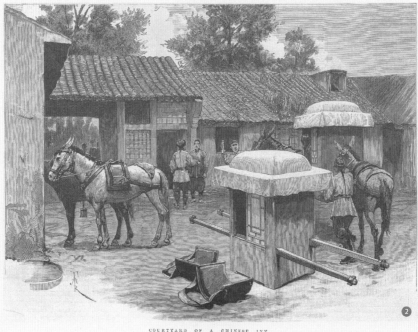

COURTYARD OF A CHINESE INN.

From Sketches by Julius M. Price.

1894년 8월 11일, 영국 《일러스트레이티드 런던 뉴스》

1 몽골의 우편집배원이 고비사막을 지나 중국으로부터 운송해온 우편물
2 중국식 역참의 마당(뜰)

THE RUSSIAN HEAVY MAIL ON A MOUNTAIN PASS IN NORTH CHINA.

**1894년 8월 25일,
영국 《일러스트레이티드 런던 뉴스》**

**중국 북부의 험한 산을 넘는 러시아의
무거운 우편물**

이상 세 장의 삽화는
《일러스트레이티드 런던 뉴스》
특파원인 화가 프라이스(Price)가
그린 것으로, 러시아
이르쿠츠크에서 중국 베이징으로
이동하는 험한 여정을 묘사했다.
바이칼 호수 남쪽을 지나 다시
러시아-몽골의 변경 지역인
캬흐타, 몽골의 알탄불락, 몽골의
수도 울란바토르, 고비사막
등을 통과하고 만리장성에
진입해 장자커우(張家口)에
도착하는 여정이다. 이 길에서
동물은 여름에는 마차를 끌고
겨울에는 썰매를 끈다. 하지만
이 길에 강도는 적다. 러시아
세력을 화나게 만들고 싶지 않기
때문이다. 만약 기후 조건이
열악해지면 이 길은 더욱 고난의
길로 변한다. 이는 그림에 표현된
그대로다.

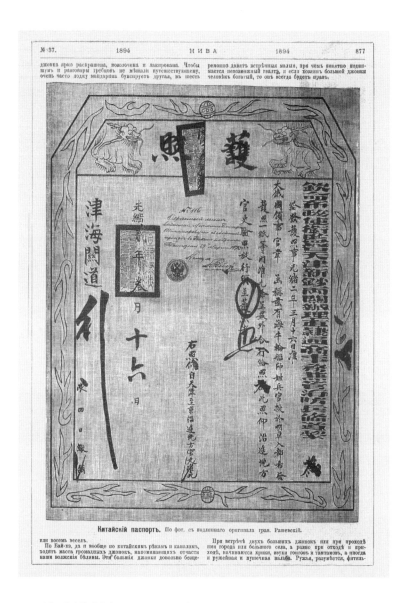

Китайскій паспортъ. По фот. съ подлиннаго оригинала граф. Рашевскій.

1894년, 러시아 《니바(Нива, Niva, 田野)》

중국 여권 (그림: 라셰프스키)

이 그림은 중일갑오전쟁 기간 중 들판이라는 뜻의 러시아 주간지 《니바》에 실린 것이다. 이 한 장의 여권은 사실 현재의 비자에 가깝다. 이는 광서(光緖) 2년 3월 톈진신사양관판리(天津新沙兩關辦理) 직속 통상사무 겸 해양방위 병비도(兵備道)인 여(黎)씨 성을 가진 관원이 러시아 해양 기선의 사(師)씨 성을 가진 병관(兵官)에게 발급한 것이다. 여권의 내용을 살펴보면, 이 여권을 소지한 사람이 다음 날 베이징으로 이동할 예정인데, 톈진과 베이징의 관원은 통행을 허락해달라는 것이다.

ADVANCE OF RUSSIAN CIVILISATION: A SOTNIA OF COSSACKS AT A VILLAGE IN CHINESE TARTARY.

1893년 1월 7일, 영국《일러스트레이티드 런던 뉴스》

러시아 문화의 침투: 중국 동북부의 한 마을에 들어온 코사크족 기병군관(騎兵軍官)

Battery commanding Amoor Bay.   Chinese and Korean Quarter.   The Commencement of the great Post Road to Europe.

VIEW OF VLADIVOSTOK.

Battery.   Battery.   Barracks.   Steamer laying out Mines.

VLADIVOSTOK AND HARBOR.

1894년 10월 20일,
영국 《일러스트레이티드 런던 뉴스》
<러시아의 극동에서의 이익>

1 상공에서 내려다본 블라디보스토크

House of Military Governor.   The Arsenal.

2 블라디보스토크 항만

Arsenal.   Ordnance Store Depôt.

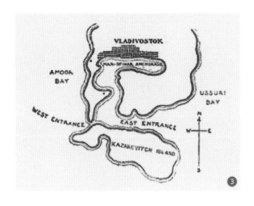

3 위: 블라디보스토크성(城)
음영 아래: 군용 선박 정박지
왼쪽 위: 아무르만
왼쪽 아래: 서쪽 입구
방향 표시 기호 위: 우수리만
방향 표시 기호 왼쪽: 동쪽 입구
방향 표시 기호 아래: 러시아의 섬(현 루스키섬-역주)

그림 1은 러시아 극동 지역의 군항인 블라디보스토크다. 블라디보스토크항은 러시아 제2의 군항으로 시베리아평원 남동부 끝 길이 35마일, 너비 3~10마일 규모 반도의 정점에 위치한다. 이 반도는 서쪽으로는 아무르만, 동쪽으로는 우수리만과 접한다. 블라디보스토크항은 천혜의 항만이며 매우 안전한 지형을 갖고 있다. 사방이 육지로 둘러싸여 있고, 두 개의 협소한 수로를 통과해야 블라디보스토크의 중앙으로 진입이 가능하다. 그러나 매년 이곳의 선박은 수개월 동안 주변 해역이 얼어 바다로 나갈 수 없다. 러시아 정부는 외지인이 블라디보스토크항에 대한 정보를 정탐할 수 없도록 엄격히 금지했다. '군사 구축물' 건축 방법으로 이 군항을 건설한 것이다. 군항 내부에서는 장기간 계엄령이 실행되고 있다. 현지 주민은 인권이 거의 없다시피 하다. 그들의 생명과 자유는 현지의 군사 지도부가 장악하고 있다. 군항 내부에는 어떠한 형태의 무역도 존재하지 않는다. 이 항구에 진입한 모든 상선은 예외 없이 모두 이곳에 주둔 중인 군인에게 물자를 보급하기 위한 선박이다. 블라디보스토크는 사병과 선원으로 구성된 항만이다. 모든 외국 영사와 외국 공민은 입항이 금지돼 있는데, 러시아 정부에 고용된 사람에 한해 진입이 가능하다.

그림 2에서는 항구의 내부 구조를 볼 수 있다. 병선 정박 지역 북측 연안의 상황과 이 군항의 서쪽에 팔처럼 돌출된 반도의 상황을 분명히 알 수 있다. 전면에 가장 현저히 보이는 위치에 다량의 어뢰와 무기고가 있다.

그림 3에서는 이 군항으로 진입하는 통로가 러시아의 섬으로 봉쇄되어 있음을 볼 수 있다. 오직 동서쪽 두 개의 협소한 수로를 통해서만 항만으로 통행할 수 있다. 특히 이 가운데 서쪽의 입항 지역으로 진입한다는 것은 허무맹랑한 소리나 다름없다. 두 개의 입구에는 모두 어뢰가 배치되어 있고, 화약을 총실에 장전하는 방식의 육상 포대를 반도와 그 건너편 섬에 모두 무장 배치한 상황이다. 군항 서쪽에 위치한 돌출형 반도에는 방어벽이 건설되어 있는데, 이는 적군이 이쪽에서 포격하는 것을 방지하기 위해서다.

1895년 1월 19일, 영국 《일러스트레이티드 런던 뉴스》

1 1894년 11월 23일, 영국 전함이 옌타이(煙臺)항을 떠나는 모습(뤼순으로 향함)

2 '백부장(百夫長, Centurion)호' 전투함이 다롄(大連)만을 지나고 있다. 일본 군대는 뤼순 포대를 향해 공격을 곧 개시했다.

이 책에서 볼 수 있는 많은 삽화는 전장에 나간 영국의 종군화가가 그린 것이다. 당시 전장에는 교전 중인 중·일 양국의 전선(戰船)만 있었던 것이 아니다. 전쟁을 바라보는 다른 나라 사람들도 있었다. 그들은 전쟁을 관찰하는 동시에 진(陣)을 치기도 하고 스케치도 했다.-편집자 주

우리가 거주하는 이곳 상하이에서 우리 총영사관에 잡혀 있는 두 명의 일본인은 이미 가혹한 형벌을 받은 이후 참수형 판결을 받았다. (이 일이 알려지자마자) 우리는 어쩔 수 없이 우리 국가를 위해 변호하게 됐다. 극동에 있는 미국인으로서 충실히 우리 정부의 무지와 잘못에도 나라를 위해 변호했는데, 이는 이미 하나의 일상이 됐다. 그러나 이번 상황으로 나는 치욕을 느꼈다. 이 사건을 간략하게 서술해볼까 한다. 만약 우리가 이번 전쟁에 휩쓸릴 경우 극단적으로 엄중한 후과(後果)에 피할 수 없이 직면하게 되므로 미국 본토 국민은 이곳의 실제 상황을 이해해야만 한다. 우리는 일본이 현대화의 물결을 탈 수 있도록 인도했고, 또 상하이의 방대한 상업적 이익을 이끌기도 했다. 그러나 이 두 지역에서 우리 정부는 오랫동안 이렇다 할 해군 하나 조직하지 못하고 있다. 이런 숨길 수 없는, 또 기댈 곳 하나 없는 경지는 이미 다른 국가조차 아리송하게 느끼고 있다. 그러나 현재 상황은 더 치욕적이다. 우리는 양국의 교전 상황에 끼여서 오히려 어리석은 실수를 저지르고 말았다. 이런 상황은 우리의 약점을 더 분명하게 폭로하고 있다.

전쟁(중일갑오전쟁-역주)은 8월에 발발했다. 내가 이 글을 작성하는 시기가 벌써 10월 하순이다. 그러나 현재까지 중국의 해역에서 볼 수 있는 유일한 미국 전함은 미시시피강에서 사람들을 건네주던 용도로 쓰이던 오래된 모노카시호뿐이다. 이는 피난선이자 거주선이다. 설령 최대한의 역량을 발휘한다 해도 단지 그저 순찰선일 뿐이다. 우리는 알고 있다. 더 좋은 우리 전함이 현재 평안 무사한 일본 항구에 정박해 있다는 사실을 말이다. 비록 앞으로 25년 이내에 일본에 전함은 필요하지 않겠지만, 마치 뉴포트항이나 바르항(미국 동부 뉴잉글랜드 연안의 평화롭고 사치스러운

소도시)과 같이 그곳(일본 항만) 여성이 매우 아름답다는 사실은
알고 있다. 일본, 한국, 나아가 전체 아시아에 있는 미국의 전함을
살펴보면 볼티모어의 모호(摩號), 화해호(和諧號), 해연호(海燕號,
RV Petrel) 등이 있다. 그러나 다른 대국(열강)이 보여주는 역량과
비교해볼 때 미국의 이런 전력은 부정할 수 없는 코미디다.
평화로운 시기라 해도 지금보다 두 배 이상 많은 전함을 운용하는
것만으로는 통상항을 순항한다거나 중국 내 미국인의 이익과
생명 안전을 보장하겠다는 결심을 보여주기에 충분하지 않다.
심지어 현재 상황은 우리를 더욱 난감하게 만들고 있다. 현장을
직접 찾아야만 미국의 잘못이 얼마나 심각한지 알 수 있다. 얼마
안 되는 우리의 전함은 국내에 머물거나 유럽으로 파견되고 있고,
심지어 유럽의 외교관이 미국의 대학 교수보다 우리 실력을 더
잘 파악하고 있다. 한때 세계무역을 이끌었던 이곳 중국에서
우리 힘은 우리 정부로부터 존중받지 못하며 모두 사라져버린
실정이다.

현재 우리는 그래도 안전한 편이다. 내가 머무는 리처즈
호텔[상하이의 황푸강과 와이바이두(外白渡) 다리 앞 위치-역주]에서 밖을
내다보면 러시아, 프랑스, 영국의 전함을 볼 수 있다. 프랑스 전함
함장이 우리를 도와주기 때문에 우리가 이 두 일본인을 공평하게
대해달라고 강하게 말해도 안전하다. 이곳은 아시아 상업 활동의
절반이 이루어지는 도시다. 와이탄에 우뚝 솟은 기창양행(旗昌洋行,
Russell & Co., 19세기에 저명했던 미국의 투자무역회사, 1891년 영업 중단)의
창고는 중국이 이루어낸 업적을 자랑스럽게 보여주는 것이지만,
기창양행의 파산은 미국의 영향력이 현재 이곳에서 어떤 지경까지
떨어졌는지를 여실히 보여준다.

1894년 10월, 미국《하퍼스 위클리》〈중국 내 무기력한 미국〉
[줄리언 랠프(Julian Ralph)]

DRAWN BY J. NASH, R.I.   U.S.S. "PETREL

A Correspondent writing from Newchwang says :—"The European and other residents, fearing disturbanc
Governments for protection, the result being this somewhat novel position.   Owing to the intense cold here (30
rapid current of the river Lian-Ho, so that ships lying in the stream have been sunk at their moorings.   For t
these the two ships were towed with some difficulty, hundreds of coolies assisting at the hawsers.   Mud fortifica
and roofed, and every preparation made by which the safety of the residents can be ensured.   It is probable," the
cut off, owing to the disturbed state of the country preventing the usual courier service.   The place is unusuall
large bodies of Chinese troops passing through to the front."

H.M.S. "FIREBRAND" AND THE U.S.S. "PETREL" AT NEWCHWANG FOR THE PR

ICEBOUND   IN   CHINESE   V

H.M.S. " FIREBRAND "

sbanded Chinese soldiery, petitioned their respective
uncommon) huge blocks of ice are swept down by the
sary for dry docks to be dug in the Bund, and into
n up round the ships, which have been dismantled
communication with the outside world will now be
incipally missionaries from the interior, and there are

:AN AND OTHER RESIDENTS

1895년 2월 16일, 영국 《그래픽》

영국의 황실 전함인 '파이어브랜드(Firebrand)호'와
미국 전함인 '페트럴(Petrel)호'가 뉴좡[牛莊, 오늘날의
잉커우(營口)-편집자 주]에서 서양 교민을 보호하고 있다.
중국의 수역이 얼음으로 뒤덮여 있다.

뉴좡(잉커우)에서 보내온 기사에서 기자는 이렇게 말했다.
"유럽과 기타 서양 국가의 교민은 자신의 안전에 대해
좌불안석이었다. 그들은 중국인 탈영병이나 패잔병이
소란을 일으킬까 봐 걱정되어 자국 정부에 보호를 요청하는
서신을 보냈다. 이것이 현재 기괴한 정세의 원인이다. 이
지역의 강한 한파(영하 30도의 날씨가 적지 않았다)로 인해
거대한 빙하가 랴오허강에서 급하게 휩쓸려 내려오다가
강에 정박한 선박과 부딪치는 일이 잦아 배가 침몰되기도
했다. 이런 이유로 해안에 두 개의 드라이독(dry dock)을
설치해 영국과 미국의 전함을 그 안으로 넣었다. 이는 쉬운
일이 아니었다. 수백 명의 중국인 노동자가 밧줄로 묶어서
선박을 끌었으며, 또 진흙으로 전함 주변에 물을 막기 위한
방조제를 둘렀다. 선박의 장비 중 일부는 해체해 보호막으로
덮었고, 주민들의 안전을 위한 몇 가지 계획안도 나왔다."
기자는 이어서 다음과 같이 보도했다. "정세가 혼란해
아마도 정상적인 우편 시스템이 중단될 것으로 보인다.
따라서 외부와 연결이 잘 되지 않을 가능성이 높다. 이
지역에는 이미 이상할 정도로 많은 서양 교민이 모여 살고
있는데, 그들은 내륙에서 건너온 선교단의 일원이다. 또
매일 우리는 중국 군인들이 이곳을 거쳐 전선 일선으로
향하는 것을 볼 수 있다."

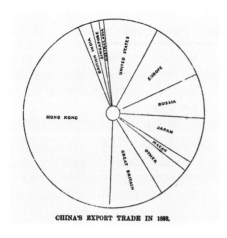

CHINA'S EXPORT TRADE IN 1898.

1893년 중국 수출 무역액 점유율 (시계 방향)

홍콩/영국 식민지 인도/싱가포르/대양주(호주)/
미국/유럽/러시아/일본/마카오/기타/영국

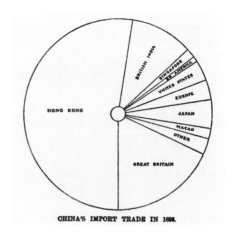

CHINA'S IMPORT TRADE IN 1898.

1893년 중국 수입 무역액 점유율 (시계 방향)

홍콩/영국 식민지 인도/싱가포르/영국 식민지
미주/미국/유럽/일본/마카오/기타/영국/

미국인이 구매한 중국 상품 중 비단과 찻잎이 큰
비중을 차지한다. 두 상품이 중국 수출 무역 총액 중
차지하는 비율은 다음 그림과 같다.

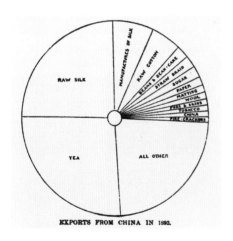

EXPORTS FROM CHINA IN 1893.

1893년 중국 수출 상품 (시계 역방향)

생사(生絲)/찻잎/비단/면직물 원단/콩류와
두병(豆餠, 콩깻묵)/식물의 줄기로 만든 수공예품/
설탕/종이류/양모/멍석/동물 털과 가죽/담배/
자기류/폭죽/기타

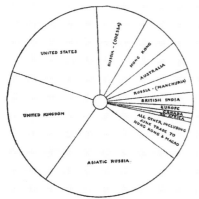

EXPORTS OF TEA FROM CHINA IN 1893.

1893년 중국 찻잎의 주요 수출국 비중은 위의 그림과 같다. 여기서 볼 수 있듯이 러시아는 중국 찻잎의 주요 고객이었다.
1893년 중국 찻잎 수출 무역액
분포(큰 비중에서 작은 비중으로)

미국/영국/러시아 아시아 지역/러시아 유럽 지역/홍콩/호주/러시아 극동 지역/영국 식민지 인도/유럽/캐나다/남아프리카공화국/기타 홍콩과 마카오를 포함한 범선 무역

《하퍼스 위클리》1895년 1월 5일 자 기사에서는 중국의 대외무역에 대한 상세한 데이터와 분석을 발표했다. 이에 따르면 중국의 대외 수입 총액은 수출 총액을 월등히 넘어선다. 19세기 말 중국은 전 세계 무역액 가운데 일정 정도 우위를 점하던 비단과 찻잎 수출량이 모두 계속 감소하고 있었다.

이 기사에서 미국인 기자는 다음과 같이 분석했다.

"전쟁에서 패한 중국은 어쩔 수 없이 세계무역 질서 내로 편입됐다. 어쩌면 전쟁에서 패배하는 것만이 외국을 배척하는 진부한 정책에서 중국이 벗어날 수 있는 방법이었을 것이다. 즉 사면초가에 빠진 증오의 상황 속에서 중국은 겨우 변혁을 채택할 수 있었다. 1894년(1893년 7월 1일부터 1894년 6월 30일까지-편집자 주) 미국의 대중국 수출액은 미국 전체 수출 총액의 1퍼센트에도 미치지 못했다. 미국의 대중국 수입액은 미국 전체 수입 총액의 약 2.5%를 차지했다. 중국이 공업에 눈을 뜨게 되자 대미국 수출 무역에 작지만 영향을 주었다는 사실을 알 수 있다. 그러나 전체 수출 무역 차원에서 볼 때 무시하고 계산하지 않아도 될 정도로 미미한 수준이었다. 오히려 중국의 각성은 미국에 이익을 안겨주기도 했다. 예를 들어 중국은 미국의 방직업에 더 많은 수량과 더 좋은 질, 저렴한 가격의 비단 원자재를 제공했다. 중국 공업의 각성은 이런 비단산업에 대량 투자한 국가들에게 경쟁이라는 압력을 가하기도 했다. 그 밖에 인도와 일본은 (중국의) 찻잎을 두고 경쟁하게 됐다. 전체적으로 보면 중국의 공업화는 우리 미국에 위험 요소가 됐다기보다 오히려 반대로 이익이 됐다."

맺음말

영국은 현재의 충돌에 방임하는 모습을 보였다. 심지어 전쟁 발발을 추동하기도 했다. 여기에는 여러 가지 원인이 있다. 먼저, 영국은 자신의 맹우인 중국이 곤경에 처하길 원한 것은 아니었으나 그럼에도 다른 작은 전쟁을 준비하고 있었다. 예를 들어 윈난성 변경 지역이나 시짱(티베트) 침투 등이 있으며, 특히 보하이만 입구에 위치한 뤼순항과 조선해협(대한해협-역주)의 요충지인 거문도 등을 다시 점거하고 싶어 했다. 다음으로, 영국은 러시아를 견제하고자 하는 의도를 숨기지 않았다. 러시아의 영향력은 일본해(동해-역주)와 중국해를 향해 근심스러울 정도로 확대됐는데, 이는 영국을 고민하게 만들었다. 영국은 심지어 러시아가 중·일 양국이 조선을 분할하는 것에 인내하지 못하길 갈망하기도 했다. 감정을 억누를 수 없는 일순간의 충동에 따라 전체 전선은 중국을 침공할 수 있는 상황이었다.

장기적으로 볼 때 영국의 대중국 정책은 러시아와 프랑스가 천조(天朝)의 적국이라고 믿게 하는 데 있었다. 하지만 실제로 그들은 중국의 수중에서 미얀마 전체, 미얀마의 샨 지방과 시짱의 남쪽 산맥 지역을 탈취해가는 것뿐 아니라, 쓰촨과 윈난 지역에서도 조금의 땅이라도 더 점령하고자 했다. 그러고는 영국만이 중국의 유일한 진정한 맹우라고 위장했다. 오늘날에 이르기까지 중국인은 마치 공자와 노자의 가르침을 믿는 것처럼 영국인의 이런 허튼소리를 신뢰했다. 전쟁이 발발하고 나서야 중국은 프랑스와 러시아만이 진정한 친구임을 의식하게 됐다. 다시 말해 프랑스와 러시아만이 이 사태에 간섭할 수 있고, 중국의 완전한 영토를 보증할 수 있다는 사실을 깨닫게 된다. 영국이 행한 것은 이기주의적 정책이다. 유럽에서 영국이 터키에 했던 방식 그대로 중국을 대하려는 것이었다. 즉 바로 앞에서는 키스하면서 뒤로는 상대의 영토를 약탈하는 것이다.

1894년 7월 30일, 프랑스《르 마탱(Le Matin, 晨報)》〈찬문(撰文)〉[프랑수아 들롱클(François Deloncle, 프랑스 국회의원)]

3

양무운동과 메이지유신

결국 1868년 양측의 충돌이 발생했다. 단기간의 발생이지만, 그러나 결정적 충돌이었다. 유혈 재난은 일본 전국으로 퍼져 나갔다. 보수적 제국주의자들이 결국 승리했다. 그러나 그들은 예전의 쇄국주의 주장을 감히 견지할 수 없었다. 그들은 대신 개혁을 갈망한다고 주장했다. 의심의 여지 없이 그들이 존중한 개혁 정책은 국가 발전에 도움이 되는 가장 현명한 결정이었다. 설령 일본이 당시 아마도 이전의 '은둔' 상황으로 퇴보했을지라도 말이다.

(……)

소수의 진보적 군사 혹은 외교관은 유럽의 방법과 기계 도입을 시도했다. 그러나 그들의 건의는 중국 국민의 인가(동의)를 얻지 못했다. 국민의 외교 이념은 시종일관 '서양 귀신들'과 그들의 영향력을 추방하고 제거하는 것이었다. 선구자의 호의는 오해를 받았다. 중국인은 철로 건설을 배척했다. 그들은 돌과 진흙으로 강에서 운행 중인 증기선을 내려치기도 했다.

1895년 1월 5일, 미국《하퍼스 위클리》

광서제(光緖帝)는 몸을 낮추어 영어를 공부했다. 그와 그의 정치고문들 모두 결사적으로 껴안고 있던 3000년 전통의 오랜 관습이 이미 돌아올 수 없는 상황에 놓였다고 생각했기 때문이다.

1892년 2월 4일, 미국《뉴욕 타임스》

THE CHINESE EMBASSY TO THE FOREIGN POWERS.   597

PRINCE KUNG.

1868년 10월, 미국 《하퍼스 위클리》

공친왕(恭親王)

공친왕 혁흔(奕訢, 1833~1898)

도광제(道光帝)의 여섯 번째 아들이며, 중국의 양무운동을 대표하는 인물 중
하나. '중국 제1차 근대화운동의 선구자'라고 불리기도 한다. 제2차 아편전쟁 중
혁흔은 전권흠차대신으로 임명되어 영국, 프랑스와 담판을 통해 '베이징조약'을
체결했다. 1861년 함풍제(咸豊帝, 문종)가 붕어한 후 혁흔과 두 명의 태후는 연합해
'신유정변(辛酉政變)'을 일으켜 정권을 탈취하는 데 성공했다. 그 후 의정왕(議政王)
직위를 받았다. 혁흔은 각국의 사무를 관장하는 총리아문 조직 업무를 맡았으며
구체적으로 외교 사무를 담당했다. 1865년 자희태후(慈禧太后, 서태후-역주)의 시기와
질투에 직면해 의정왕 직위를 박탈당하지만, 그는 여전히 권력의 중심에 있었다. 1884년
청프전쟁에서 패한 후 결국 면직됐고, 1894년 중일갑오전쟁에서 중국이 패배하면서
다시 기용됐다. 당시 군기대신과 총리아문대신에 임명됐으며, 1898년 세상을 떠났다.

PÉKING. — La porte du Tsoung-Li-Yamen. — (Photographie de M. Vapereau.)

1900년 7월 7일, 프랑스 《릴뤼스트라시옹》

베이징 총리아문 문밖의 장식용 건축물

현판에 쓰인 네 글자는 '중외제복(中外褆福)'으로,《사기(史記)》에
나오는 "하이일체 중외제복(遐邇一體 中外褆福)"의 일부다. 즉 '멀고
가까운 곳 그리고 안과 밖이 마치 하나와 같으며 조화롭게 통일을
이룬다'는 뜻이다. 1861년 총리아문이 함풍제의 비준으로 설립됐다.
'총리각국사무아문'이 전체 명칭이며, 이를 줄여 '총리아문'이라
칭했다. 혁흔, 규량, 문상 등이 책임자였다. 주로 외교와 통상 업무를
주관했고, 양무운동의 중요한 국가기구였다. 1901년까지 운영됐다.
1894년 9월 1일 프랑스의 주간지《릴뤼스트라시옹》은 총리아문에
대해 다음과 같이 보도했다.

"비록 총리아문이 제국의 수백 년 전통과 우리 서양 사람을
무시하는 낡은 규칙을 준수하고 있지만, 금일 천조의 운명을 쥔
중신들은 이미 깨달았을 것이다. 폐쇄적인 쇄국의 오랜 길로 다시는
돌아갈 수 없다는 것을 말이다. 중국은 이제 중국과 세계를 계속
분리된 채 둘 수 없다. 오랜 시간 동안 배회하고 탐색한 후 제국의
정치체제에는 전혀 손을 대지 않는다는 전제하에 총리아문의
고관들은 공친왕과 이홍장 총독을 따라 힘으로 다수의 의견을
물리치면서 살얼음판 위를 걷듯이 새로운 길로 나아가고 있다."

Interpreters.
Mr. DESCHAMPS.   CHIH KANG.   MR. BURLINGAME.   SUN CHIA KU.   Mr. BROWN.   Interpreters.

THE CHINESE EMBASSY.

1868년 10월, 미국 《하퍼스 위클리》

외국 방문길에 오른 중국 측 구미 사절단

통역사, 데샹(Mr. Deschamps) 해관(세관)세무사 프랑스 국적 직원, 지강(志剛) 해관도, 벌링게임(Mr. Burlingame) 중국 최초의 전권대사 중외교섭사무대신, 손가곡(孫家谷) 예부(禮部) 낭중, 브라운(Mr. Brown) 영국 대사관 통역 담당

앤슨 벌링게임(Anson Burlingame, 1820~1870)

미국의 저명한 변호사이자 정치가이며 외교관. 미국의 주중 공사로 부임한 적이 있을 뿐 아니라, 최초로 서양 열강을 방문하기 위한 중국 사절단을 맡기도 했다. 벌링게임은 1868년부터 1869년까지 공친왕의 배려로 중국 사절단을 이끌고 미국, 영국, 프랑스, 프로이센 등을 방문했다. 1870년 러시아를 방문했을 때 그는 상트페테르부르크에서 사망했다. 보스턴에서 그의 장례식이 열렸을 때 마크 트웨인은 그를 위해 다음과 같은 애도사를 남겼다. "그는 각국의 국민에게 사심 없는 도움과 인자한 마음을 베풀었다. 그는 이미 국경을 뛰어넘어 하나의 위대한 세계시민이 됐다."

벌링게임 사절단의 해외 방문은 일본의 이와쿠라 사절단, 오쿠보 도시미치, 이토 히로부미 사절단의 해외 방문보다 2년 더 빠른 것이었다.

L'ILLUSTRATION

Prix du numéro : 75 cent.   SAMEDI 1er SEPTEMBRE 1894   52e Année. — No 2683

LES ÉVÉNEMENTS DE CORÉE. — Armée impériale chinoise : canonniers tartares.

D'après une photographie de M. Vapereau fils.

S. Exc. Tchang.   S. Exc. Liu.   S. Exc. Shui-Tan.   Le prince Tching.   S. Exc. Shui.   S. Exc. Souane.

ÉVÉNEMENTS DE CORÉE. — Le Tsong-li-Yamen, ou Conseil des ministres de l'Empire chinois.

D'après une photographie prise à Pékin, dans le jardin du Palais des ministres, par M. Vapereau fils.

1894년 9월 1일, 프랑스 《릴뤼스트라시옹》

1 중국 포병

2 총리아문 앞에서 찍은 단체 사진. 왼쪽에서 첫 번째가 장음환(張蔭桓), 왼쪽에서 네 번째는 경친왕(慶親王)

LITERATURE.

ASIATIC POLITICS.

Problems of the Far East: Japan, Korea, and China. By the Hon. G. N. Curzon, M.P. (Longmans, Green, and Co.)—The Hon. George N. Curzon is a scholar, a traveller, and one who has long endeavoured to form comprehensive views of the vast Continent of Asia, with its various empires, populations, and types of civilisation. If he does not entirely and minutely "survey mankind" from Britain to Japan, he labours to form a well-balanced estimate of all possible effects upon British interests resulting from apparent changes, immediate or to be expected, in the condition of the principal States from the Caspian Sea to the Pacific Ocean. This means, for the security and prosperity of our Eastern Empire and of our commerce in the farther East, the attitude of Russia, of Persia, and of China and Japan, outside the sphere of Indian political agency. So, while other writers can tell us much more of Afghanistan, Dardistan, the Pamir, Tibet, and the mountain regions, with their native tribes on the borders of Hindustan and of Burmah, we look to him for a shrewd present-day appreciation of the resources and disposition of the great Asiatic foreign powers on different sides of our Indian dominion and of our sphere of trading activity.

With a portion of these subjects, but especially, upon the occasion of the war that has recently begun in Corea, with the actual position of those two rival powers, China and Japan, in the farthest East that geography can recognise overland within the limits of the Old World—though California may also be considered to lie East, when one crosses the Pacific from Yokohama to San Francisco—Mr. Curzon's book, opportunely published by Messrs. Longmans, is fully occupied. Other books on China, other books on Japan, have told us a great deal about those countries and their inhabitants which Mr. Curzon has no need to repeat; some travellers have described Corea, which is not an inviting or particularly interesting country. But the "problem" which is just now of much practical interest—for a reason easily discerned—to English mercantile and other concerns seems to be the question whether the Chinese Empire, which is bigger and more populous than all Europe, can endure the shock of this war. Mr. Curzon's book has already been so largely quoted in our Journal that we may spare further recommendation or indication of its contents. Of the eminent Chinese statesman Li Hung Chang, much has also been said; here is his portrait once more, borrowed by permission from the volume under notice. R. ACTON.

"THE CELESTIAL."

The Kindness of the Celestial. By Barry Pain. (Henry and Co.)—Mr. Barry Pain has a quite special and sympathetic outlook on boy human nature. His stories about boys, more than anyone else's, help us to realise that these are men in miniature, swayed by the subtleties, the mixed motives, the recondite reasonings that actuate the "children of a larger growth." Boys combine these attributes with that energy and *joie de vivre* that are apt to evaporate with the first stress of life, and cause men to look back on their schooldays as the happiest in their lives. They were little men then, only unhampered by the sense of responsibility—of *respect humain*, which, with grown-up people, interferes with the proper carrying out of a practical joke. An irresponsibility which, taken in conjunction with the really elegant leisure of school hours, favours the evolution of the idea of mischief. A successful deal on the Stock Exchange can hardly compare in breathless interest with the manipulation of a well-planned "booby trap." Mr. Barry Pain, however, gives due prominence to the serious side of boy nature. "If you think," he says, "that boys of seventeen and eighteen talk like children in the nursery, you have been misled by certain stories of school-life!" Mr. Pain does not attempt to mislead us. He sets down these innocently wise conversations between boy and boy, with a comprehension of the existing conditions of boy-mind of every age, in a manner that is simply masterly. "The Celestial" is a boy "with a quaint Chinese look." What more was needed to fit him with his nickname? He is "at war" with his master. "I have had a day with Liggers," he admits. "I was about two seconds late for prep.—row with Liggers! Then when we got to work, I saw that fathead Smithson asleep. . . . I spilt my ink, calculating it would run across and pour over Smithson and wake him up. Liggers copped me. . . . Going in to breakfast I had a slight accident, and fell up against Liggers, and he called me a clumsy lout. . . . In the afternoon at footer, he amused himself by scragging me and hacking me, and saying I was off side when I wasn't. . . . Then in afternoon-school he sent me out of the room for blowing my nose. . . . I own it made a row . . . but I never know when it's going to make that row and when it isn't. . . ." That is the case against Liggers. The Celestial determines to "win him by kindness." The first attention paid to Liggers by the Celestial is as follows: "Liggers crumpled up a corrected prose in his hand and aimed it at the waste-paper basket. It missed. . . . The Celestial rose from his place, stepped softly across the class-room, picked up the ball of paper, carefully placed it in the very centre of the waste-paper basket, and resumed his seat." This and other kindnesses on his part have hardly the desired result. But, as he remarked later, "severity didn't do Liggers, no more did kindness, but illness made him just proper." That is the rest of the story. A rightly constituted person will positively love the Celestial. The book is a miscellany. There are several extraordinarily verisimilistic *portraits de femmes*. We have Alicia, engaged to Cuthbert and anxious to share his literary life. "Had she ever written anything?" "Oh, yes, she had done one, to see if she couldn't!" We have Elsa, the *soi-disant* man-killer, "who was quite vulgar enough to consciously avoid vulgarity"; and Mrs. Cathley, "who spent her time in efforts to imperil without losing the reputation which, as a matter of fact, she had never possessed"; and Ada, who was "simply all tact—people, as a rule, liked her (until they found her out)." To testify to the remarkable blend of humour and pathos which is Mr. Barry Pain's forte, we have the tragic story of Ellen Rider, the daughter of the people, and of Maud Drelin, "the woman of soul," that yet could never find vent in her music. VIOLET HUNT.

A HIGHLAND ROMANCE.

Pharais: A Romance of the Isles. By Fiona Macleod. (Derby: Frank Murray.)—"Pharais" is the nervous and passionate story of the madness of Alastair Macleod and the doom which fell upon him, his devoted wife, and their first-born child. It had better been written in poetry: it is so much and so continuously at high pressure that it seems almost hysterical. Its success is in the way it reproduces the haunted atmosphere of the Isles. For Fiona Macleod's purpose the Isles must ever be isles of storm and stress. One never gets a glimpse of them sparkling in the sparkling water, as they must sometimes lie of a shimmering morning. For the purposes of "Pharais" they must ever reveal themselves to us in twilight or moonlight, or in the black night of storms. If there is fine weather, it makes no impress on us. The atmosphere is that of loneliness and old superstition which broods like an everlasting night upon desolate places like the Isles, and sows in the human brain the seeds of madness and melancholy. To make us feel this is the triumph of "Pharais." We would recommend the book to no one inclined to melancholy, unless, indeed, he loves his melancholy and would foster it. The gloom is the very gloom of the island-dweller, ever face to face with the wild waters that shut him away from the happy, bustling, noisy world; living in a twilight land, haunted by the ghosts himself and his fathers have created, and with the doom upon him of the sadness of the seer and the sea. Fiona Macleod writes of these things as if she had known them and lived in their shadow. The manner of the book is the manner of chanting, as of one in a vision who sees and cries aloud the things he sees. But the manner gets monotonous in a story of its length, however suitable it might be to a poem or a very short prose phantasy. The descriptions of the Isles are vivid and poetic. The genuine Gaelic poems interspersed are wild and beautiful. The book is an idyll, and one with all manner of ideals now unhappily out of fashion. There is the faith of the Gael in its pages, but, unlike the faith of the Irish Gael, it does not illuminate. On the whole, the little book, exquisitely produced, is too mournful, and pitched in too high a key. The faintest gleam of humour in it would have been its salvation, but there is neither humour nor humanity. With these things added to her Celtic passion and vision. Fiona Macleod would be a notable addition to the ranks of our writers. KATHARINE TYNAN.

LI HUNG CHANG, VICEROY OF TIENTSIN.
SENIOR GRAND SECRETARY OF STATE IN THE CHINESE EMPIRE.
From "Problems of the Far East." (*Longmans, Green, and Co.*)

CONVERSATIONS WITH NORTHCOTE.

Although Hazlitt's "Conversations with Northcote" has long been accessible, with other things of the critic's, in a volume of Bohn's Library, a separate reprint of it was very desirable. And that which Mr. Bentley has published, under the editorship of Mr. Gosse, is a very good reprint. It has a capital essay by the editor on "Hazlitt as an art-critic," a notice of Northcote's life, an excellent frontispiece from a portrait of him by himself, now in the possession of Lord de Tabley, and sufficient notes explaining allusions to things and persons. The only thing that may be missed is a more minute account of Northcote the artist. He has never been "taken up" by any critic or collector; and I do not remember to have seen many specimens of him in easily accessible galleries. What I have seen, I confess, has for the most part seemed to me to be distinguished by the peculiar drawing, half-theatrical, half-wooden, and by the still more peculiar furniture-polish scheme of colour which pervaded so much of British art during the end of the last century and the beginning of this. And I would that Mr. Gosse, in a few pages of "reasoned catalogue," had indicated the character and the whereabouts of such things of Northcote's as might best relieve the artist from the "unmerited obscurity" in which he has admittedly fallen.

It must, however, be confessed that though these curious conversations took place, or professed themselves to have taken place, between a painter and an art-critic, they are by no means limited in their subject to art. Indeed, without having made any very laborious sifting, but judging by more than one or two readings, I should say that the art part of the matter was actually the lesser part in bulk. The conversations (which professedly began in or about 1826) have been both at the time and since suspected of being mere vehicles for Hazlitt's own opinions on things in general, thrown into a form which was popular at the time and of which the chief example (an example, by the way, full of bitter personality against Hazlitt himself) is the "Noctes Ambrosianæ." There can be very little doubt that this is, to a certain extent, true; but that Northcote's part in the dialogue is also genuine I think there can be no doubt, even if the testimony of Patmore, which Mr. Gosse quotes, be not accepted as final. A good deal of the opinion and sentiment is neither Hazlitt's own, nor put in Hazlitt's way, and there was little in Hazlitt of the imitative and dramatic.

Whether all genuine or partly *pastiche*, however, the book is a very interesting one: and, being quite desultory in composition and very good "for thoughts," it is particularly suitable to take up at odd moments, to read on journeys, or when one takes tobacco and thinks. It has some good stories, not always very new, for Hazlitt's celebrated indifference to the hackneyedness of a quotation if he thought it appropriate distinguished him also in regard to stories. The best is, I think, the inimitable bit of coxcombry attributed to the painter Edward Edwards (who must have been a son of Smollett's Pallet) when he entered the Sistine Chapel, and, turning to his companion Romney, cried: "Egad! George, we're bit!" Good, too, is the legend of Sir Richard Phillips, not least anecdotally celebrated of booksellers, going up to Coleridge and offering him "nine guineas a sheet for his conversation." If only the offer had been accepted, and Phillips had been good for the money! I should think that Coleridge (shorthand writer's expenses paid and a decent time allowed for sleep and so forth) might have cleared about ninety guineas a day during his natural life. As for other matters, Northcote's reminiscences of the famous Reynolds-and-Johnson set are rather insignificant, and this insignificance may have counted for something in the doubts of their authenticity; but this is false logic. The portrait of Hazlitt himself is interesting, and, on the whole, favourable. Once or twice, no doubt, he breaks into his well-known fit of "quarrelling with the world," especially in a furious and undignified complaint that "Tory scribes who treat mankind as rabble and *canaille* are regarded by them as gentlemen," while he, Hazlitt, "cannot get a civil answer from a shop-boy on his own side of the question." But this is rare; and the references to Scott in particular contrast pleasantly with the rabid abuse of the "Spirit of the Age." The thing is, in short, a very agreeable pot-pourri on taste, Shakspere, the musical glasses, and a great many other things, couched in the form of a conversation between a kind of Nestor of art and, in a way, of letters, and the keenest and most original, if also the most wayward writer of his age, who was a critic pure and simple—in art, in letters, in everything. Thus that pure criticism, which, as the critic is often informed, is so detestable to a healthy palate, is tempered by some milder matter; and the milder matter is relished and zested by the criticism.—GEORGE SAINTSBURY.

1894년 9월 22일 영국 《일러스트레이티드 런던 뉴스》

대청제국의 '자심대국(資深大國) 국무경', '톈진 총독' 이홍장.
사진 출처: 《극동의 문제 일서(遠東的問題一書)》, 낭문격림(郎文格林)출판사

서평에 《동아시아 정치(東亞政治)》와 《천조(天朝)》라는 책이
소개되어 있다. 이홍장의 사진도 함께 게재되어 있다. 이 기사가
나온 시기는 서양이 동아시아에 깊은 관심을 가지던 때였다.
동아시아와 관련한 문학과 시사, 정치 작품이 대량으로 등장했다.
'이홍장 전기'와 같은 책 역시 서양에서 점점 더 많이 출판됐다.
1901년 이홍장이 사망할 때는 정점을 찍었다.
1901년 11월 16일 자 프랑스의 《릴뤼스트라시옹》은 이홍장이
죽자 그에 대해 다음과 같이 보도했다. "이홍장은 총리아문을
대신했고, '오랑캐' 간의 정치, 통상 관계 등을 책임지고
처리했으며, 곤란한 대외 교섭에서는 날카롭게 통찰하고 융통성
있게 중재했다. 어떤 이는 그가 간교하다 말하고, 또 어떤 이는
그에게 '중국의 충복'이라는 우아한 별명을 붙여주기도 했다.
극동 지역에서 그의 이름, 그의 역할을 보면 이홍장은 긴밀히
연계된 중대한 국제적 사건을 빈번히 중재했으며, 많은 중요한
협의서에는 어김없이 그의 서명이 들어 있다."

THE ILLUSTRATED LONDON NEWS

REGISTERED AT THE GENERAL POST OFFICE FOR TRANSMISSION ABROAD.

No. 2888.—VOL. CV.

SATURDAY, AUGUST 25, 1894.

THIRTY-SIX PAGES } SIXPENCE. By Post, 6½D.

GENERAL SHAN.   THE LATE PRINCE CH'UN.   LI HUNG CHANG.

THREE GREAT MEN OF CHINA.

THE CHINESE PRIME MINISTER, LI HUNG CHANG, VICEROY OF CHIH-LI, GOING IN HIS STATE BARGE FROM TIENTSIN TO PAO-TING-FU.

1. Chinese Soldiers.—2. Chinese Gunboat on the Upper Yangtse-Kiang River.—3. Li-Hung-Chang, Governor-General of Peichihli, Commander-in-Chief of the Chinese Army.—4. Interior of a Workshop, Nanking Arsenal.

THE THREATENED WAR WITH CHINA

1875년 10월 23일, 영국 《그래픽》

1 중국인 사병
2 창장강(양쯔강) 상류를 순항하는 중국의 소형 전함
3 이홍장 북직례(北直隸) 총독, 중국 군대 통솔
4 금릉제조국(金陵制造局, 금릉은 지금의 난징-역주)의 작업장 내부

1894년 8월 25일, 영국 《일러스트레이티드 런던 뉴스》

1 세 명의 중요한 중국인. 선경(善慶) 장군, 순친왕(醇親王), 이홍장
2 중국의 '총리', 직례 총독 이홍장이 바지선을 타고 톈진에서 보정부(保定府)로
향하고 있다.

왼쪽의 두 그림은 1885년 해군아문대신 순친왕(醇親王) 혁현(奕譞)이
톈진으로 북양수사를 순시할 때 찍은 사진을 모사한 것이다. 위풍과
기세를 좀 더 강하게 선전하기 위해 혁현과 일행은 특별히 촬영
기사를 초대해 사진을 찍었다.

HIS EXCELLENCY LI HUNG CHANG.
Viceroy of Tchili, etc.—Photographed in 1877.

HU-JÓN-CHIH TSANG-CHIANG.
A Chinese Colonel of Infantry.

CHINESE NATIVE SOLDIERS WITH OFFICER—OLD STYLE.

ALL READY FOR KOREA—A MODERN CHINESE BATTERY.

1894년 8월 25일, 미국 《하퍼스 위클리》

1 직례 총독 이홍장 각하 (1877년 촬영)
2 서윤지(徐潤芝) 중국 육군 참장
3 중국의 옛 군대 병사
4 조선전쟁을 위해 준비된 모습. 현대화된 중국 포병

윌리엄 그리피스(William Elliot Griffis)는 〈중국의 군사력〉이라는 기사를 통해 중국 군대의 능력을 심도 깊게 분석했다. 그림 3과 4는 당시 청나라 군대의 확연히 다른 두 가지 역량을 반영한다.

Пѣхотный офицеръ.   Пѣхотный офицеръ   Пѣхотинцы.   Татарскій конникъ.
                     въ одеждѣ мандарина.
Война въ Кореѣ. Формы китайской арміи. Рис. Р. Киётель, автотипія Демчипскаго.

러시아 《니바》

조선전쟁 중인 청군의 옷차림

왼쪽에서 오른쪽으로 보병 장교, 민복(民服)을 입은 보병,
보병(중간의 세 사람)과 기마병(마지막 두 사람)

CHINESE WAR SKETCHES.

1894년 8월 25일, 영국 《일러스트레이티드 런던 뉴스》

중국 전쟁 스케치

1 중국 전쟁의 신(戰神)
2 중국 초급 병사 입상(立像)
3 군관(軍官) 행군도

CHINESE SOLDIERS

"TIGERS" ADVANCING

AN ACROBATIC PERFORMANCE

1876년 10월 21일, 영국 《그래픽》

중국 사병. 청나라 팔기군(八旗軍)의 구식 훈련

1 '맹호' 전진
2 곡예와 같은 동작

Chinese soldiers practising shooting by firing at a target, consisting of a metal plate about 2 feet square, suspended between two uprights. The distance var
" any firing at a longer range, or even heard of such a thing. Neither have I seen any butts where lon

CHINESE SOLDIERS PRACTISING AT TARGETS AT

FACSIMILE OF A SKETCH BY OUR SPECIAL ARTIST WITH THE C

RIPP
SHAN-HAI-KWAN.
Dec '94

able that distance.   " I have not yet seen," says our artist,
ce "

N

1895년 4월 13일, 영국 《그래픽》

중국인 사병이 산하이관(山海關)에서 사격 연습을 하는 모습

중국 군인의 사격 연습. 사격 연습은 대략 2피트 너비의 철판을 두
개의 통나무에 묶어서 하는데, 사격 거리는 대략 70~140야드다.
종군 화가는 "나는 여태까지 그들이 더 먼 거리에서 사격 연습을
하는 것을 본 적이 없고, 심지어 들은 적도 없다. 나는 원거리 사격장
훈련이 가능하다는 것을 본 적이 없다"라고 말했다.

CHINESE OFFICERS INSPECTING A MITRAILLEUSE—A SCENE IN THE NANKIN ARSENAL.

1873년 7월 19일, 미국《하퍼스 위클리》

중국인 관리가 금릉제조국에서 화포 만드는 모습을 보고 있다.

서양 국가들은 이홍장이 설립한 금릉제조국을 중국의
신식 군용산업을 이끄는 대표 조직으로 여겼다. 그림은
금릉제조국이 독일의 75밀리미터 크루프(Krupp) 대포를
모방해 만들고 있는 모습이다. 중일갑오전쟁 시기 중·일
양국의 육군은 모두 이런 종류의 대포로 무장했다.

1873년 7월 19일 《하퍼스 위클리》에 〈중국의 대포〉라는
기사가 실렸는데, 내용은 다음과 같다.
"난징(南京)은 양쯔강 연안에 위치해 풍경이 수려하기로
유명하다. 그러나 오늘날 다년간에 걸친 태평천국운동을
겪으면서 도시의 대부분이 폐허로 바뀌었다. 예전
황성(皇城)으로서의 풍모는 사라진 지 오래다. 당시 세상에
이름났던 대유리탑(大琉璃塔, 중국의 아주 오래된 사찰인
대보은사의 보탑으로 유리로 만든 벽돌로 지어 유명했다-역주)
역시 무너져 벽돌 더미로 변했다. 그러나 폐허의 벽돌을
이용해 사람들은 지금과 같은 난징 군용공장(兵工場, 1865년
시공해 1866년 운영을 시작한 금릉제조국을 의미함-편집자 주)을
건설했다. 이곳에서 중국인은 지난 몇 년간 가장 선진화된
전쟁 무기와 수천 톤의 탄약을 제조해냈다.
이곳 군용공장은 높은 벽으로 둘러싸인 벽돌 건물이다.
외부에서 보면 세계의 불가사의라 불리던 대유리탑의
미미한 대체품처럼 보인다. 원래 대유리탑 아래쪽에는
평범한 불교 사원이 있었다. 당시 사찰에서는 풍경 소리와
승려의 경 읽는 소리가 들렸는데, 이제 그 소리는 증기
실린더와 쿵쿵 울리는 망치질 소리로 대체됐다.
이 그림에서 스케치한 것은 현지 관원 몇 사람이
군용공장에서 제조한 대포를 검사하는 장면이다.
최근 몇 년간 중국인은 드디어 서양 '야만인'의 발명품에
대한 터무니없는 편견을 버리기 시작했다. 이런 서양
발명품이 수천 년 동안 고집 피우며 포기하지 않았던
천조의 어리석은 장비를 대체하길 바란다. 설령
중국일지라도 모든 것이 변화하고 있다."

WAR PREPARATIONS IN CHINA: WELDING A COIL FOR A GREAT

ANGHAI.

**1883년 7월 28일,
영국 《일러스트레이티드 런던 뉴스》**

중국의 전쟁 준비. 강남제조국(江南制造局)에서
노동자들이 기관총 코일 파이프를 용접하고
있다.

THE WAR IN THE EAST: TRAINING FOR THE CHINESE NAVY

The Cadets at drill at the entrance to the Naval College, Whampoa, under the inspection of the Viceroy's Deputy and their Excellencies Woo, Hsi, and Taoutai.—From a Photograph by Mei Sang, Whampoa

A Naval and Military Training Station in China

Of the very few naval and military training stations, that at Whampoa, in Southern China, is one of the most important. It stands on Dave's Island, Whampoa, twelve miles below Canton. Just recently an iron barrier has been built across the river, near Whampoa, to prevent the upward passage of men-of-war which might attack Canton. The barrier was built in Germany and erected under the supervision of a German engineer.

On Dave's Island itself three distinct schools or colleges stand— the naval school, the military school, and the torpedo school. The two latter had, till recently, German officers amongst the instructors.

The most important school is the naval school. Cadets come from all regions of China, but mainly from districts around Foochow. They are instructed in mathematics, geography, physics, navigation, and naval engineering. Most of the instruction is given in the English language. Till recently the naval engineering was taught by an officer in the British navy, who had under his control a well-fitted and spacious workshop. The navigation was taught by an Englishman and by Chinese naval officers. The school itself is a spacious low building capable of housing at least two hundred cadets. It is divided into a number of courts which, on the ground floor, separate the large lecture rooms. The upper story is made up of the private rooms of the cadets and their Chinese instructors.

The school is directly under the control of the Viceroy of Canton, but is practically governed by two mandarins of high rank, who act as directors. In the school, for a short time, there was also a botanical department specially organised for teaching botany with reference to agriculture and forestry.

But since the departure of the able and energetic Viceroy Chang Chi Tung, and the arrival of the senile and money-grabbing elder brother of Li Hung Chang, there has been a decline in the efficiency of these colleges. The German major in the military college has returned home, the able English engineer has left, and now, under the corrupt and slack government of the staff of mainly Foochow officials, the naval college is a reflection on land of the Chinese navy on the waters. Years ago, when the Czarevitch inspected the college and the drill of the cadets, even the courteous Prince Barialinsky could not check a smile when he saw the casual and inefficient management of affairs.

A SPECIAL WAR MAP of China, Corea, and Japan, compiled from recent and authentic sources, has just been issued by Messrs. G. Philip and Son, of Fleet Street.

Kneller Hall

THE HEADQUARTERS OF MILITARY MUSIC

THERE are one or two things nowadays which are managed rather better than in the good old times, and one of them is our military music. Once upon a time—and not so very long ago—the army tradition ran that it was enough to have long hair and to speak broken English to be the bandmaster of a British regiment; and the exhibitions of our army bands were "exhibitions" in the least flattering sense of the word. But that is changed greatly now; some of our regimental bands, both at home and on colonial and Indian service, are things to be proud of; and not a little of this improvement is due to the teachings of Kneller Hall.

Kneller Hall is the school of musical education of the army, and it is a fine old place, with a splendidly harmonious front, at Twickenham. Sir Godfrey Kneller lived there, and gave his name to the building, though few traces remain of his habitation except some magnificent oaken cupboards, a series of curious casts, and the graceful chapel in the middle of the building. On Sunday mornings the little chapel holds a service the like of which can be heard nowhere else in the kingdom. The band of the Hall assembles there one hundred and fifty strong, and its resounding music is joined to that of the mustel organ and to that of a choir of forty voices. It is a volume of sound with which the tiny chapel seems to throb and tremble, and the writer, who once heard the anthem "In Thee, O Lord, I put my trust" thus rendered, will never be able to forget the overpowering effect of that magnificent thunderous harmony. There is little room for visitors in the chapel —a pretty one with, in spite of the meagre number of its years, two brass tablets recording the death of officers connected with the institution—but on a fine morning people from many places round about and sit or stand on the lawn outside to hear the music of the service. Hardly less fine in effect is the indoor practice of the full band. In fine weather the practice is generally held out of doors; but the past capricious summer has kept it generally indoors, and, as Kneller Hall is much better suited to the needs of a gentleman's private dwelling-house than to those of a public institution, the band performs in a room which barely holds them. Inconvenience apart, the cabin'd sound is splendid, and the sight of the band thus practising is in itself very interesting. It contains many different uniforms, for it has recruits from all parts of the Empire, and one of its most accomplished performers is a black soldier of the Queen from Lagos.

There are two classes of pupils: boys who are sent from their regiments to the school between the ages of fourteen and fifteen, or (the larger number) between seventeen and nineteen, and "students," mainly young sergeants who come to qualify for bandmaster-

ships. The boys stay from eighteen months to two years; it depends upon their capacity. The sergeants remain for longer periods. While at Kneller Hall both are, of course, under military discipline and regulations. One curious feature of the dormitories is that the lads are grouped together according to the instruments they play, and the names of the rooms bear the impress of this regulation. This room, for instance, is the "E Flat Clarionet Room;" that the "French Horn Passage." The euphoniums and the trombones lodge together. It might almost be said that the inmates of Kneller Hall eat music, drink music and sleep music. In the rooms are hung, for instance, "Scale for the Clarionet," "Theory of the French Horn;" and when the boys are not engaged in band practice they may generally be found (by the Musical Directors at any rate) in their bedrooms solemnly tootling on their appointed instruments. There are, of course, masters for each species of instrument; and the sergeant students are expected as part of their duties to assist in the teaching of the boys under the supervision of the masters. There are one hundred and twenty "pupils" and fifty "students." The latter, of course, lodge and mess apart from the boys. They have, in fact, a typical sergeants' mess; with a good library (of musical works) and opportunities for less professional recreation.

The magnificent band of the Institution is, however, best known to the public from the gratuitous performance, which it gives to all who care to come to listen at Whitton Park. It seldom performs away from home, and does so publicly only once a year, when it goes to St. Paul's Cathedral. But to these "At Homes," held at half-past three on the Lawn in May and September, and at four o'clock in the other summer months, people come from Richmond and Twickenham and Hounslow in flattering numbers to listen.

The band—eighty-two reed instruments, fifty-seven brass, together with percussion and spring basses—plays music which a few years ago we only expected to hear at St. James's Hall or at the Crystal Palace. Each evening it goes through a programme of eight pieces, the chief feature of which is a suite or one of the symphonies arranged for a military band by one of the students, or by one of the bandmasters of the army. Besides these it has overtures and selections, and frequently a march composed by one of its more creative "students." It is, in fine, a splendid entertainment alike to the ear and to the imagination, for the band gathered together from so many parts of the Empire contains the promise, if not the pick, of the army. The Institution, so admirably conducted and so finely productive, has lately sustained a very great loss in the death of its commandant, Colonel G. Brooke-Meares, under whose direction Kneller Hall has grown greatly both in use and estimation. The Adjutant-Quartermaster is Captain F. Mahoney, and the Director of Instruction Lieutenant S. C. Griffiths, Honorary R.A.M.

THE WAR IN THE EAST: TRAINING FOR THE CHINESE NAVY

Five of the Instructors (seated) and some of the Cadets (standing) of the Naval College, Whampoa.—From a Photograph by Mei Sang, Whampoa

1894년 9월 8일, 영국 《그래픽》

동양의 전쟁: 중국 해군 훈련

1 황푸수사학당(黃埔水師學堂) 대문 앞에서 학생과 교관(教官) 그리고 시찰
나온 오(吳), 사(謝) 부총독, 도대대인(道台大人)이 함께 찍은 단체 사진
2 황푸수사학당의 교관과 학생 단체 사진. 앉아 있는 다섯 명은 교관, 서 있는
사람들은 학생

청나라는 당시 해군 인재를 육성하고 해양 방어에 필요한
인물을 키워내기 위해 푸저우선정학당(福州船政學堂),
톈진수사학당(天津水師學堂), 광둥황푸어뢰학당(廣東黃浦魚雷學堂),
광둥수륙사학당(廣東水陸師學堂), 옌타이해군학당(煙台海軍學堂),
산둥웨이하이웨이수사학당(山東威海衛水師學堂),
뤼순구어뢰학당(旅順口魚雷學堂) 등을 설립했다. 치원함(致遠艦)의
관대인 등세창(鄧世昌)은 푸저우선정학당을 졸업했다.
《그래픽》의 이번 기사는 황푸수사학당에 대해 중점적으로 보도한
것이다. "수사학당은 중국 각지(주로 푸젠성 푸저우 주변 지역)에서
학생을 모집했다. 이 학당은 산술, 지리, 항해학, 해군 엔지니어링
등의 과목을 개설했고, 대부분 영어로 수업을 한다. 현재 해군
엔지니어링을 담당하는 교관은 영국 해군 군관 한 명이다. 그에게는
규모가 적당하고 공간이 널찍한 작업장이 주어졌다. 항해학은
영국인 한 명과 몇 명의 중국 해군 군관이 공동으로 담당한다.
학당은 낮지만 넓은 건물 한 채를 사용하는데, 적어도 200명의
학생을 수용할 수 있다. 건물은 다시 몇 개의 공간으로 나뉘고, 저층
역시 몇 개의 대강당으로 나뉘어 있다. 상층에 학생과 중국인 교관의
방이 있다. 학당은 또한 단기간에 식물학 전공을 개설했는데, 농업,
임업 관련 식물학 지식을 전문으로 가르친다."

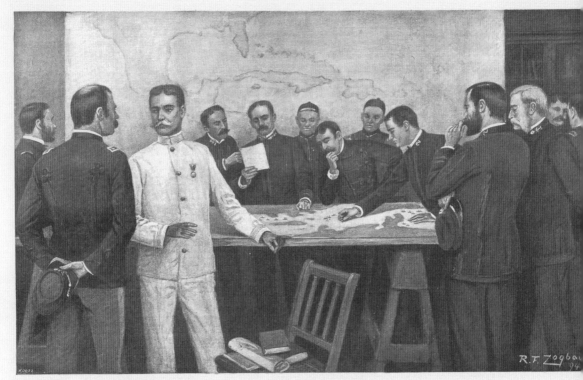

A PROBLEM IN NAVAL TACTICS—AT THE WAR COLLEGE, NEWPORT, RHODE ISLAND.

1895년 2월 16일, 미국 《하퍼스 위클리》

미국 로드아일랜드주 뉴포트의 해군전쟁학원에서 펼쳐진 해군 전술 모의훈련

1884년 10월 중국과 프랑스 양국의 해군이 중국의 남동부 연해에서 한창 교전 중일 때 미국 로드아일랜드주 뉴포트에서는 폐기된 빈민수용소를 개조해 해군전쟁학원이 설립됐다. 1887년 이 학원은 해군 전술 가상훈련을 시작했다. 20세기 들어 미국 해군이 집행한 모든 해상 군사행동은 모두 이곳에서 사전 모의훈련을 진행한 뒤 시작됐다. 1885년에는 겨우 네 명의 교원과 아홉 명의 학생뿐이었다. 오늘날에는 미국의 해군 전략과 정책 연구, 국가 안보 전략 정책 결정 훈련과 연합작전 과정을 담당하며 총 5만 명의 졸업생을 육성해냈다. 졸업 후의 직업은 주로 항공모함이나 구축함 또는 대형 잠수함 함장 등이다. 최근 몇 년 사이 이 학원은 '중국해상역량연구소(中國海上力量研究所)'를 설립했다. 120년 전 기사에 실린 그림에는 놀랍게도 해군 전술 모의훈련에 참여 중인 두 명의 중국 학생이 보인다. 그들은 한쪽에 서서 상세히 관찰하고 있다. 그러나 적극적으로 토론에 참여하는 것 같지는 않다. 기사의 글에도 이들 중국 학생에 대한 언급은 나오지 않는다. 그러나 양무운동이라는 큰 조류 속에 이홍장 직례 총독과 심보정(沈葆貞) 양강 총독의 커다란 지원 아래 1870년대부터 이미 적지 않은 중국인 해군 유학생이 영국으로 유학을 떠났다. 북양수사 우익 총병이던 유보섬(劉步蟾)과 좌익 총병이던 임태증(林泰曾)이 그런 이들이었다. 그러나 미국의 해군전쟁학원으로 갔다는 기록은 찾아볼 수 없다. 그림에 보이는 두 명의 중국 학생은 누구일까? 현재로서는 알 수가 없다.

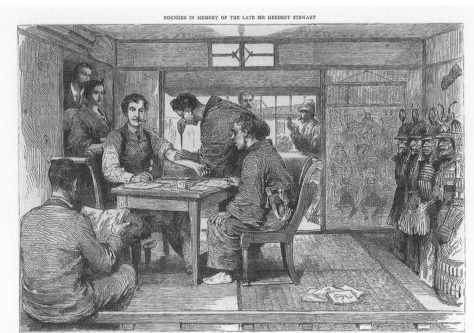

FOUNDED IN MEMORY OF THE LATE SIR HERBERT STEWART

WITH THE CHINA SQUADRON IN THE EAST—TATTOOING AN OFFICER IN JAPAN

1886년 11월 13일, 영국 《그래픽》

동양의 중국군 함대 - 한 군관이 일본에서 문신을 하고 있다.

이 그림은 북양함대가 고용한 외국인 군관이 일본 나가사키에 정박한 후 휴식 시간을 이용해 문신을 하는 모습이다. 1886년 8월 중국 북양함대는 처음으로 일본 나가사키를 방문했다. 북양수병은 현지의 유곽에서 향락을 즐기다가 폭력을 행사하게 됐는데, 이에 일본 경찰이 출동해 충돌이 발생했다. 이 충돌로 인해 북양수병은 일본 경찰과 시민의 공격을 받았고, 결국 양측의 많은 사람이 죽거나 다쳤다. 이를 '나가사키 사건'이라고 한다.

1894년 9월 15일, 미국 《하퍼스 위클리》

중국 양무함(揚武艦)에서 진행된 군사훈련

HARPER'S WEEKLY

JOURNAL OF CIVILIZATION

Vol. XXXVIII.—No. 1969.
Copyright, 1894, by Harper & Brothers.
All Rights Reserved.

NEW YORK, SATURDAY, SEPTEMBER 15, 1894.

TEN CENTS A COPY.
FOUR DOLLARS A YEAR.

GUN DRILL ON BOARD THE CHINESE WAR-SHIP "YUNG WO."—Drawn by T. de Thulstrup.—[See Page 870.]

1891년 9월 19일, 영국 《일러스트레이티드 런던 뉴스》

청나라의 해관총세무사 로버트 하트가 베이징의 '사무실'에서 일하고 있다.

로버트 하트(Robert Hart, 1835년 2월~1911년 2월)

영국 출신으로 28세에 청나라 해관(세관) 총세무사가 됐다. 그는
청나라의 관청 중 유일하게 부패하지 않은 높은 능률의 아문(衙門)을
만들어냈다. 중국 해관에서 45년간 일했고, 사후 청나라 정부로부터
'태자태보(太子太保, 태자의 스승)'라는 명칭을 얻었다.

L'ILLUSTRATION

Prix du Numéro : 75 cent.　　　　SAMEDI 5 DÉCEMBRE 1891　　　　49e Année — No 2545

LES ÉVÉNEMENTS DE CHINE. — Une exécution capitale à Tung-Tchao, près de Pékin.

D'après une photographie communiquée à « l'Illustration » par M. Georges Labit.

1891년 12월 5일, 프랑스 《릴뤼스트라시옹》

중국 사태에 대한 보도 – 베이징 부근 당산(唐山)에서 사형 직전인 한 범인의 모습

LES ÉVÉNEMENTS DE CHINE. — Un tribunal chinois. — D'après des photographies communiquées par M. Georges Labit.

1891년 12월 5일, 프랑스 《릴뤼스트라시옹》

중국 사태에 대한 보도 - 중국의 한 법정

중국의 관원은 어떻게 법을 집행할까? 만약 피고인이 범죄 현장에서
체포되거나 혹은 일정 시간 동안 구금된 이후라면 공당(公堂, 법원)으로
끌려간다. 원고, 증인 그리고 피고는 무릎을 꿇고 머리를 땅에 댄 채
무릎과 팔꿈치 관절에 의지해 기어서 앞으로 이동한다. 심판관의 심문과
선고를 기다릴 때도 이 자세를 계속 유지한다. 일반적으로 이런 심판은
그리 오랜 시간이 필요하지 않다. 특히 피고인이 수중에 한 푼도 없는
불쌍한 사람인 경우 그렇다. 중국에서 공정함은 대수롭지 않은 일이 됐다.
돈으로 얼마든지 매수가 가능했다. "돈이 없으면 네 머리로 보상해라!"
판결은 바로 집행된다. 가엾은 이는 일단 사법부의 수중에 떨어지면
가망이 없다는 사실을 잘 안다. 그는 고개를 들어 법정 벽에서 번쩍번쩍
빛을 내는 저명한 철학자 공자의 초상화를 보지도 못한다. 심판의 책상
앞에 쓰여 있는 두려움을 유발하는 붉은 한자에도 역시 한 번의 눈길도
보낼 수 없다.

앞에서 말했듯, 형은 판결 후 바로 집행한다. 사실상 형 집행 장소는 법정
문 앞에 있는 광장이다. 이런 장면은 천조 제국 수도 부근에서 일어난다.
우리는 직접 눈으로 망나니가 형을 집행하는 모습을 보았다.

그 가엾은 사람이 한 명의 유럽인을 살해했건 혹은 동전 1상팀(당시
프랑스의 화폐단위-역주)을 훔쳤건 간에 상관없이 심판관은 자신의 선호대로
같은 형벌을 내린다. 그러므로 저 사람이 죄가 너무 커서 용서할 수 없는
나쁜 사람인지, 아니면 그저 돈 없는 거지인지 누가 알겠는가.

1891년 12월 5일, 프랑스《릴뤼스트라시옹》〈중국 기사(記事)〉(선역)

LES MISSIONS CATHOLIQUES EN CHINE. — Un asile d'aliénés et d'incurables à Tien-Tsin.

1891년 12월 5일, 프랑스 《릴뤼스트라시옹》

중국에 있는 천주교 선교단. 톈진의 지적장애인과 고질병 환자를 수용했다.

중국에서는 특이한 일도 벌어진다. 중국에 선교하러 온 신부, 수녀는
먼저 성직자의 옷을 벗고 중국옷으로 갈아입었다. 수녀는 짧은 상의와
파란 바지를 입었다. 머리는 길러서 중국식으로 올려 묶었다. 중국인과
유일하게 다른 표식은 수녀들이 가슴에 은색 십자가를 달고 있다는
것뿐이다. 톈진에 있는 이 수용 시설이 중국 내 천주교회 소속은 맞지만,
본질적으로는 하나의 중국 기관이다. 그러나 삽화에서 볼 수 있듯이
물레 뒤에 서 있는 검은 옷을 입은 감독자 외에 나머지 수녀는 모두
유럽인이다.

1891년 12월 5일, 프랑스 《릴뤼스트라시옹》 〈중국 기사〉(선역)

SUPPLEMENT TO THE ILLUSTRATED LONDON NEWS, Nov. 24, 1894.—3

THE WAR IN THE EAST.

THE MIKADO MUTSUHITO, EMPEROR OF JAPAN,
IN THE UNIFORM OF COMMANDER-IN-CHIEF OF THE ARMY.

The Japanese Empire is of very ancient date ; but in the twelfth century the hereditary Mikado was deprived of the actual ruling power ; which was exercised by the Shiogoon, head of the feudal nobility. Since 1868, the Shiogoon having been overthrown, the Mikado has been the ruling Sovereign. Mutsuhito was born in 1852, and succeeded his father in 1867.

THE EMPEROR OF CHINA, TSAI-TIEN HWANG-TI.

The Manchu dynasty of Tsing was established in 1644. The present sovereign, Tsai-Tien, who reigns under the name of Kwang-Su, is ninth Emperor of the Manchu dynasty. He was born in 1871, and is nephew to the Empress Regent, mother of the last Emperor, Tung Chih. In 1887, Tsai-Tien assumed the nominal reigning authority ; in 1889 took the control of government.

1894년 11월 24일, 영국 《일러스트레이티드 런던 뉴스》

1 군사령관 제복을 입은 일본 메이지 천황. 본명은 무쓰히토(睦仁)
2 중국 광서제. 본명은 재첨(載湉)

일본의 천황제 역사는 오래됐다. 그러나 12세기에 천황은 국가 통치권을 박탈당했고 봉건귀족 수령, 즉 막부의 쇼군이 통제하기 시작했다. 그러다 1868년 막부가 전복됐고 천황은 다시 실질적 군주가 됐다. 1852년 출생한 무쓰히토(睦仁)는 1867년 부친의 왕위를 계승해 메이지 천황이 됐다.

만주족의 청 왕조는 1644년 성립됐고, 현 군주인 재첨(載湉) 광서제(光緖帝)는 청나라 제9대 황제다. 재첨은 1871년 출생했고, 전임인 동치제(同治帝)의 생모 섭정황태비의 외손자다. 1887년 재첨은 명의상 친정을 시작했는데, 1889년부터는 실질적으로 집정을 시작했다.

BRONZE STATUE OF YUKICHI FUKUZAWA, PRESIDENT OF KEIOGIJIUKU UNIVERSITY, JAPAN.—Ujihiro Okuma, Sculptor.
Presented to the School by his devoted Followers.

1895년 1월 5일, 미국 《하퍼스 위클리》

게이오기주쿠(慶應義塾) 대학교에 있는 후쿠자와 유키치 동상.
조각: 우지히로 오쿠마(大熊氏廣)

19세기 중반 메이지유신이 전개되면서 일본에는 서양에 대문을
활짝 열자고 주장하는 정치사상가가 우후죽순으로 생겨났다.
그중 가장 유명한 사람이 후쿠자와 유키치(福澤諭吉)다. 그가
주장한 '탈아입구(脫亞入歐, 아시아에서 벗어나 유럽에 진입하다)'와
'정한론(征韓論)'은 일본을 한 걸음씩 군국주의를 향해 걸어가도록
방향을 제시했다. 이번 기사는 후쿠자와 유키치를 소개하면서
다음과 같이 제목을 정했다. 〈한 명의 위대한 일본의 일반인〉.
다음의 글에서 일본이 서양 매체를 어떻게 능수능란하게
이용했는지 볼 수 있다.

"후쿠자와 유키치는 한 번도 정치 지도자인 적이 없다. 그가 국가와
민족에 미친 영향은 주로 그의 책을 통해서다. 그는 서양 국가의
사회 및 정치제도와 함께 그들이 이루어낸 성과, 선진 과학, 실용
예술을 처음으로 일본 국민에게 소개했다. 일본인은 이를 통해
교육을 받았다고 할 수 있다."

"정보에 따르면 일본어에서 쓰이는 영어의 '자유', '권리'와
'특권', '책임'과 '의무', '신문'과 '강연' 등의 단어는 모두 후쿠자와
유키치가 만들어낸 것이다. 그는 또한 공개 강연 형태를 일본에
들여왔는데, 이는 서양 국가에서는 평범한 일이지만 일본에서는
새로운 것이었다. 일본인은 군중 앞에서 토론하거나 연설하는 것에
익숙하지 않았다. 대략 20년 전 후쿠자와 유키치와 그의 추종자들은
작은 방 안에서 공개 변론, 연설과 강연을 연습했다. 몇몇 강연자가
용감하게 나서서 대중의 시선과 마주하기 시작하자 후쿠자와
유키치는 학교 교정에 소강당을 세웠고, 2주일에 한 번씩 공개
강연을 시작했다."

1895년 1월 5일, 미국《하퍼스 위클리》
〈후쿠자와 유키치 – 한 명의 위대한 일본의 일반인〉(선역)

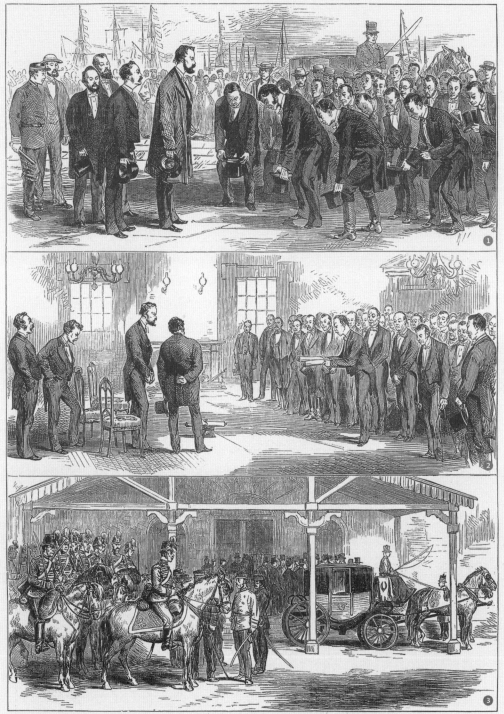

1. Landing of the Japanese Envoy at Yokohama.   2. Reading an address to Okubo in the Townhall, Yokohama.   3. Arrival of Okubo at the railway station, Jeddo.

PEACE BETWEEN CHINA AND JAPAN: SKETCHES BY OUR SPECIAL ARTIST AT YOKOHAMA.

1875년 2월 6일, 영국 《일러스트레이티드 런던 뉴스》

'모란사 사건' 이후 오쿠보 도시미치가 중국에서 '평화회담'을 마치고 귀국할 때의 성대한 장면. 그림은 본지의 요코하마 특파원(화가)이 스케치한 것이다.

1 일본 평화회담 대표단, 요코하마에 도착
2 오쿠보 도시미치를 향해 요코하마시청에서 환영사 낭독
3 오쿠보 도시미치 일행, 도쿄 기차역 도착

1871년 류큐 사람 66명이 항해 중 풍랑을 만나 타이완 동남부 끝자락에 당도했다. 그중 54명이 섬 원주민에게 살해됐다. 1874년 5월 류큐를 번속(藩屬)으로 여긴 일본은 죄를 심문한다는 명분으로 타이완에 군대를 보냈고, 협상에 나오도록 원주민을 강요했다. 또 오쿠보 도시미치(大久保利通) 전권판리(全權辦理)대신이자 내무경(內務卿)을 베이징으로 보내 담판을 요구했다. 오쿠보 도시미치는 철군 거부 카드로 협박해 청나라와 '베이징전약(北京專約)'을 체결했다. 이 조약에서 청나라는 류큐와 일본의 번속 관계를 인정했고, 일본의 타이완 출병은 '국민을 보호하기 위한 의거'라고 칭했다. 게다가 50만 양백은(청나라 때 통용되던 은화의 단위-역주) 배상을 승인했다. 이후 일본은 1874년 말 타이완에서 철군했다. 중국은 이를 '모란사(牧丹社) 사건(일본에서는 타이완 출병이라고 함-역주)'이라고 한다. 이 사건 이후 청나라는 타이완 관리를 강화했다. 그 조치의 하나로 대륙인이 타이완에 가지 못하게 하던 금지령을 해제했고, 1888년에는 타이완을 성(省)으로 편제했다. 일본의 입장에서 이번 사건은 메이지 정부의 첫 해외 정복이었다. 또 이때 처음으로 근대 일본은 서양의 신문 매체를 이용해 전쟁 지역을 보도했다. 비록 일본 정부는 최종적으로는 자국 매체 중에서 단 한 곳의 매체에만 타이완에 종군하는 것을 묵인했지만, 영미권 신문 매체가 전쟁 지역 보도 신청을 할 경우 거의 허가했다. 《뉴욕 헤럴드(New York Herald)》는 당시 심지어 일본 정부로부터 "할 수 있는 한 힘껏 협력하겠다"라는 대답을 얻기도 했다.

1894년 9월 29일, 프랑스 《릴뤼스트라시옹》

1 메이지 천황 무쓰히토
2 야마가타 아리토모 원수(일본 육군 총사령관)
3 이토 히로부미 백작(내각총리대신)

야마가타 아리토모(山縣有朋, 1836~1922)
일본 근대 육군의 아버지이자 일본 메이지 신군의 시조.
중일갑오전쟁 중 제1군사령관에 부임했다. 작전이
진행되는 가운데 독단적 행동을 취하면서 해임됐다.
이토 히로부미(伊藤博文, 1841~1909)
일본의 첫 내각총리대신이자 메이지유신의 기수(旗手).
청·일 간 정전(停戰)을 주도했고, 일본을 대표해
'시모노세키조약(下關條約 또는 馬關條約)'을 체결했다.

THE JAPANESE NAVAL STATION AND SHIP-YARDS AT YOKOSKA.—DRAWN BY W. LOUIS SONNTAG, JUN.—[SEE PAGE 1025.]

1894년 10월 27일, 미국《하퍼스 위클리》

1 일본의 해군 창시자 가쓰 가이슈 백작
2 일본의 해군 부원수 가바야마 스케노리
3 일본 요코스카의 해군 기지와 조선소

가쓰 가이슈(勝海舟, 1822~1899)

일본 막부 말기의 진보적 정치가이자 에도 막부의 해군 책임자. 후에
메이지 정부에서 해군경(海軍卿)에 부임했다. 메이지유신 이후 신정부는
가쓰 가이슈를 참의(參議) 겸 해군경에 임명했지만, 오래지 않아 그는
퇴직해 은거했다.

가바야마 스케노리(樺山資紀, 1837~1922)

1890년 해군대신, 1893년 해군군령부장으로 부임했다. 중일갑오전쟁
시기에는 군 지휘에 참여했다. 1895년 5월 일본의 첫 타이완 총독으로
임명되어 파견됐다.

HARPER'S WEEKLY

A JOURNAL OF CIVILIZATION

Vol. XXXVIII.—No. 1972.
Copyright, 1894, by Harper & Brothers.
All Rights Reserved.

NEW YORK, SATURDAY, OCTOBER 6, 1894.

TEN CENTS A COPY.
FOUR DOLLARS A YEAR.

COUNT SAIGO,
Minister of the Marine.

VISCOUNT ENOMOTO,
Vice-Admiral of the Navy, and Minister of Commerce and
Agriculture.

COUNT ITO,
The Prime Minister of Japan.

Matsushima.　Takachiho.　Yoshino.　Akagi.　Itsukushima.　Naniwa.　Hiyei.

SHIPS OF THE JAPANESE NAVY.—Drawn by T. Morimoto.

THE JAPANESE OCCUPATION OF KOREA.—[See Page 942.]

1894년 10월 6일, 미국《하퍼스 위클리》

1 사이고 주도(西鄉從道) 백작(해군대신)
2 에노모토 다케아키(榎本武揚) 백작(해군 부원수, 농업과 상업무역 대신)
3 이토 히로부미 백작(총리)
4 일본 연합함대

미국의 저명한 화가 워스(Theodore Wores)는 왼쪽의 그림 중에서 이토 히로부미의 초상화를 그렸다. 그는 1894년 10월 6일 자《하퍼스 위클리》에 당시를 회고하는 글을 실었다. "이 걸출한 지도자는 중세 봉건 사회에서 19세기 자본주의 사회로 일본을 이끌었다. 나는 평소와 다른 흥미를 품고 화폭에 그의 독특한 기개를 표현하기 위해 손을 대기 시작했다. 도쿄(東京)에서 이토 백작의 초상화를 제작하는 동안 나는 그가 이홍장과의 우정을 언급하는 이야기를 여러 차례 재미있게 들었다. 그는 나에게 벽에 걸린 이홍장 친필 두루마리 서예 작품을 보여주었다. 작품은 모두 그가 베이징에 파견 갔을 때 이홍장이 직접 준 선물이었다. 당시는 1879년이었고, 그가 향후 일본을 이끌며 중국과 전쟁을 하게 될 것이라고는 예견할 수 없는 상황이었다."

1891년 1월 17일, 영국 《일러스트레이티드 런던 뉴스》

(1890년) 11월 29일 일본 도쿄에서 천황이 주관하여 국회가 열렸다.

JAPANESE PARLIAMENT, OPENED BY THE MIKADO, NOV. 29, AT TOKYO.

INTERIOR OF THE NEW JAPANESE PARLIAMENT HOUSE, BURNT

A FACSIMILE OF A DRAWING BY A JAPANESE ARTIST

1891년 1월 24일, 영국 《그래픽》

일본 의회. 지난주 화요일(1891년 1월 20일) 화재로 소실된
일본의 새 의회 건물 내부(일본 화가의 그림에 근거를 둠)

THE GRAPHIC

SDAY LAST

85

1889년 '대일본제국헌법'이 공포됐다. 일본은 동아시아에서 처음으로 현대 헌법을 가진 입헌군주제 국가가 됐다. 1890년 11월 29일 일본은 제1차 제국의회를 개최해 '대일본제국헌법'을 당일 정식으로 시행했다. 〈일본의 제1차 회의〉라는 제목의 이번 기사 내용을 살펴보면 다음과 같다.

"국회 중의원 선거 과정은 질서정연했다. 일본 사회는 당시 영국의 선거처럼 평온하고 차분했다. 이는 민중이 정치에 냉담했기 때문이 아니다. 그와는 정반대였다. 일본의 문맹률은 낮고, 인력거꾼에서 부자에 이르기까지 거의 모든 사람이 신문을 읽으며 시사 정치에 관심을 가졌다. 매일 새벽 신문배달원은 닭이 울기 전에 신문을 집집마다 배달했다. 한편 메이지유신 이후 몰락한 사무라이 계층은 자칭 '사회주의' 정당을 세웠지만, 실질적으로는 한 무리의 무정부주의자였다. 들리는 말에 따르면 그들은 의회에서 단 한 자리도 차지하지 못했지만, 협박과 암살을 통해 많은 의원을 통제했다. 일본 국민은 제국의회 개최를 학수고대했다. 의회가 열리는 날에는 적지 않은 도시에서 초롱을 달고 오색 천으로 장식했으며 환호하고 날뛰었다. 기사의 삽화를 보면 의회 회의장은 의석 수와 배치, 호(孤) 형태의 공간 등이 미국의 상원(上院)과 비슷하게 설계됐음을 알 수 있다. 또 의석은 선거로 선출된 진행자의 자리와 마주 보게 되어 있고, 진행자 자리 후방에 위치한 중심 자리는 천황의 것이었다. 그러나 새로운 의회 건물은 사용된 지 두 달도 채 되지 않아 큰 화재로 붕괴됐다."

《그래픽》의 이번 보도는 화재 후 겨우 4일 만에 발간된 것이다. 당시 기자는 화재의 원인이 합선이었다는 사실을 몰랐다. 그래서 기사 말미에 '사회당' 사람이 방화를 한 것으로 추측해 글을 작성했다.

THE HARBOR OF KOBÉ—AT THE HEAD OF THE INLAND SEA, AND THE SHIPPING-POINT FOR KIOTO AND OSAKA.

ENTRANCE TO NAGASAKI HARBOR.

NAGASAKI—THE MOST IMPORTANT PORT OF SOUTHERN JAPAN.

NAGASAKI HARBOR, SHOWING DRY DOCK.

THE INDUSTRIAL MOVEMENT IN JAPAN.—[See Page 45.]

1891년 1월 8일, 미국 《하퍼스 위클리》

일본의 산업화 과정

1 고베항, 세토나이카이의 머리에 위치하는 오사카와 교도의 출해구
2 나가사키항 입구
3 나가사키항, 일본 남부의 가장 중요한 항구
4 나가사키 항만의 드라이독(Dry Dock)

일본 산업운동의 시작은 아마도 1870년 전후였을 것이다. 대략
이 시기에 일본은 농업부와 공공 공정(工程) 부문 등을 설립했다.
일본은 처음으로 진정한 의미의 개혁을 시작했다. 개혁의 첫
사업은 통신선을 부설하는 것이었다. 일본의 제1 철로 역시 개혁의
성과였다. 제국 정부는 수도인 도쿄에서 요코하마를 연결하는
철로를 건설했고, 고베(神戶)에서 오사카(大阪)를 잇는 철로 역시
건설됐다. 1870년 일본의 철로 총 길이는 40마일이었고, 현재
운행하는 철로의 길이는 2000마일이다.

1898년 1월 8일, 미국 《하퍼스 위클리》 〈일본의 산업화 과정〉 (선역)

JAPANESE OFFICERS.

1894년 9월 8일, 영국《일러스트레이티드 런던 뉴스》

세 명의 일본 군관

이 사진은 1886년 촬영한 것이다. 사진 속에는 세 명의 일본 육군 군관이 보인다. 그들은 군사 관리와 시설을 둘러보기 위해 인도로 교육 파견을 나갔다. 중간에 앉아 있는 사람이 후쿠시마 소령이고, 그의 왼쪽에는 군의관, 오른쪽에는 또 다른 군관이 있다. (영국의 식민지인) 인도 정부의 도움을 받아 이 세 일본 군관은 영국 군관의 수행으로 인도를 돌아다녔다. 이들을 수행한 영국 군관은 사진 속 뒷줄에 서 있는 사람으로, 인도 북서부에 위치한 펀자브주 제6보병단의 에머스턴 대위(이후 인도 서북부 변경 지역인 흑산에서 살해됐음)다. 그는 이 세 일본 군관과 "쉽게 친해질 수 있었고 매우 영민했다"라고 평가했다. 인도에 머무는 3개월 동안 그들은 군용 공장, 병참, 군사 시설 등을 시찰했다. 그 후 에머스턴 대위와 아쉬워하며 이별했다. 의심할 여지없이 그들은 일본에 군사 조직 및 훈련과 관련한 귀중한 경험을 가져다줄 것이다. 이런 경험은 최근 일본 전쟁부가 '긴장감 있고 질서정연하게 16만 군대를 징병하는' 과정과 일본군이 번개처럼 빠르게 조선을 점령했을 때 의심의 여지없이 큰 역할을 했을 것이다. 특별히 꼭 언급할 것은 후쿠시마 소령을 비롯해 모두 유창한 영어를 구사했다는 것이다. 후쿠시마 소령은 인도에서 귀국해 일본어로《인도행기(印度行紀)》를 출간하기도 했다.

Японія. Приготовленіе къ харакири (вспарываніе живота). Рис. Гошаръ, грав. Креаонъ.

러시아 《니바》

일본 무사가 할복자살을 준비하는 장면

Гвардеецъ.   Генералъ. Офицеръ генеральнаго штаба.
 Линейный Гвардейскій Саперъ.   Офицеръ гвардейской Морской
 пехотинецъ. артиллеристъ.   пехоты.   офицеръ.   Матросъ.

Война въ Корее. Формы японской арміи. Рис. Р. Кнётель, автотипія Лемчинскаго.

러시아 《니바》

조선전쟁 중 일본군의 옷차림
왼쪽부터 근위군관(近衛軍官), 열병(列兵), 포병, 공병, 장군, 부관,
근위군관, 해군군관, 수병(水兵)

SUCCESSIVE STAGES IN THE DEVELOPMENT OF THE JAPANESE ARMY FROM 1867 TO THE PRESENT DAY.

Reproduced from Original Water-colour Drawings by Native Artists.

THE EMPEROR OF JAPAN.—[See Page 834.]

THE EMPRESS OF JAPAN.—[See Page 834.]

1894년 9월 1일, 미국 《하퍼스 위클리》

1 일본 천황
2 일본 황후

메이지 천황 무쓰히토(睦仁, 1852~1912)
근대 일본의 상징, 유신 개혁의 지지자. 중일갑오전쟁
때 그는 일본 육해군의 최고 통치자로서 히로시마
대본영에 상주하며 전쟁을 감독했다.

쇼켄 황태후(昭憲皇太後, 1849~1914)
본명은 이치조 하루코(一條美子). '덴구상(天狗さん,
일본의 전설에 나오는 요괴-역주)'이라는 별칭이 있다.
그녀는 당 태종의 비 장손황후(長孫皇后)를 귀감으로
삼아 국정을 돕고, 신식 여학교를 설립했으며,
적십자 활동에 열정을 쏟았다. 또한 사카모토
료마(坂本龍馬)를 해군의 신으로 모시기도 했다.

**1894년 10월 20일,
영국 《일러스트레이티드 런던 뉴스》**

**1867년부터 오늘날(1894년)까지 일본
군대의 발전 모습**

이 아홉 장의 사진은 일본 군대의
발전 과정을 보여준다. 이 한 세트의
사진은 일본 화가의 수채화에 근거해
제작되어 서양 매체에 광범위하게
전달됐다.

맺음말

오늘날 오직 무지몽매하고 고집불통인 사람만 일본이 여전히 개화되지 못한 국가라고 억측해 판단한다. 사실 일본은 광범위하게 의무교육을 시행하는 국가다. 또 본토에 대학, 사립학교, 공립학교 등이 있다. 일본은 또한 예술의 국가다. 일본의 예술은 옛 풍모를 그대로 간직하고 있다. 물론 아마도 우리의 예술이 일본에 전해져 이러한 이미지를 갖게 됐을지도 모른다. 도덕적 기준이건 행위의 규범이건 간에 일본인이 보여주는 우아함은 자주 우리 서양의 기독교인을 부끄럽게 할 정도다.

1894년 7월, 미국《아레나 저널(Arena Journal, 競技場月刊)》〈일본을 위한 공정한 말〉[벤저민 플라워(B. O. Flower) 찬문(撰文)]

연회를 준비해 나를 초대했던 중국 관원들에게 나는 다음과 같이 말했다. 중국 관원의 가장 큰 문제점은 애국정신, 국가에 대한 책임감과 일치된 단결력 그리고 적과 싸울 의지와 능력 등이 부족한 것이라고 말이다. 중국의 이번 전쟁과 다른 전쟁을 비교해볼 때, 중국은 절대 하나의 민족으로 구성된 것이 아니라 한 무리의 개인들로 구성되어 있다는 것을 독자 여러분은 반드시 이해해야 한다. 미국의 한 전직 외교관은 엉뚱하게도 다음과 같이 중국을 하나의 (잘 구성된) 완전체로 서술한 적이 있다. "빙하와 같은 한 척의 배가 적을 기습하는 것과 같다"라는 것이다. 그러나 사실 중국은 만신창이가 된 모래주머니와도 같았다. 주먹 한 번에 모래는 사방으로 흩어졌다.

1894년 12월, 미국《하퍼스 위클리》〈불쌍한 늙은 중국〉(줄리언 랠프 찬문)

Le Petit Journal

Le Petit Journal

Le Supplément illustré

SUPPLÉMENT ILLUSTRÉ

Huit pages : CINQ centimes

ABONNEMENTS

Onzième année

DIMANCHE 8 JUILLET 1900

Numéro 503

SY-TAY-HEOU
Impératrice douairière de Chine

1900년 7월 8일, 프랑스 《르 프티 주르날》

자희태후 초상

4

침몰한 '고승호(高陞號)'

중일갑오전쟁 발발은 오직 시간문제다.
심지어 몇 시간 후의 일이 될 수도 있다.
정부에 대한 일본 국회의 불만은 갈수록
커져갔다. 정부로서는 국회와 내전을 벌이는
것보다는 대외 전쟁을 하는 것이 더 낫다고
여길 것이다. 대외 전쟁은 일본 국민을
다시 한 번 결집시킬 수 있다. 이는 일종의
분노 분출구 역할을 할 것이다. 다시 말해
일본 사회와 정국으로 인해 누적된 분노가
해결된다는 것을 의미한다.

1894년 6월 29일, 상하이 영자신문 《자림서보(字林西報)》

국내 정국이 심각한 상황이다. 중국과의
전쟁은 이러한 우리의 압박을 완화해줄
것이다. 국민의 애국심을 격발할 것이다. 더
중요한 것은 전쟁이 국민과 정부를 하나로
단단히 묶어줄 수 있다는 사실이다.

전쟁 발발 전야에, 다테노 고조(建野鄕三) 미국 주재 일본
공사가 미국 국무부의 그레셤(Gresham)에게 고백한 말

LA GUERRE ENTRE LA CHINE ET LE JAPON
Embarquement de recrues chinoises dans le golfe du Petchili

1894년 10월 28일, 프랑스 《르 솔레유 뒤 디망슈(Le Soleil du dimanche, 星期日太陽報)》

중일갑오전쟁 발발 후 새로 병사를 모집한 청나라 군대가 보하이만 연안의 항구에서 함대를 타고
전쟁터로 나가는 장면

THE IMPENDING WAR IN EASTERN ASIA: ON BOARD A CHINESE TROOP-SHIP.

1894년 8월 4일, 영국 《일러스트레이티드 런던 뉴스》

동아시아 전쟁: 일촉즉발의 상황. 중국의 병력수송선 모습

인천으로 향하는 병력수송선 고승호. 선박의 높은 선교에서 먼 곳을
바라보는 두 명의 청나라 군대 고위 장교가 보인다. 그들 곁에 영국
국적의 선장과 한 명의 신비스러운 독일 국적의 '개인 여행객'이 있다.
그가 바로 하네켄(Constantin von Hanneken, 볼에 수염이 가득한 사람)이다.

SINKING OF THE CHINESE TROOP-SHIP "KOW-SHING" BY THE JAPANESE CRUISER "NANIWA KAN."

From an Engraving in the "Tokyo Asahi," supplied by Mr. Arthur B. Brown.

1894년 10월 6일, 영국 《일러스트레이티드 런던 뉴스》

중국의 병력수송선 고승호가 일본의 순양함 나니와호(浪速號)에
의해 명중된 후 침몰하고 있다.
《도쿄 아사히 신문》에 실린 판화. 제공: 아서 브라운(Arthur B.
Brown)

THE JAPANESE WAR-SHIP "NANIWA KAN."

일본의 순양함 나니와호

일본의 순양함 나니와호.

1886년 6월 26일 일본 해군에 인도됐다. 항속 18노트, 마력 7604, 선장은 도고
헤이하치로였다.

도고 헤이하치로(東鄉平八郞, 1848~1934)
일본의 해군 원수(대장)이자 후작. 육군의 노기 마레스케(乃木希典)와 함께 일본
군국주의의 '군신(軍神)'이라 불렸다. 1894년 7월 25일 풍도(豊島, 충청도 아산만 입구에
위치한 섬-역주) 해역에서 영국 국적선 고승호를 발견했다. 당시 나니와호 선장 도고
헤이하치로는 그 배에 중국군이 있는 것을 발견하고 어뢰와 대포 발사를 명령했다. 그
결과 1000명이 넘는 중국군이 익사했다. 1905년 러일전쟁 중 그는 쓰시마해전에서
일본 해군을 이끌어 러시아 해군을 격퇴하기도 했다. 이는 근대사에서 동양의
황인종이 서양의 백인종을 이긴 선례가 됐다. 도고 헤이하치로는 이를 계기로 '동양의
넬슨'이라는 별칭을 얻었다. 그와 오야마 이와오(大山巖)를 두고 당시 사람들은
'육상에는 오야마, 해상에는 도고'라며 칭송했다.

1894년 9월 22일, 영국 《그래픽》

동양의 전쟁: 고승호가 일본군에 의해 침몰하고 있다.
생존자의 스케치에 따르면 왼쪽에서 포를 쏘는 군함이
나니와호다.

나는 어뢰 한 발이 일본 군함에서 발사되는 것을
보았다. 바로 이어서 일본 군함의 6문 포가 동시에
발사됐다. 어뢰가 목표물을 명중하자 몇 문의 대포가
두 차례 더 발포됐다. 어뢰가 내가 탄 배의 정중앙에
명중했는데, 아마도 석탄을 실은 연료창이었던 것
같다. (……) 내가 기억하기에 우리는 바로 그때
배를 버리고 바다로 뛰어들었다. 나는 수영을 하면서
우리 배가 침몰하는 것을 보았다. 그때까지도 일본
군함은 멈추지 않고 대포를 발사했다. 나는 병사를
가득 채운 작은 배가 일본 군함에서 내려오는 것을
보았다. 나는 그것이 우리 생존자를 구조하기 위한
것이라고 생각했다. 그러나 매우 참담하게도 예상은
완전히 빗나갔다. 그들은 침몰하는 우리 배 위에
아직 남아 있는 사람들을 향해 총을 발사했다.

1894년 9월 22일, 영국《그래픽》
<선서(宣誓)진술서》(하네켄 대위)

고승호에 있던 신비스러운 여행객은 바로 중국인
친구들이 '한 대인(韓大人)'이라고 불렀던 하네켄 대위다.
하네켄은 독일 출신으로 1879년 독일 육군 퇴역 후 텐진
해관의 세무사였던 데트링(Gustav Detring)의 소개로 텐진
무비(武備)학당 교관으로 부임했다. 이후 이홍장의 총애를
받아 그의 군사고문으로 부임하게 됐으며, 북양수사
조달을 돕게 됐다. 독일의 기술과 설비 설계를 이용해
뤼순 금산포대와 웨이하이웨이 포대 등을 건설했다. 많은
역사학자의 연구와 일본군의 조사 보고 내용에 따르면
하네켄은 '개인 자격'으로 1200명의 청나라 군대와 함께
조선으로 향했다. 그러나 하네켄은 사실상 이홍장의
부탁을 받아 청군의 포대 설치를 돕기 위해 아산으로 향한
것이다. 곧 닥칠 전쟁을 준비하기 위해서였다. 고승호가
나니와호에 격침된 후 하네켄은 전력을 다해 헤엄쳐
풍도에 도착했다. 그는 어선을 발견하고는 인천항을
향해 전진했다. 그곳에서 독일 군함 힐다(Hilda)호를
설득해 풍도로 이동, 헤엄쳐 상륙한 청군을 구조했다.
이후 영국의 군함 역시 구조 활동에 동참해 섬 위에
고립된 200명이 넘는 생존자를 구조했다. 이홍장은
이에 크게 감격했고, 하네켄에게 화령총병(花翎總兵)
직분을 맡기고 북양수사에서 총교관 및 부제독을
담당하게 했다. 하네켄은 황해해전에 참가했다가 중상을
입었으며 이후 북양수사를 그만두게 됐다. 그러나 그는
중국을 떠나지 않았다. 오히려 청나라 조정을 돕기 위해
신식 육군 훈련 방안을 기획했는데, 그 군부대가 후에
위안스카이(袁世凱)의 신군(新軍)이 됐다.

1894년 8월 13일, 프랑스《르 프티 주르날》

조선의 전쟁 국면. 중국 배 한 척이 일본군에 의해 격침됐다.

LES ÉVÉNEMENTS DE CORÉE
Un vaisseau chinois coulé par les Japonais

맺음말

———

7월 26일 고승호가 침몰되고 그다음 날, 인천항을 떠난 프랑스의 소형 선박인 라이언호가 풍도 북단에서 고승호의 잔해가 바다 위를 부유하는 것을 발견했다. 돛대 두 개가 수면에 노출되어 있었고, 40명의 청나라 군인이 그 기둥 위로 기어오르고 있었다. 어떤 이는 총상이 심각했다. 라이언호는 군인들을 구조해 음식과 물, 옷 등을 제공했다. 부상자를 치료했고 신속하게 이들을 옌타이로 데려다주었다.

일본은 선전포고도 하지 않은 채 영국 상선(고승호-역주)을 격침시켰다. 이에 죽은 이들이 헤아릴 수 없을 만큼 많았다. 이후 프랑스, 독일, 영국의 3국 군함이 조난한 청나라 군인 구조에 개입했다. 이러한 사실은 청나라 정계와 언론계를 크게 고무했다.

8월 29일 광서제는 구조 활동에 참여한 3국 군함 선원들에게 상을 내렸다. 이홍장은 다음과 같이 말했다. "고승호는 자딘(Jardine Shipping Services) 계열의 선박으로 청나라에 임대한 것이다. 이 때문에 영국의 국기를 걸어 운행하던 중 왜국이 이유 없이 그 선박을 격파했다. 영국은 분명 용납하지 않을 것이다." 그러나 인도주의적 원조와 정치적 입장은 무관한 것이었다. 서양 열강은 청나라 조정이 기대한 것처럼 일본의 군사행동에 진일보된 개입을 하지 않았다. 서양의 매체 역시 격렬한 언사로 중국과 일본 양국 사이에서 줄서기 하던 것을 신속히 멈췄다. 대신 그들은 학술계의 국제법 분야 관련 토론에 깊은 흥미를 보였다.

2001년 한국의 선박 인양 기업이 '고승호'가 침몰된 해역에서 유물과 일부 선박 잔해를 건져 올렸다.

편집자

중국과 일본은 각각 봉쇄와 개화의 두 세력을 대표한다. 서양 국가는 자연스럽게 일본을 좀 더 친근하게 느낀다. 만약 일본이 최종적으로 승전할 것 같으면 서양 열강은 모두 전쟁에 개입하려는 의사를 포기할 것이다. 그러나 중국이 패배한다는 것은 거의 불가능에 가까운 일이다. 따라서 서양 열강이 이번 전쟁을 저지하지 않는다면 결국 일본은 패배하게 될 것이다. 일본은 이로 인해 독립을 상실할 것이고, 어쩌면 중국에 예속되어 분노에 가득 차 서양 귀신(洋鬼佬, 서양 사람을 무시할 때 쓰는 말)을 쫓아낼 것이다. 만약 질투가 난다면 유럽 열강은 출병해 개입하는 것을 원하지 않을 것이다. 그러나 미국은 이런 곤란한 일에 용감히 나서야 한다. 비록 미국이 앞세우는 먼로주의에는 위반되는 일이지만, 사태의 특수성은 미국이 잠시 이런 원칙을 포기하게 만들 것이다. 글로벌 무역을 보호하기 위해 갈등은 반드시 해소되어야 한다.

1894년 8월 12일, 영국《데일리 뉴스(The Daily News, 每日新聞報)》

영국의 국제법 권위자인 홀랜드(T.E. Holland) 옥스퍼드 대학 교수는 일본의 논리를 반박한다. "일본은 이렇게 주장한다. 비록 적대적 교전이 시작됐을 때 선전포고는 없었지만, 고승호의 격침은 그 자체로 이미 실질적 개전을 의미한다고 봐야 한다. 고승호가 어느 국가의 국기를 걸었건 간에 일본은 전쟁 중 자신들에게 거대한 위협을 발생시킬 군사 목표를 공격할 권리가 있다. 일본은 구조된 중립국 선원들을 석방함으로써 이미 국제법 의무를 이행했다. 일본은 사과나 배상을 할 필요가 없다." 그러나 홀랜드 교수는 일본의 이런 야만적 주장에 근거가 없다고 말했다.

1894년 8월, 미국《필라델피아 기록(The Philadelphia Record, 費城紀錄報)》

5

황해의 비가(悲歌) : 침몰하지 않은 '지원호(致遠號),'

"하느님, 감사합니다. 우리의 집 앞이 아닌
저기 극동 지역에서 거액을 들여 건조한
최신식 함정과 최고의 엔진이 도대체
어떤 위력을 발휘하는지 구경하고 알
수 있도록 해주셔서 감사합니다." 만약
아직도 아시아인의 전쟁을 용이 그려진
선박에서 화살통을 멘 군사가 싸우는 모습을
생각한다면 이는 큰 오산이다. 그들은 우리와
같은 선진 무기로 이미 무장되어 있다. (……)
여러분은 보았는가? 일본이 이렇게 장엄하게
전쟁의 서막을 열다니, 유럽 국가로서는
얼마나 부러운 일인가!

1894년 8월 13일, 프랑스《르 프티 주르날》

THE WAR IN THE EAST: GROUP OF JAPANESE OFFICERS ON THE CRUISER "CHIYODA"
FROM A PHOTOGRAPH BY W. RALSTON

THE WAR IN THE EAST: GROUP OF CHINESE OFFICERS ON THE "CHIH YUEN," SUNK IN THE VALU RIVER ENGAGEMENT
FROM A PHOTOGRAPH TAKEN AT CHE-FOO

1894년 10월 13일, 영국 《그래픽》

1 일본 군함 지요다호에 승선한 군관들의 단체 사진
2 황해해전 중 침몰한 중국 군함 치원호 군관들의 단체 사진

일본의 장갑 순양함 지요다호(千代田號)는 1891년 건조됐다. 우치다 마사토시(內田正敏)가
함장이었다. 이 선박은 중일갑오전쟁 중 황해해전과 웨이하이웨이해전에 참여했다.
1887년 영국인 랭(William Lang) 북양함대 부제독은 부임 전에 영국에서 치원호(致遠號),
정원호(靖遠號) 등을 검수하던 사람이었다. 그는 선박을 인수하러 온 등세창(鄧世昌) 대관과
동행했다. 이 사진은 등세창이 인솔한 치원호 관병들과 랭 등이 함께 찍은 것이다.

HOO CHANG.

SHEH SHU SHANG.

SHOO HUNG LUNG.

HOO KING YUNG.

OFFICERS OF THE CHINESE WAR-SHIP "CHEN-YUEN."

1894년 9월 29일, 영국 《일러스트레이티드 런던 뉴스》

중국 군함 진원호의 해군 군관

당시 촬영 기사가 사진의 빈 곳에 적어놓은 이들의 이름 발음 때문에 우리는 진원호(鎭遠號)에 승선한 군관 네 명의 실제 이름을 찾아낼 수 없었다. 영어로 음역한 Hoo King Yung은 아마도 양용림(楊用霖, 1854~1895)일 것이다. 당시 진원호의 1등 항해사였다. 1894년 황해해전 후 진원호는 웨이하이웨이로 귀항하면서 암초에 부딪혔다. 임태증 관대는 우울함과 분노를 못 이겨 자살했다. 양용림은 이로 인해 관대로 승직됐다. 그는 정여창(丁汝昌)과 유보섬이 자결한 이후 이토 스케유키(伊東祐亨)에게 항복하지 않고 총으로 자살했다.

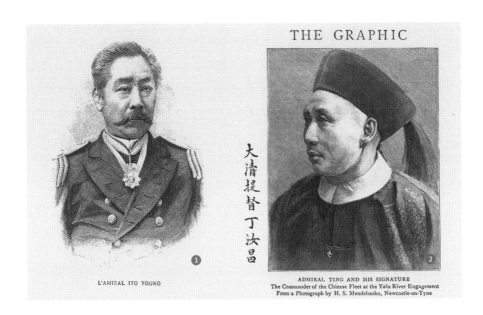

THE GRAPHIC

L'AMIRAL ITO YOUKO

大清提督丁汝昌

ADMIRAL TING AND HIS SIGNATURE
The Commander of the Chinese Fleet at the Yalu River Engagement
From a Photograph by H. S. Mendelssohn, Newcastle-on-Tyne

1895년 2월 16일, 프랑스 《릴뤼스트라시옹》

1 황해해전에 참전한 일본 함대 사령관 이토 스케유키

1894년 10월 13일, 영국 《그래픽》

2 황해해전에 참전한 중국 함대 사령관이자 북양수사 제독 정여창

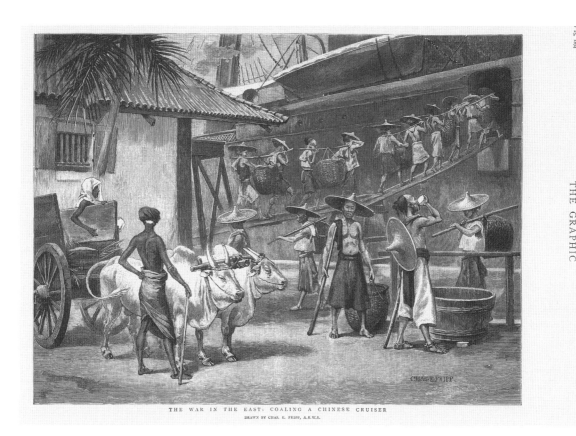

THE WAR IN THE EAST: COALING A CHINESE CRUISER
DRAWN BY CHAS. E. FRIPP, A.R.W.S.

1894년 8월 25일, 영국 《그래픽》

동양의 전쟁: 중국의 순양함이 홍콩에서 석탄을 선적하는 모습

북양함대의 전함은 계속 탕산(唐山)에 있는 카이핑(開平) 탄광[현재의 카이롼(開灤) 탄광]이
제공하는 정선(精選) 오조매(五槽煤) 석탄을 연료로 사용해왔다. 이 석탄은 화력이 좋아서
배의 항속을 높일 수 있었다. 동시에 발생하는 연기가 적어서 항해 중에 적에게 쉽게
발견되지 않았다. 그러나 중일갑오전쟁 발발 얼마 전 오조매 대신 쉽게 깨지고 질이
떨어지는 팔조매로 연료가 바뀌었다. 정여창 제독이 카이핑 탄광 책임자에게 편지를 쓰기도
하고 순친왕(醇親王)의 측근인 장익(張翼)이 교섭에 나서기도 했지만, 성과가 없었다. 후에
이홍장에게 제소하기도 했으나 역시 성과는 없었다.

CHINESE

WARSHIPS

Illustrations and descriptions of the more important ships which took part in the battle of the Yalu and other engagements with the Japanese since the declaration of war. The details are from information received up to the present time.

KING YUEN. The *King Yuen* and *Lai Yuen* were built at the Vulcan Works at Stettin, and known as "coast defence" ships. Their principal dimensions are :—Length, 269 feet; beam, 39 feet 4 inches; mean draught, 16 feet 8 inches; displacement, 2,900 tons. Protection is afforded by a belt of compound armour six feet wide, and from 5·1 inches to 9·5 inches thick, which extends the length of the machinery and boiler space, and is terminated by thwartship armoured bulkheads 5·1 inches thick. At the forward end of the belt a revolving turret with six-inch armour contains two 8·27-inch Krupps. The armament also comprised two 5·9-inch Krupps and seven quick-firing guns. These ships have double bottoms. Their trial speed was sixteen knots. They were both present at the battle of the Yalu River, where the *King Yuen* was cut off from her consorts and sunk by a small gunboat.

The Chinese Fleet at the battle of the Yalu was considerably overmatched in armament by that of their more energetic opponents, and suffered accordingly. Of the fourteen vessels actually engaged, in addition to the six transports and six torpedo boats, four were sunk.

CHEN YUEN. The *Ting Yuen* and *Chen Yuen* are steel battleships, built at the Vulcan Works at Stettin, and are the most powerful vessels in the Chinese Navy. They have the following dimensions:—Length, 308 feet 5 inches; beam, 59 feet; mean draught, 20 feet; displacement, 7,430 tons. Each vessel carries four 12-inch Krupp guns, echeloned in pairs within a nearly elliptical redoubt protected by 12-inch armour, two 5·9-inch Krupps, mounted right forward and right aft in machine gun-proof turrets, and eleven quick-firing guns. When new, the trial speed of these ships was 15·3 knots. There is also a belt of armour 5 feet wide on the sides and from 8 inches to 14 inches thick. These ships have double bottoms and steel protective decks 3 inches in thickness. They were the only armour-clads engaged at the battle of the Yalu River, and together fought five Japanese warships for four hours, the *Chen Yuen* having 18 killed and 42 wounded. Her fore turret was so damaged that it had to be taken out, while the upper parts, masts, funnels, ventilators, &c., were simply riddled, while scarcely a vestige of woodwork throughout the ship was left not burnt. After lying at Port Arthur undergoing repairs, she recently ran ashore while entering the harbour at Wai-Hei-Wai, and is now beached and useless.

YANG WEI. The *Yang Wei* and *Chao Yung* were steel cruisers constructed by Messrs. Armstrong, Mitchell and Co., at their shipbuilding yard at Low Walker in the Tyne. Their dimensions were:—Length, 210 feet; beam, 32 feet; draught, 15 feet 8 inches; and displacement, 1,350 tons. They were slightly protected by thin steel decks over the engines and boilers, and originally had a speed of 16 knots. The armament in each case consisted of two 10-inch and four 4·7 inch Armstrong quick-firers, with seven lighter guns. They were both present at the battle of the Yalu, but being cut off from the main body of the Chinese fleet, were subjected to the fire of one squadron of the Japanese ships; in a burning state they were run on shore by their commanders and destroyed.

CHING YUEN. The *Ching Yuen* and *Chih Yuen* are protected cruisers, built at Elswick. Their principal dimensions are:—Length, 250 feet; beam, 38 feet; mean draught, 15 feet; and displacement, 2,300 tons. They are built of steel, and protection to the vital parts is given by a steel 4-inch deck rising amidships above the water-line, but inclined at the sides to dip below it. The engines, magazines, and steering gear are protected by this deck. Both ships have double bottoms, and are subdivided into water-tight compartments. The armament comprises three 8·27-inch Krupp guns, two mounted forward and one aft, two 6-inch Armstrongs, eight 6-pounder quick-firing guns, and six Gatlings. All the guns are protected by steel shields. At their trial trips these vessels attained an average speed of 18·5 knots. After the battle of the Yalu the *Ching Yuen* returned to Port Arthur practically uninjured.

CHIH YUEN. The *Chih Yuen* and *Ching Yuen* are protected cruisers, built at Elswick. Their principal dimensions are:—Length, 250 feet; beam, 38 feet; mean draught, 15 feet; and displacement, 2,300 tons. They are built of steel, and protection to the vital parts is given by a steel 4-inch deck rising amidships above the water-line, but inclined at the sides to dip below it. The engines, magazines, and steering gear are protected by this deck. Both ships have double bottoms, and are subdivided into water-tight compartments. The armament comprises three 8·27-inch Krupp guns, two mounted forward and one aft, two 6-inch Armstrongs, eight 6-pounder quick-firing guns, and six Gatlings. All the guns are protected by steel shields. At their trial trips these vessels attained an average speed of 18·5 knots. Both were present at the battle of the Yalu, where the *Chih Yuen* was sunk after ramming another vessel.

LAI YUEN. The *Lai Yuen* and *King Yuen* were built at the Vulcan Works at Stettin, and known as "coast defence" ships. Their principal dimensions are:—Length, 269 feet; beam, 39 feet 4 inches; mean draught, 16 feet 8 inches; displacement, 2,900 tons. Protection is afforded by a belt of compound armour six feet wide, and from 5·1 inches to 9·5 inches thick, which extends the length of the machinery and boiler space, and is terminated by thwartship armoured bulkheads 5·1 inches thick. At the forward end of the belt a revolving turret with six-inch armour contains two 8·27-inch Krupps. The armament also comprised two 5·9-inch Krupps and seven quick-firing guns. These ships had double bottoms. Their trial speed was sixteen knots. After the battle of the Yalu River, the *Lai Yuen* returned to Port Arthur in a fearfully battered condition, from her mast aft burnt to a shell, and her funnels and ventilators riddled with shot.

CHAO YUNG. The *Chao Yung* and *Yang Wei* were steel cruisers constructed by Messrs. Armstrong, Mitchell and Co., at their shipbuilding yard at Low Walker in the Tyne. Their dimensions were:—Length, 210 feet; beam, 32 feet; draught, 15 feet 8 inches; and displacement, 1,350 tons. They were slightly protected by thin steel decks over the engines and boilers, and originally had a speed of 16 knots. The armament in each case consisted of two 10-inch and four 4·7-inch Armstrong quick-firers, with seven lighter guns. They were both present at the battle of the Yalu, but being cut off from the main body of the Chinese fleet, were subjected in turn to the fire of one squadron of the Japanese ships, and early in the battle the *Chao Yung* burst into flames and sank.

TSI YUEN. The *Tsi Yuen* is a protected cruiser, built at the Vulcan Works at Stettin. Her dimensions are:—Length, 236 feet 3 inches; beam, 34 feet 5 inches; draught, 15 feet 9 inches; and displacement, 2,355 tons. The under-water body of the ship is covered with a 4-inch curved steel deck, which at the sides is 4 feet 5 inches below the water-line when the vessel is at her normal draught. The space between this steel deck and the one above is used as coal bunkers. The armament is composed of two 8·27-inch Krupps in a machine gun-proof turret forward, one 5·9-inch Krupp in a similar turret aft, two other 5·9-inch Krupps, and five quick-firing guns. At her trials a speed of 15 knots was realised. This vessel was present at the battle of the Yalu, but becoming separated from her consorts early in the fight, her captain removed her out of danger, and she returned to Port Arthur. It was the *Tsi Yuen* which before the battle of the Yalu is reported to have approached the *Naniwa* by a ruse and fired upon her, one shell entering the *Naniwa's* wardroom.

PING YUEN. The *Ping Yuen* is classed as a "coast defence" vessel, and was built at the Chinese dockyard at Foochow. Her dimensions are:—Length, 200 feet; beam, 40 feet; draught of water, 16 feet; and displacement, 2,850 tons. She has a complete water-line belt of 8-inch armour, a protective deck of 2 inches, and 5 inches on the turret and conning towers. She carries one 10·2-inch Krupp in her turret, two 5·9-inch Krupps on sponsons (one on each side), and eight quick-firing guns. At a trial made in 1890 she is reported to have made a speed of 10·5 knots. This vessel was in the Yalu estuary at the time of the battle, but she took no part in the engagement.

1894년 12월 1일, 영국 《그래픽》

중·일 군함 비교: 중국 전함

중국 전함: 경원함(經遠艦)
진원함(鎮遠艦) 양위함(揚威艦)
정원함(靖遠艦) 치원함(致遠艦)
내원함(來遠艦) 초용함(超勇艦)
제원함(濟遠艦) 평원함(平遠艦)

진원함, 정원함, 내원함, 제원함: 중국이 선전포고를 한 이후 황해해전에 참가했고,
또 대일 작전에 중요했던 전함이다. 관련한 상세한 내용은 이미 최신 소식으로
갱신했다.
양위함, 치원함, 초용함, 평원함: 청나라의 전함은 황해해전 중 강적과 마주하게 되어
심각한 손상을 입었다. 실제 참전한 열네 척의 전함에 더해 여섯 척의 군인 운송선과
다른 여섯 척의 어뢰정이 전선에 투입됐고, 전함 네 척이 적군에 의해 격침됐다.

JAPANESE   WARSHIPS

Illustrations and descriptions of the leading ships which took part in the battle of the Yalu and other engagements with the Chinese since the beginning of the war, with details revised from information received up to the present time.

The Japanese at the battle on the Yalu River brought nine vessels to the attack, divided into two squadrons, with the addition of an armour-belted corvette, a gunboat, a merchant cruiser, and five torpedo boats. Of the battleships only one suffered greatly, and all could have gone into action again the next day.

NANIWA — The *Naniwa* and *Takachiho* are sister ships and protected cruisers, built by the Armstrong firm at Low Walker. Their dimensions are:—Length, 300 feet; beam, 46 feet; and draught, 18 feet 6 inches, with a displacement of 3,650 tons. The protective deck over the vital parts, as machinery, &c., is three inches thick. The armament consists of two 10-inch Armstrongs, placed at the bow and stern, the crews of which are sheltered by a shield and the loading stations by stout steel armour; six 6-inch Armstrongs and sixteen smaller quick-firing guns. They carry about 325 officers and men each. The maximum speed of the *Naniwa* was 18·7 knots. Both these vessels were in the battle of the Yalu, though they seemingly escaped with but slight injury. It was the *Naniwa* which at the commencement of hostilities caused great excitement by sinking the transport *Kow Shing*, after herself being fired upon by the Chinese cruiser *Tsi Yuen*, an unexploded shell from the latter vessel entering the *Naniwa's* wardroom.

ITSUKUSHIMA — The *Itsukushima* and *Matsushima* were designed as "coast-defence" vessels by M. Bertin, and built to his plans by the Société des Forges et Chantiers de la Méditerranée. Their dimensions are:—Length, 295 feet 2 inches; beam, 50 feet 6 inches; draught of water, 21 feet 2 inches; displacement, 4,200 tons. The armament consists of one 12·6-inch Canet gun, eleven 4·7 Armstrong quick-firers, six smaller quick-firers and Maxim machine guns. The trial speed was 16·5 knots. There is no hull armour, but a 1·6-inch steel deck extends fore and aft, and all hatches are covered with armoured glacis. The heavy gun is placed forward *en barbette* in a turret protected by 11·8-inch armour, and 4-inch steel shields cover the breeches of the other guns. They carry 400 officers and men each. Both these vessels were at the battle of the Yalu, and the *Matsushima* was set on fire and badly damaged. The *Itsukushima* received only a trifling amount of damage according to Japanese accounts.

YOSHINO — The *Yoshino* is a protected cruiser, built by the firm of Sir William Armstrong, Mitchell, and Company, at Elswick, from the designs of Mr. P. Watts, and the fastest vessel that has been in action. Her dimensions are:—Length, 350 feet; beam, 46 feet 6 inches; draught, 17 feet; displacement, 4,150 tons. The protective deck is 4·5 inches thick on its sloping sides, and 1·7 inch on its horizontal portion; coal is stored over the deck to increase its protection. She is armed entirely with quick-firing guns from Elswick, and carries four 6-inch, eight 4·7-inch, and twenty-two 3-pounders. At the measured mile trials, the engines developed nearly 15,000 horse-power; the mean speed, with forced draught, being 23·03 knots. The *Yoshino* accompanied the *Naniwa* on the occasion of the sinking of the transport *Kow Shing*. She was present at the battle of the Yalu, and according to a Chinese account was set on fire and badly damaged.

CHIYODA — The *Chiyoda* is a protected cruiser, built at Clydebank by Messrs. J. and G. Thomson. She has a chrome steel armoured belt, 4·5 inches thick, for about two-thirds of her length, and this is backed by coal and coke. A protective deck, 1 inch thick, also extends from stem to stern, covered with coal and coke. There is also a double bottom. The dimensions are:—Length, 330 feet; beam, 42 feet; draught, 14 feet; and displacement, 2,450 tons. A speed of more than 19·5 knots was attained. The armament is ten 4·7 Armstrong quick-firers and seventeen other quick-firing guns. She is said to have come out of the battle without material injury.

HI-YEI — The *Hi-Yei* was built at Milford Haven in 1878 from Sir Edward Reed's designs. She is a composite corvette, with a composite armour-belt 4·5 inches thick, extending along the ship at the water-line. Her dimensions are:—Length, 231 feet; beam, 40 feet 9 inches; draught, 17 feet 6 inches; displacement, 2,280 tons. Her armament consists of six 6-inch Krupps (three on either broadside), two 6·5-inch Krupps (one on either bow), with right-ahead fire, and a similar gun astern, as well as several lighter guns. Her original speed was 13 knots. The *Hi-Yei*, the *Yoshino*, and the *Naniwa* were the three warships which intercepted and sank the Chinese transport *Kow Shing*. Later the *Hi-Yei* was present at the battle of the Yalu, and set on fire and badly damaged, having to go into port for repairs.

FUSO — The *Fuso* is a central-battery battleship, designed by Sir Edward Reed, and built at Poplar in 1877. Her dimensions are:—Length, 220 feet; beam, 48 feet; draught, 18 feet 3 inches; and displacement, 3,718 tons. She was designed to carry a crew of 250 officers and men and to steam 13 knots. Her armament consisted of four 9·4-inch Krupps on the main deck and two 6·5-inch Krupps on the upper decks. The armour on the side was 9 inches, and on the athwartship bulkheads 8 inches. She was present at the battle of the Yalu, and sustained sufficient injuries to necessitate going into port for repairs.

TAKACHIHO — The *Takachiho* and *Naniwa* are sister ships and protected cruisers, built by the Armstrong firm at Low Walker. Their dimensions are:—Length, 300 feet; beam, 46 feet; and draught, 18 feet 6 inches; with a displacement of 3,650 tons. The protective deck over the vital parts, as machinery, &c., is three inches thick. The armament consists of two 10-inch Armstrongs, placed at the bow and stern, the crews of which are sheltered by a shield, and the loading stations by stout steel armour; six 6-inch Armstrongs and sixteen smaller quick-firing guns. They carry about 325 officers and men each. Both these vessels were in the battle of the Yalu, and were somewhat injured and burnt.

MATSUSHIMA — The *Matsushima* and *Itsukushima* were designed as "coast-defence" vessels by M. Bertin. Their dimensions are:—Length, 295 feet 2 inches; beam, 50 feet 6 inches; draught of water, 21 feet 2 inches; displacement, 4,200 tons. The armament consists of one 12·6-inch Canet gun, eleven 4·7 Armstrong quick-firers, six smaller quick-firers and Maxim machine guns. There is no hull armour, but a 1·6-inch steel deck extends fore and aft, and all hatches are covered with armoured glacis. The heavy gun is placed forward *en barbette* in a turret protected by 11·8-inch armour, and 4-inch steel shields cover the breeches of the other guns. They carry 400 officers and men each. Both these vessels were at the battle of the Yalu, and the *Matsushima* carried Admiral Ito's flag. The *Matsushima* fared worse than any other ship on the Japanese side. Among other injuries she was once set on fire and twice struck by shells with appalling results from the *Chen Yuen's* 37-ton gun, nevertheless, Admiral Ito kept her at the head of the principal squadron until the close of the action, when he transferred his flag to the *Hashidate*.

HASHIDATE — The *Hashidate* is similar in nearly every respect to the *Matsushima* and *Itsukushima*, but these vessels being found to labour heavily against the sea owing to the weight of the big gun forward, this 12·6-inch Canet and its turret is placed aft in the *Hashidate*. She was built at Yokosuka Dockyard in Japan. This vessel was in the battle of the Yalu River, and appears to have escaped without material damage. It was to this vessel that Admiral Ito transferred his flag when the terrible injuries received by the *Matsushima* necessitated her being sent into dock for repairs.

1894년 12월 1일, 영국 《그래픽》

중·일 군함 비교: 일본 전함

일본 전함: 나니와함(速浪艦)

이쓰쿠시마함(嚴島艦)   요시노함(吉野艦)

지요다함(千代田艦)   히에이함(比睿艦)

후소함(扶桑艦)   다카치호함(高千穗艦)

마쓰시마함(松島艦)   하시다테함(橋立艦)

이쓰쿠시마함, 지요다함, 후소함, 마쓰시마함: 개전 이래 황해해전 참전 및 기타 전투에 참여했던 일본군 전함. 삽화와 설명 내용, 관련한 상세한 내용은 이미 최신 소식으로 갱신했다.

요시노함, 히에이함, 다카치호함, 하시다테함: 일본군은 황해해전 중에 선박 아홉 척을 투입했다. 그리고 두 개의 전투 편대로 나누었다. 그 외에 목재 장갑선 한 척, 소형 대포함 한 척, 상업용 순양함 한 척 그리고 어뢰정 다섯 척이 이 전투에 참여했다. 오직 한 척의 전함만이 크게 손상됐고, 다른 모든 전함은 다음 날 바로 전장에 투입됐다.

CHIH YUEN

The *Chih Yuen* and *Ching Yuen* are protected cruisers, built at Elswick. Their principal dimensions are :—Length, 250 feet ; beam, 38 feet ; mean draught, 15 feet ; and displacement, 2,300 tons. They are built of steel, and protection to the vital parts is given by a steel 4-inch deck rising amidships above the water-line, but inclined at the sides to dip below it. The engines, magazines, and steering gear are protected by this deck. Both ships have double bottoms, and are subdivided into water-tight compartments. The armament comprises three 8·27-inch Krupp guns, two mounted forward and one aft, two 6-inch Armstrongs, eight 6-pounder quick-firing guns, and six Gatlings. All the guns are protected by steel shields. At their trial trips these vessels attained an average speed of 18·5 knots. Both were present at the battle of the Yalu, where the *Chih Yuen* was sunk after ramming another vessel.

치원호 장갑 순양함(致遠號裝甲巡洋艦)

순양함 치원호는 영국의 암스트롱 회사에서 건조한 선박이다. 선박의 주요 제원(諸元)은 다음과 같다. 선체 길이: 250피트, 너비: 38피트, 흘수: 15피트, 배수량: 2300톤. 선박 전체가 강철로 제작됐고, 흘수선 이상 허리 부분의 갑판 두께는 4인치다. 이는 선박의 엔진 터빈, 탄약고 및 조타 장치가 있는 주요 기관을 보호하기 위한 것이다. 그러나 선두와 선미는 두께가 얇은 편이다. 선저는 두 개의 층으로 구성되어 침수 시 각 층이 차단되는 구조다. 선박에 실린 무기를 보면, 8.27크루프 주포 3문(2문은 선두, 1문은 선미에 위치), 6인치 암스트롱 대포 2문이 장착되어 있다. 6파운드 속사포 8문과 회전형 기관포 6문도 있다. 이상의 무기는 모두 강질로 보호되어 있다. 치원호의 시험 운항 기간 동안 평균 항속은 18.5노트에 달했다. 이번 중일갑오전쟁에 투입됐다.

YOSHINO

The *Yoshino* is a protected cruiser, built by the firm of Sir William Armstrong, Mitchell, and Company, at Elswick, from the designs of Mr. P. Watts, and the fastest vessel that has been in action. Her dimensions are :—Length, 350 feet ; beam, 46 feet 6 inches ; draught, 17 feet ; displacement, 4,150 tons. The protective deck is 4˙5 inches thick on its sloping sides, and 1˙7 inch on its horizontal portion ; coal is stored over the deck to increase its protection. She is armed entirely with quick-firing guns from Elswick, and carries four 6-inch, eight 4˙7-inch, and twenty-two 3-pounders. At the measured mile trials, the engines developed nearly 15,000 horse-power ; the mean speed, with forced draught, being 23˙031 knots. The *Yoshino* accompanied the *Naniwa* on the occasion of the sinking of the transport *Kow Shing*. She was present at the battle of the Yalu, and according to a Chinese account was set on fire and badly damaged.

요시노호 순양함(吉野號巡洋艦)

순양함 요시노호는 와츠(Mr. Watts)가 설계했고, 영국의 암스트롱 회사가 건조했다. 당시 세계에서 가장 속도가 빠른 군함이었다. 요시노호의 주요 제원은 다음과 같다.

선체 길이: 350피트, 너비: 46피트, 흘수: 17피트, 배수량 4150톤. 양 측면은 4.5인치 두께의 갑판으로 보호되며, 수평 갑판의 두께는 1.7인치다. 석탄 연료 저장고는 갑판 위에 두어 선체 보호를 더 강화했다. 선박의 무기는 모두 암스트롱 회사에서 제작한 속사포로 장착했다. 6인치 속사포 4문, 4.7인치 속사포 8문, 3파운드 속사포 22문 등이다. 요시노호를 시험 운행할 때 1만 5000마력에 달했으며, 강압 통풍 기술 방식으로 항속은 23.031노트에 달했다. 요시노호는 나니와호의 고승호 운송선 침몰 사건에 참여했고, 중일갑오전쟁 당시 해전에도 투입됐다. 전투 중에 요시노호는 선체에 불이 나 심하게 파손됐다.

CHINA.

	Displacement (Tons).	Protection.	Armament.	Speed.	Built (Year).
Chen Yuen, Ting Yuen.	7480	8 to 14 in. side, 12-in. barbette.	2 12-in.; 2 5.9-in.; 8 m.	15 knots.	1888.
King Yuen, Lai Yuen.	2900	5¼ to 9½ in.	2 8.3-in.; 2 5.9-in.; 7 m.	16 "	1888.
Ching Yuen, Chih Yuen.	2300	Protected.	3 8.3 in.; 2 6-in.; 8 6-p'd'r; 2 3-p'd'r; 8 m.	18½ "	1887.
Ping Yuen	2855	16-in. barbette.	2 8.3-in.; 1 5.9 in.; 8 m.	17¼ "	1884.
Tsi Yuen	2355	Protected.	2 8.3-in.; 1 5.9-in.; 9 m.	15 "	1883.
Yang Wai, Chao Yung.	1350	Protected.	2 8-in.; 4 4.7-in. r. f.; 7 m.	16 "	1881.
Kuang Ki, Kuang Ting.	1030	Partially protected.	3 4.7-in. r. f.; 7 m.	16½ "	1891.
Two others. Four torpedo-boats.					

JAPAN.

	Displacement (Tons).	Protection.	Armament.	Speed.	Built (Year).
Matsushima, Ikutsushima, Hashidate.	4277	12-in. turret.	1 12.8-in.; 11 5-in. r. f.; 11 m.	17¼ knots.	1890
Yoshino	4150	Protected.	4 6-in.; 8 4.7-in.; 22 3-pounders; all r. f.	23.03 "	1892
Fuso	3718	Belt, 7 in.; battery, 9 in.	4 9.45-in.; 2 6.7-in.; 5 m.	13 "	1877
Naniwa, Takachibo.	3650	Protected.	2 10-in.; 6 5.9-in.; 2 6-pounders, r. f.; 10 m.	18 "	1886
Akitsushima	3150	Protected.	1 12.6-in.; 12 4.7-in., r. f.; 6 m.	19 "	1892
Chiyoda	2450	4½ in.	10 4.72-in.; 14 1.9-in.; all r. f.; 3 m.	19 "	1889
Hiyei	2200	4½ in.	3 6.7-in.; 6 5.9-in.; 4 m.	13 "	1878
Akagi	615	Gunboat.	1 9.45-in.; 1 5.9-in.; 2 m.	13 "	1888
Saikio-Maru, a merchant vessel—chartered.					

R. F., rapid-fire guns.   M., machine-guns.

TABLE SHOWING COMPARATIVE STRENGTH OF VESSELS ENGAGED IN BATTLE OF YALU.

1894년 11월 24일, 미국 《하퍼스 위클리》 <아시아 전쟁 이야기>

글을 쓴 이는 미국의 해군 총출납관 유스터스 로저스(Eustace B. Rogers, U.S.N.)다. 중국과 일본 함대의 기능에 대해 자세하게 논증, 비교했다.

황해해전에 참전한 전함의 능력 대비

중국	배수량(톤)	방호 장갑	화포	시속(노트)	제조(년)
진원(鎭遠)	7430	선체: 8~14인치 포좌: 12인치	12인치 2문, 5.9인치 2문, 기관포 8문	15	1883
정원(定遠)					
경원(經遠)	2900	5¼~9½인치	8.3인치 2문, 5.9인치 2문, 기관포 7문	16	1888
내원(來遠)					
정원(靖遠)	2300	장갑 有	8.3인치 3문, 6인치 2문, 6인치 속사포 8문, 3인치 속사포 2문, 기관포 8문	18½	1887
치원(致遠)					1886
평원(平遠)	2355	포좌: 15인치	8.3인치 2문, 5.9인치 1문, 기관포 8문	17½	1884
제원(濟遠)		장갑 有	8.3인치 2문, 5.9인치 1문, 기관포 9문	15	1883
양위(揚威)	1350	장갑 有	8인치 2문, 4.7인치 속사포 4문, 기관포 7문	16	1881
초용(超勇)					
광을(廣乙)	1030	부분 장갑	4.7인치 3문, 속사포 있음, 기관포 7문	16½	1891
광병(廣丙)					
이외 2척					
어뢰정 4척					

일본	배수량(톤)	방호 장갑	화포	시속(노트)	제조(년)
마쓰시마(松島)	4277	12인치 회전 포탑	12.8인치 1문, 5인치 속사포 11문, 기관포 11문	17½	1890
이쓰쿠시마(嚴島)					
하시다테(橋立)					
요시노(吉野)	4150	장갑 有	6인치 4문, 4.7인치 8문, 호치키스(hotchkiss) 3파운드 기관포 22문, 전부 속사포	23.03	1892
후소(扶桑)	3718	주변: 7인치, 포대: 9인치	9.45인치 4문, 6.7인치 2문, 기관포 5문	13	1877
나니와(速浪)	3650	장갑 有	10인치 2문, 5.9인치 6문, 호치키스 6파운드 기관속사포 2문, 기관포 10문	18	1886
다카치호(高千穂)					
아키쓰시마 (秋津洲)	3150	장갑 有	12.6인치 1문, 4.7인치 속사포 12문, 기관포 6문	19	1892
지요다(千代田)	2450	4½인치	4.72인치 10문, 1.9인치 전부 속사포 14문, 기관포 3문	19	1889

Le croiseur japonais « Naniwa-Kan ».

Le comte Saïgo, ministre de la marine.
London Stereoscopic Cy.

Un lieutenant de vaisseau.
Phot. Couturier de Béchard.

Un capitaine de vaisseau.
Phot. Pierre Petit.

Un vice-amiral.
Phot. Maruki.

Uniformes des officiers de la marine japonaise.

LA MARINE JAPONAISE. — Le croiseur garde-côtes « Matsuhsima ».

1894년 8월 11일, 프랑스 《릴뤼스트라시옹》

일본 해군

1 일본 순양함 나니와호
2 일본 해군대신 사이고 주도/쓰구미치 백작
3 대부(大副)
4 함장
5 부원수. 초상화: 에노모토 다케아키
6 일본 연안을 방어하는 순양함 마쓰시마호(松島號, 일본 연합함대 기선)

중·일 양국은 절대 야만족이 아니다. 그러나 이 두 국가의
문명은 프랑스 문명과는 확연히 다르다. 당시 조선 정세의
영향을 받아 중·일 양국의 개전은 필연적인 일이 됐다. 교전을
하면서 중·일 양국은 현대 과학기술이 적용된 가장 강대하고
정교하며 우수한 무기를 처음으로 전쟁에 투입했다.
여기서는 일본 해군에 대해 몇 가지를 소개하고자 한다. 이
기사를 역사 기록으로 삼을 수 있을 테니 흥미로운 일이다.
먼저, 해군대신 사이고 주도/쓰구미치(西鄕從道) 백작이다.
그는 평범한 소장이다. 비록 어린 나이지만, 그는 국내에서
이미 유명인사다. 그는 의지가 굳고 훌륭한 군인, 정치가다.
우리가 실은 그림, 즉 몇 명의 일본군 초상화에서 볼 수 있듯이
일본 해군의 등급 구분은 프랑스와 다르다. 일본 해군 군복은
많은 부분에서 영국 해군을 모방했다. 또 일본 육군 군복은
초기에 많은 부분을 프랑스 육군 군복에서 차용했다. 그러나
1870년부터 일본은 독일 육군의 군복 양식을 차용하기
시작했다.
일본인은 어떤 국가가 건조한 선박을 선택할 것인가 하는
문제에 직면했을 때도 모든 것을 수용하는 특징을 보였다. 일본
내 설비가 완전히 구비된 공장에서 건조한 선박 이외에도 영국,
프랑스, 독일 등에 순양함, 장갑선, 어뢰정 등을 주문, 제작했다.
대포 역시 같은 방법으로 갖추었다.

1894년 8월 11일, 프랑스 《릴뤼스트라시옹》 〈일본 해군〉 (선역)

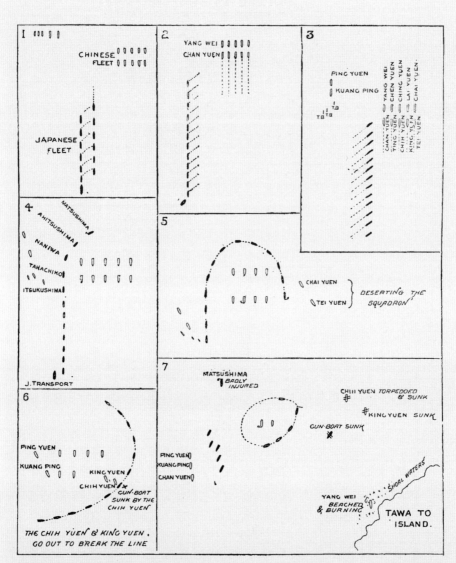

PLAN OF BATTLE OF THE YALU, WITH POSITIONS OF JAPANESE AND CHINESE FLEETS.
Sketch by Lieutenant A. W. Wylde, H.M.S. "Leander."

1894년 11월 24일, 영국 《일러스트레이티드 런던 뉴스》 증간

황해해전 당시 중·일 양국의 쌍방 대형도

영국 황실 소속 해군인 와일드(A. W. Wylde) 대위가 린더(Leander)
호위함에서 제작한 스케치다.
(이 그림은 와일드 대위가 교전 중인 양국이 발표한 전황 보고를
근거로 제작한 것임)

1894년 8월 4일, 영국 《일러스트레이티드 런던 뉴스》

일촉즉발의 동아시아 전쟁: 일본 군함 요시노호

THE ILLUSTRATED LONDON NEWS

VOL. 15.—No. 380.
OFFICE: WORLD BUILDING, CITY HALL PARK.

NEW YORK, SATURDAY, AUGUST 18, 1894.

FIFTEEN CENTS A COPY.
$6 A YEAR IN ADVANCE, THE MIDSUMMER AND CHRISTMAS NUMBERS $1 A YEAR EXTRA.

THE IMPENDING WAR IN EASTERN ASIA: THE JAPANESE WAR-SHIP "YOSHINO KAN."

NAVAL BATTLE OF THE YALU, SEPTEMBER 17: SINKING OF THE CHINESE SHIP, "CHIH-

FACSIMILE OF SKETCH BY LIEUTENANT A. W. WYLDE, R.M.L.I., ON BOARD H.M.S. "LEANDER."

An account of this engagement will be found on another page. The Japanese fleet is here represented circling round the Chinese. Two Chinese cr cut the Japanese line, the " King-Yuen" was set on fire by a shell, and was obliged to flood her magazine. This caused her to heel over to starboar guns, and exposing her deck to fire. She sank in a few minutes. The " Chih-Yuen" was torpedoed, and went down bows first with screws revolving, li

A. Wylde 94

he " Chih-Yuen," having advanced to
dle, besides preventing her working her

1894년 11월 24일, 영국 《일러스트레이티드 런던 뉴스》 증간

9월 17일 황해해전 당시 중국 군함 치원호 침몰

(일본 군기가 걸려 있는 오른쪽 군함이 요시노호, 왼쪽의 경사진 군함이
치원호)

이 그림에서 볼 수 있듯이 일본 함대가 중국 함대를 포위했다. 중국의
순양함 경원호와 치원호는 일본의 포위전선을 돌파하려 시도했지만,
경원호는 포탄에 맞아 화재가 났고 탄약창에 물이 차기 시작했다. 이로
인해 오른쪽으로 경사지기 시작해 제어가 불가능해졌다. 다시 공격할
힘이 없기도 했거니와 갑판에도 불이 나기 시작했다. 몇 분 후 경원호는
침몰했다. 치원호는 어뢰에 격침됐다. 스크루는 여전히 돌아갔지만
해수면에 노출된 상태였다. 선두가 먼저 침몰되기 시작했다. 마치 영국
함대의 빅토리아호(1893년 지중해에서 침몰-편집자 주)와 같았다.

DRAWN BY J. NASH, R.I.

The Chinese cruiser *Chih Yuen*, commanded by Captain Tang, early in the fight closed with one of the enemy's ships with the intention of ramming, but was herself then attacked by four Japanese ships which closed around her.

THE GREAT NAVAL ENGAGEMENT OFF THE MOUTH O

FROM SKETCHES BY OUR SPECIAL ARTIST WITH THE JAPANESE FORCES

sl up by shots under the water and went down with all on board

RIVER

1894년 12월 1일, 영국 《그래픽》 증간

압록강 하구에서 벌어진 대해전
본지의 특파원 화가가 일본군과 종군하며 그린 초안에 근거함

등세창이 지휘하는 중국의 순양함 치원호가 전투 초반에 먼저 적함을 쳤다. 이후 네 척의 적함에 포위됐고, 최종적으로 배 밑바닥이 명중돼 침몰했다. 선상의 모든 장병은 배와 함께 희생됐다.

W.H. Overend

THE BATTLE OF THE YALU: FOUNDERING OF THE CHINESE W

From Sketches and Descriptions by an Eye-Witness.

1894년 11월 10일, 영국 《일러스트레이티드 런던 뉴스》

황해해전 당시 중국 전함 치원호 침몰
현장을 목격한 증인의 묘사에 근거함

THE NAVAL BATTLE OF THE YALU.

At the head of Corea Bay, the north-eastern part of the Yellow Sea, is the estuary, very narrow at its entrance, but an inlet twenty miles long, of the Amnok or Yalu, the large river that divides China from Corea. Here, on Monday, Sept. 17, the Chinese fleet, commanded by Admiral Ting, fought the Japanese fleet, with all the weapons of European naval warfare, from noon till dusk. On both sides, as it appears from all accounts, the native officers and seamen of the two rival Eastern Asiatic empires showed as much persevering courage as any modern sea-fights have displayed. Their guns and torpedoes were skilfully handled, but the exhibition of manoeuvring skill was limited by the contracted space of water. The destruction of ships, in proportion to the number engaged in conflict, was unusually great, and so was the loss of life. Three of the strongest Chinese war-ships were sunk, while another was burnt or blown up. The Chinese succeeded, having begun work at an earlier hour, in landing troops from the transports which they convoyed. But they cannot be deemed to have escaped a naval defeat, and their forces at sea are much weakened, probably beyond repair.

It was the day after the first, likely to be the last, important action of the military campaign in Corea, the capture of the only effective Chinese army at Ping-Yang, nearly a hundred miles south-east of the Yalu inlet on the road from the Chinese frontier to Seoul, the capital city. The landing of the fresh troops from China could therefore be of no use, but on the Friday before, Sept. 14, when they were embarked, Ping-Yang being deemed a strong position, there seemed good reason for sending military reinforcements. Li Hung Chang's administration is not lightly to be blamed. Nor does the conduct of Admiral Ting appear deserving of censure. He had to convoy six

THE CHINESE PROTECTED CRUISER "CHIH-YUEN," SUNK AT THE BATTLE OF THE YALU.

transports into the Yalu River inlet, not to seek a combat if it could be evaded. His fighting fleet consisted of the large and powerful ironclads. *Ting-Yuen* and *Chen-Yuen*, carrying 37-ton Krupp guns; the *King-Yuen*, *Lai-Yuen*,

Tsi-Yuen, and *Ping-Yuen*, smaller vessels, the first two with armour-belts and strong turrets, the last unarmoured, carrying 10-ton or 12-ton Krupp guns; six unarmoured

THE CHINESE UNARMOURED CRUISER "CHAO-YUNG," BURNT AT THE BATTLE OF THE YALU.

cruisers, similarly armed with guns; and four torpedo-boats; making a very respectable force. He was at the Yalu early on Monday morning.

The transports entered the river to put the troops

ashore; the war-ships anchored outside. This is the Chinese account; but the Japanese say, not quite credibly, that they sighted the Chinese fleet at sea about noon, and chased it for an hour to the Yalu inlet. It would have suited Admiral Ting much better, with his superior force, to have fought on the open sea. The Japanese fighting line consisted of nine war-ships, none at all equal to the two large Chinese ironclads; they had the *Matsusima*, of 4277 tons displacement, partially armoured, carrying one large gun and a dozen smaller guns; the *Yoshino*, of which we lately gave an Illustration and description, and which is of equal size; the *Hi-yei*, a slightly armoured cruiser with three 3½-ton Krupp guns, but no first-class battle-ship. Three gun-boats and five torpedo-boats completed the Japanese force, which was commanded by Admiral Ito.

The Chinese war-ships, at the enemy's approach, formed up in single line to defend the entrance to the Yalu estuary. Nine Japanese ships attacked them, directing their fire mostly on the *Chen-Yuen* and the *Ting-Yuen*, till the *Chen-Yuen* had two of her guns disabled. After a while, two Japanese cruisers, the *Yoshino* and the *Akitsushima*, followed by three torpedo-boats, tried to break through the Chinese line at one end, to get in and destroy the transports. The *Ching-Yuen* and *Chao-Yung*, being approached by torpedo-boats, moved astern to avoid them. The two Japanese ships which had entered were driven out, very much damaged. But the two Chinese ships last named, and two or three others, encountered worse disaster. The *Chao-Yung* ran ashore, could not get off, and was set on fire by the enemy's shells; the *King-Yuen*, her decks pierced by a shell, also took fire and sank; the *Chen-Yuen's* big guns were disabled; the transport *Yang-Wei* got aground and was burnt; and the *Chih-Yuen*, after stoutly fighting three hours, was struck by a torpedo and sank with all her crew. No Japanese ship was actually destroyed, but they retired much knocked about when the fighting stopped. The remnant of the Chinese fleet next day made for Port Arthur, but seems to have become rather scattered, the transports returning to different harbours of China.

THE CHINESE IRONCLAD BATTLE-SHIP "KING-YUEN," SUNK AT THE BATTLE OF THE YALU.

THE CHINESE PROTECTED CRUISER "CHING-YUEN," LOST AT THE BATTLE OF THE YALU.

1894년 9월 29일, 영국 《일러스트레이티드 런던 뉴스》

1 청나라의 방호 순양함 치원호, 황해해전에서 침몰
2 청나라의 비(非)장갑 순양함 초용호, 황해해전에서 전소
3 청나라의 철갑 전함 경원호, 압록강에서 침몰
4 청나라의 방호 순양함 정원호, 황해해전에서 손실(실제로는
웨이하이웨이에서 침몰-편집자 주)

이 기사는 황해해전을 가장 먼저 세밀하게 묘사한 서양권의
보도다. 기사 앞부분의 내용은 다음과 같다.

"압록강은 중국과 조선의 국경선이다. 압록강 하류의 바다
진입 구간은 황해 동북부에 위치한다. 서쪽으로 향하면 조선만
상류다. 바다 진입 구간은 매우 좁지만 20마일 가까이 길게
이어진다. 9월 17일 월요일 정여창 중국 해군 제독은 유럽
해군의 무기를 갖추고 중국의 함대를 이끌고 있었다. 바로
이곳에서 일본과 교전하게 됐다. 중국은 일본과 점심 무렵부터
해가 질 때까지 격전을 펼쳤다. 이 전투와 관련한 많은 기록에
따르면, 서로 필적할 만한 양대 동아시아 제국 간의 전투
모습, 양국의 해군 관병이 보여준 용감무쌍한 모습은 현재
벌어지는 어떤 해전에도 뒤처지지 않았다. 총포와 어뢰의
사용은 능수능란했다. 그러나 작전 지휘를 제대로 펼치기에는
좁은 수역 공간의 제한을 받았다. 이 전쟁으로 파괴된 전함은
매우 많았으며, 인명은 더 피해가 막심했다. 중국 전함 중 가장
강대한 선박 세 척도 격침됐고, 나머지 한 척은 불에 타고
폭발했다."

1894년 9월 29일, 영국 《일러스트레이티드 런던 뉴스》
〈황해해전〉(선역)

The Conning Tower of the *Tsi-Yuen* after being twice hit at the Battle of Yasan

Effects of a Shell at the Battle of Yasan on the Hand-steering Gear and Boat-hoisting Engine of the *Tsi-Yuen*

Quarter-deck of *Lai-Yuen* after the Battle of Yalu. The whole of the woodwork in the after-part of the ship is burnt while the deck beams, side plates and framing are bent and cracked

Part of the Superstructure of where one of the heavy Mr. Hekman, gun office

DRAWN BY J. NASH, R.I.

EFFECTS OF JAPANESE FIRE ON CHIN

MAY 4, 1895

uen, showing where a Six-Pound Shot, at the
.struck the top and came out at the side

howing
that of

Ventilator Cowl of the *Lai-Yuen* after
the Battle of Yalu. A shell burst
in it, making 46 holes

FROM PHOTOGRAPHS BY J. CALDER

ADS

1895년 5월 4일, 영국《그래픽》

일본의 포화 공격으로 중국 철갑선 파괴

1 제원함의 지휘탑
2 제원함의 방향타와 구명정
3 제원함의 포를 쏘는 엄폐호. 위의 구멍은 6파운드 기관포 포탄이
상부에서 날아와 옆면을 뚫고 나와 생긴 것이다.
4 내원함의 뒤쪽 갑판. 현측(舷側)은 불타거나 휘어져 변형됐다.
5 손상을 입은 진원함과 상처 입은 독일계 포병관 헤크만
6 내원함의 배기 파이프, 하나의 포탄이 폭발해 46개의 구멍을 냈다.

1895년 5월 4일 자《그래픽》에 실린 위쪽 세 장의 그림은
풍도해전 중 파손된 제원함(濟遠艦)이다. 아래쪽 좌우
양끝의 그림은 황해해전 중 파손된 내원함(來遠艦)이다.
중간 사진은 진원함(鎭遠艦)이다. 이 사진 속에 서 있는
사람은 황해해전 중 다친 진원함의 독일인 포병관인데,
이름은 헤크만(Hekman)이다(후에 수사참장으로 임명됨).

THE WAR IN THE EAST—OPERATIONS OF THE JAPANESE FORCES.—From Official Photographs taken for the Japanese Government.

1. Provisions and Ammunition for the Second Army landed at Hwayuan-Kow. 2. Interior of the Hoshang Fort in Talienwan Bay, taken by the Second Japanese Army. 3. Landing-Pier constructed by Japanese in Talienwan Bay; Japanese Transports at Anchor. 4. Landing Ammunition and Provisions at Hwayuan-Kow. 5. Japanese Sailors working Machine-Gun during a Naval Battle. 6. Remains of the Chinese War-Ship *Yan-Wi*, destroyed by a Torpedo during the Battle of Yalu.

1895년 4월 13일, 미국 《하퍼스 위클리》

1 일본 수군(해군)이 해전 중 기관총을 조작하는 모습
2 황해해전 중 침몰한 중국 전함 양위호(楊威號)의 잔해

THE ILLUSTRATED LONDON NEWS, Dec. 1, 1894.— 677

CHING-YUEN, 2500 TONS.　　　CHEN-YUEN, 7430 TONS.　　　TING-YUEN, 7430 TONS.　　　LAI-YUEN, 2850 TONS.

THE CHINESE FLEET LYING IN DOCK AT PORT ARTHUR.

From a Sketch by Mr. A. W. Wyld, of H.M.S. "Leander."

1894년 11월 17일, 영국《일러스트레이티드 런던 뉴스》

뤼순에서 수리 중인 북양함대
네 척의 군함은 왼쪽부터 정원호(靖遠號), 진원호, 정원호(定遠號), 내원호
영국 황실 소속 해군 와일드가 린더 호위함에서 그린 것이다.

THE CHINESE IRONCLAD BATTLE-SHIP "CHEN-YUEN" UNDERGOING REPAIRS AT PORT ARTHUR.

FROM A SKETCH BY LIEUTENANT A. W. WILDE, R.M.L.I., ON BOARD H.M.S. "LEANDER."

The two ironclad battle-ships "Ting-Yuen" and "Chen-Yuen" are the largest and most powerful of the Chinese navy. Their dimensions are 308 ft. 5 in. of length, 59 ft. of beam, with 7430 tons' water displacement; they are built of steel, with 14-in. belt and 12-in. turret-plating, also deck-plating from 3 in. to 14 in. thick: each has engines of 6200 horse-power, with two propellers, giving a speed of nearly 15 knots. Each carries four Krupp guns of 37 tons weight, en barbette, and two smaller guns. After the battle of the Yalu, on Sept. 17, the "Chen-Yuen" went to Port Arthur with her hull much battered, the upper works and funnels riddled by shot, the fore turret pierced, the bridge gone, and the mainmast charred by fire. The repairs would need at least six weeks.

1894년 11월 24일, 영국 《일러스트레이티드 런던 뉴스》 증간

뤼순항에서 수리 중인 진원호
영국 황실 소속 해군 와일드가 린더 호위함에서 그린 것이다.

9월 17일 황해해전 이후 진원호는 만신창이가 되어 뤼순항으로
돌아왔다. 선박의 돛 조정 장치와 연창은 포탄으로 산산조각이 났으며,
전방 회전 포탑은 관통됐다. 브리지 부분은 흔적도 남지 않았고,
메인마스트는 불에 완전히 타버렸다. 전체를 수리하는 데 적어도
6주일의 시간이 필요하다.

L'AMIRAL ITO YOUKO

Avarie causée par un obus dans le masque du canon arrière de l'Akagni.

L'AMIRAL TSOUBOI

Les avaries dans la batterie de l'Akagni.

Le grand mât de l'Akagni coupé par un obus.

LA GUERRE SINO-JAPONAISE. — Après la bataille navale de Yalou. — D'après des photographies communiquées à « l'Illustration ».

1895년 2월 16일, 프랑스 《릴뤼스트라시옹》

중일갑오전쟁: 황해해전 이후

1 일본군 연합함대 사령관 이토 스케유키
2 손상을 입은 아카기호의 뒤쪽 포좌
3 제1유격대 사령관 쓰보이 고조
4 손상을 입은 아카기호 포대
5 아카기호의 메인마스트가 포탄을 맞아 절단 난 모습

쓰보이 고조(坪井航三, 1843~1898)

중일갑오전쟁 당시 해군 명장, 제1유격대 사령관. 종대(縱隊) 군단을 제창하며 널리 알려졌다. 젊은 시절 미국 유학을 했으며, 중일갑오전쟁 때 풍도 해역에서 전투에 참여했다. 대동구해전(압록강 하구 전투) 때는 일본의 제1유격대 사령관으로서 신식 쾌속 순양함인 '요시노호', '나니와호', '다카치호호', '아키쓰시마호'로 구성된 제1유격대를 이끌고 전투에 나갔고, 혁혁한 전적을 올렸다. 그는 중일갑오전쟁 해전에서 중요한 인물이었다.

THE AKAGI.

VISITING THE JAPANESE WAR-SHIPS "AKAGI" AND "HIYEI" IN NAGASAKI HARBO

FROM A SKETCH BY LIEUTENANT A. W. WYLDE, R.M.L.I., ON BOARD H.M

These two ships are stated by the Japanese to have suffered more than any others of the fleet. The "Akagi" is a small gun-bo
guns and six six-pounder quick-firing guns. The "Hi-yei" is an old vessel of 2200 tons, built in 1878; she was struck on the qua
While in harbour these two ships were visited, in three days, by sixty thousand people.

HE YALU.

*heavy armament for her size---four six-inch breech-loading
gun, which went straight through her and set her on fire.*

**1994년 11월 24일,
영국 《일러스트레이티드 런던 뉴스》 증간**

황해해전 후 나가사키항에 모인 사람들이 일본 군함
아카기호와 히에이호를 참관하고 있다.

일본의 관방 보도에 따르면 이 두 척의 군함은
황해해전에 나간 일본 함선 가운데 파손이 가장
심각했던 선박이다. 히에이호는 선미에 37톤수
대포를 맞아 화재가 발생했다. 이 두 척의 선박이 3일
동안 정박한 나가사키항에는 일본 국민 6만 명이
모여들었다.

아카기호(赤城號)는 622톤, 963마력,
10.3노트 항속의 전함이다. 중일갑오전쟁
해전 중에 일본은 스스로 건조한 함포선
아카기호에 사이쿄마루(西京丸, 당시 일본의
화객선)를 엄호하라는 임무를 부여했다.
당시 선체가 심하게 파손됐으며, 사카모토
하치로타(阪元八郎太) 아카기호 함장은
전사했다. 그는 이번 해전에서 유일하게
전사한 일본의 함장이었다. 일본은 제2차
세계대전 때 일본 연합함대 가운데
항공모함의 이름을 아카기호라고 붙이기도
했다.

H.M.S. "ALACRITY" VISITING THE SCENE OF THE BATTLE OF THE YALU.

The fighting-tops of the Chinese cruiser "Chih Yuen," sunk by the Japanese fire, appear in this Sketch, furnished by Lieutenant Wylde.

1894년 12월 8일, 영국 《일러스트레이티드 런던 뉴스》

영국의 순양함 얼래크리티호(活潑號, HMS Alacrity).
황해해전이 끝난 다음 전장을 시찰하고 있다.

일본군에 의해 격침된 치원호 꼭대기 부분의 돛대 잔해가
보인다.

맺음말

―――――

이토 스케유키 원수(元帥)에게 패배한
중국군 장군은 정여창 원수였다. 정여창은
중국 해군 사령관이다. 중국 군대가 믿고
의지할 수 있는 극소수의 유능한 군관 중
한 명이었다. 정여창은 키가 크고 영민했다.
얼굴에는 위풍당당한 모습이 가득했다.
비범하고 천부적인 기질 때문에 그는 상당히
젊은 나이에 고관의 지위에 오를 수 있었다.
정치적 시각에서 보면 그는 중국의 개혁파에
속했다. 유럽의 과학적 시스템을 들여와 국가
발전을 추진해야 한다는 데 동의했다. 그는
황해해전 중에 용맹한 모습을 보였는데, 그의
모습은 죽음이 두려워 목숨을 구걸하는 다른
중국 함장과는 반대였다. 당시 정여창 원수는
격렬한 화력이 오가는 격전장 제일선에서
계속 전투를 지휘했다. 얼굴과 다리에 중상을
입었지만, 그는 동요하지 않고 의연했다.

1894년 10월 13일, 영국《그래픽》

등세창의 희생은 중국 전역을 뒤흔들었다.
광서제는 눈물을 흘리며 다음과 같은 애도의
글을 남겼다. "천하가 눈물을 흘린다. 공의
강건함이 해군의 위엄을 세웠다." 광서제는
또한 그에게 '장절공(壯節公)'이라는 시호를
내리고, '태자소보(太子少保)'로 추서했다.
베이징의 소충사(昭忠祠)에서 제사를 지내고
있으며, 제사문과 비문은 등세창의 친필이다.
이홍장은〈대동구해전 전사한 각 대원의
우휼(優恤)에 관한 주청〉이라는 글에서 그의
공을 다음과 같이 썼다. "등세창과 유보섬은
큰 공을 세웠다." 청나라 조정은 등세창의
어머니에게 1.5킬로그램의 황금으로
제작한 '교자유방(教子有方, 자식의 가르침에
방도가 있다)'이라고 새긴 현판을 하사하고,
그의 집안에는 전사 위로금으로 10만 냥을
내렸다. 등세창의 가문은 본적이 있는 광둥
판위(番禺)에 등세창의 의관을 묻은 무덤을
마련하고 가문 사당을 세웠다. 웨이하이
지역의 백성은 그의 충렬함을 기리기
위해 1899년 성산 위에 등세창의 상과
사당을 세웠다. 그리고 등세창을 마음으로
공경했다. 1996년 12월 28일 중국인민해방군
해군은 신식 원양 종합훈련선의 이름을
'세창(世昌)'이라 명하며 그의 뜻을 기념했다.

편집자

6

중국 육군의 참패

중국은 분명 군부대를 전장에 파견했다.
(……) 그러나 우리가 비교할 수 있는 것은
갈퀴로 무장한 군부대와 라이플총으로
무장한 군부대 간의 차이다. 이는 현재
중국 국민과 일본 국민 간의 분명한 간극을
보여주는 것이었다.

1894년 7월 17일, 영국《타임스(The Times, 泰晤士報)》

참을성과 인내는 중국 민족의 특징이다. 이런
특징으로 인해 중국은 계속 인류 역사에서
높은 고지에 우뚝 설 수 있었다. 설령 중국
정부가 많은 약점을 보인다 할지라도 일본과
직면했을 때 중국은 농업, 공업, 상업과
육해군이 아무리 써도 마르지 않는 군사경제
자원을 흡수해갈 것이라고 우리는 믿는다.

1894년 8월 8일, 러시아
《상트페테르부르크일보(聖彼得堡日報)》

영국의 국회의원 커즌(G. H. Curzon) 백작은
그의 저서《극동문제》에서 다음과 같이
언급했다. "일본과의 이번 전쟁을 바라보니,
중국은 1884년부터 1885년 사이에 발생한
청프전쟁 이후 군사 장비 분야에서 진전을
이루었다. 그러나 '너무 빨리 샴페인을
터뜨렸다'라는 말을 하지 않을 수 없다."

1894년 9월 8일, 영국《일러스트레이티드 런던 뉴스》

THE ILLUSTRATED LONDON NEWS

REGISTERED AT THE GENERAL POST OFFICE FOR TRANSMISSION ABROAD.

No. 2889.—VOL. CV.   SATURDAY, SEPTEMBER 1, 1894.   WITH SIXTEEN-PAGE SUPPLEMENT: SIXPENCE. Antwerp Exhibition.   By Post, 6½d.

THE WAR IN EASTERN ASIA: CHINESE IRREGULAR TROOPS FROM THE INTERIOR ON THE MARCH.

1894년 9월 1일, 영국《일러스트레이티드 런던 뉴스》

동아시아 전쟁: 청 정부의 지방 무장 조직인 단련향용(團練鄕勇)이 내륙에서 연해로 행군하는 모습

RAW LEVIES FOR THE CHINESE ARMY.
Drawn by Paul Frenzeny.

The Chinese regular army, from which the garrisons of Pekin, Tientsin, and the provincial capitals are drawn, musters considerably less than 100,000 men altogether. The only reserve force is that of the Ying-Ping, or national militia, sometimes called "the Green Flags" or "the Braves"; of whom, possibly, in the eighteen provinces, 170,000 might be called out for service, but undrilled, and mostly armed with hatchets, pikes, bows and arrows, and "jingals" or heavy matchlocks. Some of these raw levies have, in their march towards the seat of war, perpetrated robberies and murders and other outrages. They are more to be dreaded than the Japanese soldiers.

1894년 11월 24일, 영국 《일러스트레이티드 런던 뉴스》 증간

청나라 군대가 장정을 끌고 가는 모습

청나라의 정규군인 팔기군은 총 10만 명이 되지 않았다. 베이징과
톈진 두 지역과 각 성의 중심지(省會)에 있는 방어군이 팔기군보다
더 많았다. 청군에는 '영병(營兵)'과 '향병(鄉兵)'도 포함된다. 이 둘은
각각 '녹기병(綠旗兵)'과 '향용(鄉勇)'이라고도 했다. 청나라는 총
18개의 성에서 약 17만 명의 영병 혹은 향용을 소집할 수 있었다.
그러나 이들은 본래 군인이 아니기도 했거니와 그들의 손에 들린 것은
활, 화살, 도끼, 창, 화포와 같은 것이었다. 전선으로 이동하는 길에
일부는 약탈, 방화, 살인 등을 저지르기도 했다. 이에 백성은 이들을
일본인보다 오히려 더 증오했다.

Ce numéro est accompagné d'un supplément musical.

L'ILLUSTRATION

Prix du numéro : 75 cent. SAMEDI 11 AOUT 1894 52ᵉ Année. — Nᵒ 2685

Un embarquement de troupes chinoises à Shanghaï.

LES ÉVÉNEMENTS DE CORÉE. — Réguliers de l'armée provinciale chinoise.

D'après des photographies communiquées par M. Bryois.

**1894년 8월 11일,
프랑스 《릴뤼스트라시옹》**

1 중국 군대가 상하이에서 승선하는 모습
2 중국의 성급 정규군인 녹영군

중국이 이웃 일본에 패배한다는 것은 이미 기정사실이었다. 중국 군대의 지명도는 일본 군대에 비해 크게 떨어졌다. 따라서 이 시점에 중국 군대에 대해 자세히 알아보는 것은 흥미로운 일이 될 것이다.

중국 군부대는 24기(사람들이 말하는 하나의 군은 그 예하에 24기가 있으며 1기당 약 10만 명이 배치됨)와 황가 호위대 이외에 녹색 깃발의 지방군, 즉 녹영군(綠營軍)으로 조직됐다. 제국 군대 24기는 중국 전역에 분포되어 있고, 지방관원이 통솔하는 것이 아니라 베이징과 총리아문의 명령을 받았다. 중국군 가운데 가장 핵심은 황가 호위대였다. 호위대는 외관을 잘 꾸며 장식하고 황실을 수행, 보호하는 책임을 맡았다. 또 황실의 각종 의식을 한층 더 빛나게 하는 일을 했다. 그러나 장비가 낙후되어 단 한 번의 공격도 막아내지 못할 정도였다. 이런 이유로 상황이 심각해져도 전장에 내보낼 수 없었다.

사실 중국의 진정한 군대는 녹영군이었다. 비록 엉망인 면도 있지만, 녹영군만이 자신을 보호할 수 있었다. 녹영군은 성(省)에 따라 18개의 군으로 구분됐다. 군마다 다섯 개의 사(師)로 구성되며, 사는 다시 다섯 개의 영(營)이나 여(旅)로 이루어졌다. 중국은 이홍장 직례 총독의 강력한 추진력에 따라 전쟁 준비에 돌입했다. 준비는 주로 톈진에서 이루어졌다.

황가군사학당(皇家軍事學堂)은 당시 가장 선진화된 이념에 따라 건설됐다. 독일인 교관을 초청했고, 좋은 성과도 얻었다. 중국 전국 각지에 군용 공장과 무기 제조 공장이 쏟아져 나오듯 세워졌다. 독일의 크루프는 화약과 대형 총포의 부품을 제공했다. 이에 따라 웅장한 장갑함과 순양함대가 탄생했다. 중국은 위험한 이웃 국가로 변모했다. 일본은 이런 위험을 감지했고, 그래서 더 빠르게 전쟁을 도모했다. 그 결과는 모든 사람이 예상하는 대로다.

우리가 표지에 실은 그림은 중국의 성급 군대, 바로 녹영군이다.

1894년 8월 11일, 프랑스 《릴뤼스트라시옹》 〈중국 육군〉(선역)

LA GUERRE ENTRE LA CHINE ET LE JAPON. — Départ de l'infanterie de la garde japonaise

1894년 9월 30일,《르 솔레유 뒤 디망슈》

중일갑오전쟁 당시 일본군 보병이 복장을 갖추고 출발을
기다리고 있다.

L'ILLUSTRATION

Prix du numéro : 75 cent.   SAMEDI 18 AOUT 1894   52e Année. — No 2686

L'ARMÉE JAPONAISE. -- Construction d'un pont de bateaux sur le Tonegawa.

L'ARMÉE JAPONAISE. -- Compagnie du génie des tschintaïs.

D'après des documents communiqués par M. le commandant Kreitmann, ancien membre de la mission militaire française au Japon.

1894년 8월 18일, 프랑스 《릴뤼스트라시옹》

1 일본 군대가 도네가와강(利根川)에서 부교 건설 훈련을 하고 있다.

2 일본 공병대

1894년 8월 18일, 프랑스 《릴뤼스트라시옹》

일본 육군사관학교

최근 30년 가까운 세월 동안 극동에 위치한 이 독특한 작은 민족은
줄곧 유럽을 모방해왔다. 또 그렇게 얻은 성과를 끝까지 실천하고 있다.
가장 선진화된 과학적 수단을 통해 이웃 국가의 수십만 인명을 죽이고
최종적으로 '문명화된' 초특급 강국이라는 이름을 얻었다.
오늘 우리는 독자 여러분에게 '일본의 군대'에 대해 알려드릴까 한다.
일본 군대는 일본인이 전력을 다해 만들어낸 괴이한 존재다. 일본 군대의
사명은 일본의 영예를 지키는 것이며, 일본이 아시아에서 계속 우위를
유지하도록 하는 것이다.
일본 군대가 현재의 수준에 이르기까지는 세 단계를 거쳤다. 이 세
단계는 일본 천황이 프랑스에 세 팀의 군대 파견을 요청한 것과
밀접한 관련이 있다. 그런데 최근 제4단계의 상황이 시작됐다. 독일의
영향력이 최종적으로 크게 발휘됐다. 일본군은 처음에 군대를 조직할 때
우리(프랑스를 지칭-편집자 주) 도움을 많이 받았는데, 이제 우리가 세심하게
육성해준 성과 위에 게르만 군국주의라는 도장을 찍었다.

1894년 8월 18일, 프랑스 《릴뤼스트라시옹》 〈일본의 군대〉(선역)

LA GUERRE SINO-JAPONAISE. — Départ du Mikado pour Hiroshima, quartier général japonais.

D'après un dessin japonais communiqué par M. Labit.

1895년 1월 5일, 프랑스 《릴뤼스트라시옹》

(도쿄를 떠나) 일본군 대본영이 있는 히로시마(廣島)로 향하는 천황

천황은 조선으로 향하는 일본군을 환송하며 사기를 높여주고, 그 밖에
작전을 직접 지휘하기도 했다. (일본의 회화 작품에 근거해 제판함)

AN ILLUSTRATED WEEKLY NEWSPAPER

No. 1,298—VOL. L.
Registered as a Newspaper

SATURDAY, OCTOBER 13, 1894

WITH EXTRA SUPPLEMENT
At the Railway

[PRICE SIXPENCE
[By Post 6½d.

THE WAR IN THE EAST: THE MIKADO WATCHING A REVIEW OF TROOPS PRIOR TO THEIR DEPARTURE FOR COREA

THE WAR IN THE EAST: JAPANESE TROOPS ON THE MARCH TO THE PORT OF EMBARKATION

FROM PHOTOGRAPHS SUPPLIED BY CAPTAIN J. INGLES, R.N., LATE NAVAL ADVISER TO THE JAPANESE GOVERNMENT

1894년 10월 13일, 영국《그래픽》

1 동아시아 전쟁: 일본군이 조선으로 가기 전, 천황이 직접 부대를 검열하고 있다.
2 동아시아 전쟁: 일본군이 항구를 향해 가고 있다.

일본 정부의 해군 고문이자 영국 황실 소속 해군 대위였던
고(故) 잉글스(J. Ingles)가 제공한 사진

THE GRAPHIC

AN ILLUSTRATED WEEKLY NEWSPAPER

No. 1,299—Vol. L.
Registered as a Newspaper

SATURDAY, OCTOBER 20, 1894

THIRTY-TWO PAGES

Price Sixpence
By Post 6½d.

THE WAR IN THE EAST: THE LANDING OF JAPANESE TROOPS AT CHEMULPO
FROM A SKETCH BY LIEUT. W. H. C. S. THRING, R.N., OF H.M.S. "CENTURION"

1894년 10월 20일, 영국 《그래픽》

동양의 전쟁: 일본군이 조선 인천에 상륙한 모습

조선에 위기가 발생하자 일본의 반응은 매우 신속했다. 1894년 6월 5일 일본군
대본영은 조선에 혼성여단(混成旅團)의 인원을 증파하라는 명령을 하달했다.
제5사단 편제하의 혼성여단 8000명은 명령을 받고 조선으로 향했다. 귀국해 휴식
중이던 오토리 게이스케(大鳥圭介) 조선 주재 일본 공사는 70명의 해군육전대원을
이끌고 8일 인천에 도착했다. 488명의 육전대원은 상륙 행동을 개시했고, 10일
서울의 일본 영사관에 도착해 긴급사태에 대비해 결집했다.

1894년 11월 3일, 영국 《일러스트레이티드 런던 뉴스》증간

일본군이 조선 인천에 상륙하고 있다.

LANDING OF JAPANESE TROOPS ON THE BEACH AT CHEMULPO, COREA.

1894년 11월 10일, 영국 《일러스트레이티드 런던 뉴스》 증간

일본군이 조선 인천에 상륙하고 있다.

LA GUERRE SINO-JAPONAISE. — Les porte-étendards de l'armée chinoise.

1895년 1월 5일, 프랑스 《릴뤼스트라시옹》

중일갑오전쟁: 청나라 군대의 진영 깃발이 해를
가릴 정도로 많다.

Throughout Corea the approach of a column of Japanese troops excites considerable interest among the usually phlegmatic natives. They sit down by the roadside and gaze on the unwonted spectacle, either in open-mouthed astonishment, or with quiet curiosity, smoking their long, queerly shaped pipes !

THE WAR IN THE EAST: JAPANESE TROOPS ON THE MARCH TO SEOUL

FACSIMILE OF A SKETCH BY OUR SPECIAL ARTIST WITH THE JAPANESE FORCES

1894년 12월 22일, 영국 《그래픽》

동양의 전쟁: 한양으로 향하는 일본군
본지에서 특파한 일본군 측 종군화가의 그림을 근거로 제판했다.

일본군은 조선에서 어디를 가든 신경이 무뎌진 듯한 현지인의 구경거리가 됐다.
그들은 길거리에 앉아 멍하니 불청객을 바라보기도 했고, 어떤 이들은 의아하다는
표정을 짓기도 했으며, 또 어떤 이들은 마냥 여유롭게 길고 긴 담뱃대를 물고 계속
담배를 피웠다.

R. Caton Woodville.

THE WAR BETWEEN CHINA AND JAPAN: . LI HUNG CHANG'S EURO

...ERY IN ACTION.

**1894년 9월 8일,
영국《일러스트레이티드 런던 뉴스》**

중일갑오전쟁: 이홍장 휘하에서 유럽인 교관에게
훈련을 받은 포병이 적을 향해 발포하고 있다.

DIVOUAC OF CHINESE SOLDIERS.

1894년 9월 22일, 영국 《일러스트레이티드 런던 뉴스》

청나라 군대의 병영 내 모습

Septième année N° 35 — ÉDITION RÉDUITE — **DIX CENTIMES** — LITTERATURE — Dimanche 30 Septembre 1894

L'*Illustré*

SOLEIL DU DIMANCHE

LA GUERRE ENTRE LA CHINE ET LE JAPON. — Un des derniers engagements

1894년 9월 30일, 《르 솔레유 뒤 디망슈》

중일갑오전쟁: 최근에 발생한 (한 차례의) 교전

一撃シテ成歡ヲ敗リ再ヒ牙山ヲ陷レ潰兵ヲ狹メ丁敗復タ起ツ能ハサラシメノ凱歌
ヲ奏シテ京城ニ還ル何其雄壯ナル在韓我同胞官民ノ凱旋門ヲ築キ之ヲ歡迎セ

門高サ四丈ハ大鳥公使之亦之ニ挿毫ケ常磐ナル綠葉サリ以テ之ヲ装ヒ
正面ニハ廣サ四ヲ木竹ヲ以テ骨子トシ常磐ナル綠葉サリ以テ之ヲ装ヒ
ヲ上ク門下左右ニ在ルモノハ扁額ニハ歡迎門ト記セル大額
源ニシテ之ト雙フ詳装銀帶ノ紳士ハ即チ大鳥公使ノ裏面ハ軍國機務所會議總代鄭敬
著名ナル萬里倉ハ後方小丘ノ中央ニ在リ現ニ我旅團本部ニシテ大
旋チ祝セル所其周側ニハ凱旋將枝福島中佐上原少佐
韓廷勅使李允用ト軍國機務所會議總代鄭敬
等ト寶田總領事本野參事官內田領事及ヒ人民總代等也參觀人ハ其左右後方ニ樂隊ハ
左方旗幟三旒ノ下ニ顧列セリ

出迎軍隊ハ一ノ戶大隊長之ヲ引率シ門ノ左右ニ一列ニ蘺ヒ其間出迎人民ノ奮餡
二係ル旗幟歡旗ハ方ニ中天ニ翻縠タリ

第二

野戰砲兵及ヒ步兵ハ中央ニ縱列シ遠ク林立セル旌旗ハ是即チ成歡牙山ノ
役ニ於テ分捕タル清將ノ誉旗ニシテ黃龍ノ三角旗ニ旒
ノ葉字ヲ大書セル三角旗ニ同シク赤地ニ白ク翠字ヲ染出セル大旗ニ
旒黃地ニ魏字ヲ紫繡セル大旗ニ旒高字ヲ通セル赤地ニ白ク翠字ヲ染出セル大旗ニ
紅ニ一色ノ大橫幅ヲ裂ハセルモノ漏字ヲ染メシモノノ黃
旒ノ大小總計二十有七旒苦帛地製ニシテ大ナルハ
一丈四方アリ及ヒ幢按拾等二十餘本各々朝鮮人之ヲ持チ其他ニ成歡牙山ノ
島分捕スル所白色三角形之ヲ門ノ左右ニ列シ蘿ヒ其間出迎人民ノ奮餡
著名ナル萬里倉ハ後方小丘ノ中央ニ在リ現ニ我旅團本部ニシテ大
出迎軍隊ハ一ノ戶大隊長之ヲ引率シ門ノ左右ニ一列ニ蘿ヒ其間

第三

中央ハ野戰砲兵及ヒ步兵ノ後列ニシテ左方ハ騎兵ノ一隊タリ
遂力ニ林立セル帆檣ヲ望ムハ謂ユル龍山津ニシテ仁川ョリ
御用艀ノ碇泊セルモノナリ

成歡之戰清兵遺棄物ト記セル小旗ヲ
添ヘタリ

牛二頭宛ニ一門ヲ曳カシメノ一ヲ以テ
成歡之戰清兵遺棄物ト記セル小旗ヲ
大砲八門ハ
軍用品ヲ積載シ來リ

THE JAPANESE ACCOUNT OF THE CELEBRATION OF THE VICTORY AT YASAN.

1894년 10월 6일, 미국 《하퍼스 위클리》

일본군의 아산전투 대승을 알리는 전보

보도 1

조선의 성환성(成歡城)은 우리 군이 폭격을 가한 첫 번째 지역이다. 이후 우리는 아산으로 진격해 청나라 군을 통렬히 공격한 후 개선가를 불렀다. 청군은 조선 땅에서 철저히 물러났다. 우리 군은 당당히 승리의 노래를 부르며 한양으로 회군했다. 기쁨에 겨워 흥분한 조선 주재 일본 관원과 일본 교민은 한양 교외 지역에 개선문을 세워 자신들의 용사가 조선의 수도에 진입하는 것을 환영했다. 이는 분명히 크게 기뻐하며 경축할 일이었다. 그런 이유로 이러한 그들의 행동은 전혀 과분한 게 아니었다.

개선문은 높이와 너비가 40피트이고, 대나무를 비롯한 목재만으로 만든 탑이었다. 외부는 다량의 녹색 소나무 가지로 꾸몄는데, 이는 늘 푸르다는 뜻을 내포한다. 개선문 정문에 걸린 현판은 오토리 게이스케 조선 주재 일본 공사가 친필로 써서 걸었다. 개선문의 뒷면에 걸린 현판에는 더 크게 '환영문(歡迎門)'이라는 세 글자를 썼다. 개선문 좌우 양측에는 각각 조선의 금군통령 이서용(李書勇)과 군무통솔 정정용(丁靖勇)이 서 있었다. 그림 중에 조선의 민중과 함께 원기왕성하고 훌륭하게 몸을 단장한 채 서 있는 저 사람이 바로 우리의 조선 주재 일본 공사이자 특명전권대사 오토리 게이스케. 그는 직접 성 밖으로 나가 일본군 통솔자인 오시마 요시마사(大島義昌) 소장을 영접했다. 그 두 사람 주변으로 후쿠시마 중령, 우에하라 소령, 무로도 한양 주재 일본 총영사, 모토노 참사, 우시다 영사 그리고 민중을 대표하는 각계 인사들이 빙 둘러 열을 지어 서 있었다. 그리고 대문의 왼쪽, 오른쪽, 뒤쪽에는 많은 구경꾼이 모여 있었다. 군악대는 왼쪽의 색깔 있는 깃발 아래 질서정연하게 서 있었다.

멀리 있는 조그만 언덕 위에 유명한 항몽(抗夢) 유적지인 '소(小)만리장성'이 있다. 많은 조선 민중이 모두 그곳에서 이곳을 바라보고 있었다. 이 산의 중앙 고지 부분이 일본군의 지휘부로 쓰이고 있었고, 오시마 장군 휘하의 군관과 병사들이 그곳에 주둔하고 있었다. 즉 그림에 보이는 흰 깃발로 형성된 삼각형 영지 안이 바로 그곳이다. 도모다치 중대장 휘하의 전사들은 개선문 바깥 좌우 양측에 서 있었다. 현지 민중이 들고 있는 형형색색의 깃발은 두 줄로 서 있는 군인들의 중간 빈 공간에서 높이 펄럭이고 있었다.

보도 2

중간에 서 있는 사람들은 포병과 보병이다. 멀리 펄럭이는 삼각형 황룡기는 성환과 아산 전투 때 청나라 군대의 장군 수중에서 노획한 것이다. 이밖에도 삼각형 형태로 된 붉은 바탕에 녹색 글씨가 쓰인 기, 역시 삼각형 형태의 큰 붉은색 기, 황색 바탕에 자주색 기 등이 있다. 각종 깃발이 헤아릴 수 없을 정도로 많았는데, 눈이 어지러울 정도로 화려했다. 색깔별 통계를 내보니 깃발 색깔은 총 27종이나 됐다. 깃발의 재질은 모두 비단이었으며, 그중 가장 큰 것은 10제곱피트나 됐다. 조선인이 짊어진 것은 청나라 군대에서 노획해온 몇십 자루의 장창으로, 이 역시 노획품 중 한 품목이었다. 전리품 가운데 하나인 여덟 개의 대형 화포 역시 이 부대 안에서 전시됐다. 대포는 모두 두 마리의 수소가 앞에서 끌었다. 대포의 중간에는 작은 기가 꽂혀 있었는데, 그 깃발 위에는 다음과 같이 쓰여 있었다. "청나라 군이 성환 전장에서 포기하고 간 전략 물자."

THE JAPANESE ARMY PASSING THE TRIUMPHAL ARCH ERECTED NEAR SEOU

From a Photograph supplied by Mr. J. A. Vaughan, H.M.S. "Unbounded.

'ORY AT ASAN, IN COREA.

**1894년 11월 17일,
영국 《일러스트레이티드 런던 뉴스》**

아산전투 이후 일본군이 한양 부근에 세운 개선문을
통과하고 있다.

only are the greater part of the weapons, ships, and guns used on either side supplied and manufactured by this country, but the man-o'-war's men of both nations have been taught by British officers, and educated according to British methods. To some extent, therefore, we are now watching the result of our own handiwork, and it is interesting to note how plainly can be traced the difference in the character of the two nations by the manner in which each has assimilated and profited by its instruction.

The motto of the Japanese is "thorough," and this is particularly so in the case of the naval officers who have acquired tone and character from those concerned in the early organisation and training of their sea force. Brave, intelligent, enlightened, and liberal-minded, the Japanese naval officers were bound to make a mark in the world's history if the chance was given to them. It is nearly thirty years ago now since the Mikado's Government decided to adopt the naval system of Great Britain instead of that of France, which had been tentatively tried by some of the more powerful Daimios. A number of British officers and petty officers were then engaged to act as instructors, and from that time onwards the Japanese man-of-war's men have shown in every possible way that they have profited by the suggestions and instruction of their British advisers. Their smartness and efficiency has over and over again earned the commendation of the British admirals acting as our commanders-in-chief on that station.

It must be remembered that all Japanese make good seamen, and that these islanders, with almost as much reason as ourselves, may claim a heritage in the ocean. In their civil war the gallant struggle of Admiral Enomoto is not forgotten by British naval men, nor the bold attempt of the sailors in the *Eagle* to cut out the *Stonewall Jackson* in Mayako Bay in April, 1869. Count Saigo, the present First Lord of the Japanese Admiralty, is a member of the great Satsuma clan, and a relative of his commanded the batteries which so staunchly replied to our ships in Kagoshima Bay. It is most regrettable that the inhuman and unnatural action of the captain of the *Naniwa* should have dimmed the lustre and brilliancy of the honourable achievements which have made the record of the Japanese navy one which they may well look upon with pride and satisfaction.

While the Chinese seamen are unquestionably as brave as those of Japan, they are not so lithe, active, or energetic, and this is particularly the case with the men from the south. If all the officers were up to the standard of Admiral Ting the war might have run a very different course. And if that capable officer had been allowed by the Chinese Government to carry out his intention of attacking the Japanese Fleet when it was conveying transports to Chemulpo and Fusan this would certainly have been the case. Every Englishman that has had to do with them acknowledges the splendid material for the making of soldiers or sailors

VIEW OF THE DAÏ-DOKO RIVER, CROSSED BY THE JAPANESE ARMY AT THE BATTLE OF PING YANG

which exists in China. But then while in Japan there has been continuous training on European methods for more than twenty-five years, the continuity of similar training in the Chinese sea force is not to be reckoned by so many months. It is noteworthy that the *Tsi Yuen* in the action which took place in July, and those ships which came to grief at the battle of the Yalu, were commanded by officers from the southern provinces of China. There is no question that the officers of the squadron which has been directly under the command of Admiral

Ting, showed as great a superiority over their countrymen from Canton and Foochow in regard to handling their ships as the Japanese have done.

The characteristic conservatism of the Chinese nation is exhibited in regard to costume, for although the bluejackets of the Pehyang Squadron wear a uniform which is somewhat like that of our own seamen, the officers still retain a distinctly native dress. Everything we have learnt about the action of the Yalu points to the superiority of the Japanese in discipline and tactical knowledge.

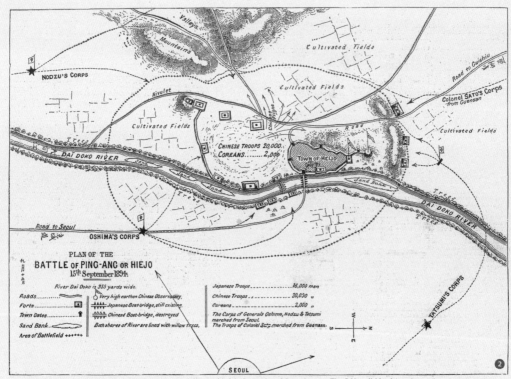

The fighting commenced at five o'clock in the morning and ended at ten o'clock in the evening of September 15. The Oshima division began the attack, and continued fighting till four o'clock, losing 136 men and about 150 wounded. The Tatsumi division came into action at six in the morning, captured the fort by the river shown on the right of the plan, and stormed the forts on the north side of the town, remaining in position till past nine in the evening. Colonel Sato commenced the attack from his side at 6 a.m., and took possession of the outer forts after a short and sharp struggle. His column had come from the port of Guensan, 90 miles distant from Ping Yang. The division under General Nodzu came into action at 10 o'clock, and surprised the Chinese from the rear, preventing them from retreating to the mountains. The following day (the 16th) the Japanese entered the town without opposition

PLAN OF THE BATTLEFIELD OF PING YANG, SHOWING THE DISTRIBUTION OF THE FORCES AND THE DIRECTION OF THE ATTACK

DRAWN BY OUR SPECIAL ARTIST WITH THE JAPANESE FORCES

1894년 12월 1일, 영국 《그래픽》

1 평양전투 중에 일본군이 대동강을 건너고 있다.
2 평양전투도(平壤戰鬪圖). 군사 배치와 공격 방향 등이 표시되어 있다.

전투는 9월 15일 새벽 5시에 개시해 밤 10시까지 계속됐다. 오시마 요시마사의 부대가 먼저 진공을 시작해 오후 4시에야 공격을 멈췄다. 136명이 사망했고, 150명이 다쳤다. 다쓰미 나오후미(立見尚文) 부대는 새벽 6시부터 전투에 참여해 그림 2의 오른쪽 위에 표시된 임하(臨河)의 보루를 획득했고, 연이어 성의 북부에 위치한 여러 보루를 공격했다. 저녁 9시가 넘어서까지 전투를 계속했다. 사토(佐藤) 대좌는 6시부터 공격을 개시해 단시간에 바깥쪽 몇 개의 성루를 획득했다. 그의 부대는 평양에서 90마일 떨어진 원산에 상륙했다. 노즈 미치쓰라(野津道貫) 장군이 지휘하는 부대는 오전 10시에 후방에서 청군을 급습하면서 그들이 산으로 도망갈 수 있는 퇴로를 끊어놓았다. 다음 날(16일) 일본군은 어떠한 저항도 없는 상황 속에 평양성에 입성했다.

본지가 일본군 측에 특파한 종군화가의 그림

THE CAPTURE OF PING-YANG, IN COREA, BY THE JAPANESE AR

FROM THE COLLECTION OF LASENBY LIBERTY, ESQ. (OF LIBERTY AND CO., LIMITED), FOR PRESENTATION TO THE JAPAN

Ping-Yang, or Phyong-Yang, a large town of Corea, on the Tai-dong River, the chief inlet of maritime traffic from the western coast, was occupied by a Chinese army of 20,000 men, under Gene Marshal Count Yamagata, with very superior forces, marching in three separate columns by different roads to assail the Chinese earthworks, which they cannonaded on Sept. 15, and stormed next mor number taken prisoners, others dispersed and put to flight. The Japanese loss was very small.

1894년 11월 24일, 영국 《일러스트레이티드 런던 뉴스》 증간

9월 16일 일본군은 조선 평양성을 함락했다.

평양은 중요한 요충지이며, 조선의 서해안 협만 내에 위치해 항로가
원활하다. 중국은 이 지역의 수성을 책임지며 2만 명의 군대를
배치했다. 청군은 좌보귀(左寶貴) 장군의 통솔 아래 있었다. 좌 장군은
전쟁에 졌다는 이유로 전투 후 극형에 처해졌다(사실은 용맹하게
전사했음-편집자 주). 야마가타 아리토모(山縣有朋)의 부대는
군사적으로 탁월했고, 세 방면에서 청군의 지상 요새를 공격했다. 지상
요새는 15일 이미 한 차례 포격을 받았고, 16일 새벽 격전 후 결국
일본군이 차지했다. 중국 측은 2300명이 전사했고, 4000~5000명이
다쳤다. 더 많은 병사가 포로로 잡혔고, 나머지는 사방으로 도망갔다.
그러나 일본군의 부상은 많지 않았다.

THE WAR IN THE EAST: JAPANESE INFANTRY SCOUTS MAKING A RECONNAISSANCE NEAR PING YANG

FACSIMILE OF A SKETCH BY OUR SPECIAL ARTIST WITH THE JAPANESE FORCES

1894년 12월 15일, 영국 《그래픽》

동양의 전쟁: 일본 정찰병이 평양에서 지형을 조사하고 있다.

본지가 일본군 측에 특파한 종군화가의 그림에 근거함

LA GUERRE SINO JAPONAISE. — PING-YANG. — LE GÉNÉRAL HUDZC PASSANT DEVANT LE CAMPEMENT DE SES TROUPES EN DEHORS DE LA VILLE.

(Dessin de M. L. TINAYRE, d'après le croquis de M. BIGOT, notre envoyé spécial.)

1894년 12월 15일, 프랑스 《르 몽드 일뤼스트레(Le Monde Illustré, 世界畵報)》

중일갑오전쟁: 평양성 밖, 노즈 미치쓰라 장군이 말고삐를 늦추며 병영을 순찰하고 있다.

노즈 미치쓰라(野津道貫, 1841~1908)

일본의 육군 원수. 중일갑오전쟁 중에 평양전투를 지휘했다. 야마가타

아리토모(山縣有朋) 제1군사령관을 대신해 봉천(奉天, 현재의 선양)

남부에서 대청 전쟁을 주도했다.

PARC D'ARTILLERIE. — UNE BATTERIE DE MONTAGNE

FORAGE D'UN PUITS A L'USAGE DES AMBULANCES.

PING-YANG. — MUR D'ENCEINTE DÉTRUIT PENDANT LA BATAILLE.

LA GUERRE SINO-JAPONAISE. — (Dessins de M. Bigot, notre envoyé spécial.)

1894년 12월 15일, 프랑스 《르 몽드 일뤼스트레》

1 포병의 진지(陣地): 산포(山炮)
2 부상병을 긴급히 구조하기 위해 우물을 파서 물을 구하고 있다.
3 전쟁 후 붕괴된 평양 성곽

THE WAR IN THE EAST: THE JAPANESE ADVANCE AT THE BATTLE OF KOSAN AT THE PASSAGE OF THE YALU RIVER
FACSIMILE REPRODUCTION OF A SKETCH BY OUR SPECIAL ARTIST WITH THE JAPANESE FORCES

1895년 1월 5일, 영국 《그래픽》

동양의 전쟁: 일본군, 압록강 강변의 호산(虎山)전투 중에 청군과 첫 격돌
본지에서 파견한 종군기자가 작성한 그림

JAPANESE SOLDIERS HOLDING THE TRIUMPHAL FEAST AFTER THE VICTORY IN ASAN

THE NAVAL ENGAGEM

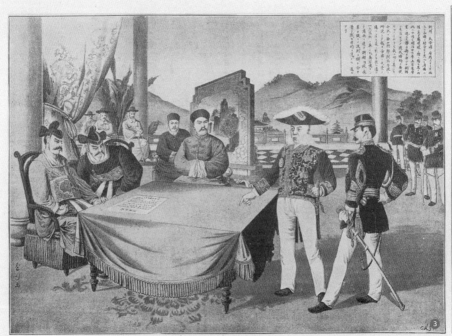

INTERVIEW BETWEEN THE JAPANESE MINISTER, MR. OTORI KEISUKE, AND COREAN OFFICIALS: MR. OTORI KEISUKE
EMPHASIZING THE IMPORTANCE OF REFORMING THE CORRUPT GOVERNMENT SYSTEM OF COREA

THE

THE WAR IN THE EAST: FACSIMILES OF SKETCHES

NOVEMBER 17, 1894

ONTO : THE CHINESE WARSHIP "SOKO" BEING BOARDED BY JAPANESE

ESE FORCES OVER THE CHINESE AT GAZAN, IN COREA

NESE ARTISTS

THE GRAPHIC

1894년 11월 17일, 영국 《그래픽》

동양의 전쟁(우키요에)

1 일본군이 (조선의) 아산대첩 후 축하연을
행하고 있다.
2 일본과 청나라가 조선 풍도 해역에서 치열한
전투를 벌이고 있다. 일본군이 청군의 병력
운송선인 조강호(操江號)를 탈취해 그 위로
오르고 있다.
3 조선 주재 일본 공사 오토리 게이스케와
조선의 왕공(王公) 간 회담. 조선 정부의 부패와
개혁의 중요성에 대해 강조했다(청나라 관원은
위안스카이-편집자 주).
4 일본군이 조선 호산(虎山)에서 청군을
물리쳤다.

THE FIRST CROSSING OF THE BOUNDARY BETWEEN COREAN AND CHINESE TERRITORY: A PON

On the 25 of Oct. an advance force of fifteen hundred men, composed chiefly of riflemen, commanded by Colonel Sato, crossed the Yalu to the northward.   A Chinese earthwork had been thrown up at this point to oppose the landing, but a slight deviation enable artillerymen and infantry.   They fled after the first two or three rounds had been fired, and the works were captured with a

JAPANESE INFANTRY, UNDER COLONEL SATO, ATTACKING A CHINESE POSITION AF

ACROSS THE YALU BY JAPANESE ENGINEERS

ence. An attack was immediately opened on the Chinese position, which was garrisoned by only a few
YALU

1895년 1월 5일, 영국 《그래픽》

1 일본군 공병이 중국과 조선의 변경인 압록강에 부교를 놓고 있다.

2 일본군이 압록강을 건넌 후 사토 대좌 휘하의 보병들이 즉시 청군의 참호를 습격하고 있다.

UN DESSIN JAPONAIS. — Prise d'un drapeau chinois par un officier japonais

1894년 10월 29일, 프랑스 《르 몽드 일뤼스트레》

한 일본 군관이 청나라 국기를 빼앗고 있다.

THE GRAPHIC

JANUARY 19, 1895

THE WAR IN THE EAST: A BIVOUAC OF JAPANESE INFANTRY ON THE YALU, NEAR ORIOKKO
FACSIMILE OF A SKETCH BY OUR SPECIAL ARTIST WITH THE JAPANESE FORCES

THE WAR IN THE EAST: JAPANESE SCOUTS AT WORK ON THE MARCH TO PORT ARTHUR
FACSIMILE OF A SKETCH BY OUR SPECIAL ARTIST WITH THE JAPANESE FORCES

1895년 1월 19일, 영국 《그래픽》

1 동양의 전쟁: 일본군이 압록강변에서 진을 치고 주둔하고 있다.
2 동양의 전쟁: 일본군 정찰병이 뤼순으로 통하는 길에서 지형(地形)을 살피고 있다.

본지에서 파견한 종군기자가 작성한 그림

L'ARTILLERIE JAPONAISE A LA BATAILLE DE KOSAN.

L'INFANTERIE TRAVERSANT LE FLEUVE YALU.

LA GUERRE SINO-JAPONAISE. — (Dessins de M. BIGOT, notre envoyé spécial.)

1895년 1월 19일, 프랑스 《르 몽드 일뤼스트레》

중일갑오전쟁

1 압록강 강변에서 호산전투 중인 일본군 포병
2 일본군 보병이 압록강을 건너고 있다.

THE ILLUSTRATED LONDON NEWS

REGISTERED AT THE GENERAL POST OFFICE FOR TRANSMISSION ABROAD.

No. 2896.—VOL. CV.   SATURDAY, OCTOBER 20, 1894.   TWO WHOLE SHEETS | SIXPENCE. By Post, 6½o.

OUTSIDE PEKIN.—FROM A SKETCH BY A CORRESPONDENT.

1894년 10월 20일, 영국 《일러스트레이티드 런던 뉴스》

베이징성(北京城) 밖. 종군기자가 보내온 스케치

Kin-Tchéou : butin entassé dans la cour de la caserne.

Kin-Tchéou : Armes et drapeaux pris aux Chi

TAI-LIEN-WAN.　Le fort du Centre.
D'après des photographies communiquées à　l'Illustration » par M. Villetard

1895년 2월 2일, 프랑스 《릴뤼스트라시옹》

1 1894년 11월 4일 진저우(金州) 함락 후 전리품이 쌓여 있는 일본군
무기고
2 진저우의 중국군에게서 노획한 무기와 군대의 깃발
3 1894년 11월 6일 함락된 다롄만(大連灣)의 중심 포대
4 다롄만의 중심 포대 보루

ien-Wan : Batterie dans le fort du Centre.

이토 스케유키 사령관이 이끄는 함대는 다롄만을 장악하고
있었다. 동시에 오야마 이와오(大山巖)의 부대는 두 길로
나눠 진군했다. 그중 하나는 1000명이 넘는 청군이
지키던 진저우성(金州城)을 겹겹이 포위했다. 이후 몇
시간 정도 전투를 지속하다가 곧 진저우성을 함락했다.
중국인은 거의 저항하지 않고 도망갔다. 총포, 탄약, 군기는
물론이고 악기까지 버려두었다. 본지에 실은 삽화를 보면
독자 여러분은 진저우성에 있던 병영이 어떤 모습인지
알 수 있을 것이다. 그곳에 무기와 탄약 등 천자(天子)의
군대로부터 노획한 전리품이 가득한 것을 확인할 수 있다.
심지어 장군 전용 마차까지도 있다.
동쪽의 다롄을 공략하는 전투는 상대적으로 어려웠다.
삽화 속 다롄만의 중심 포대와 보루를 보며 상상해볼 수
있을 것이다. 삽화를 보면 포대에 일부 포탄이 보인다.
그리고 포탄을 보관하고 운송할 수 있는 곳도 있는데,
바로 잘 은폐되어 있는 벙커 내의 작은 길과 탄약고가
바로 그런 공간이다. 이곳을 공략하기 위해 오야마
이와오의 제1분대는 진저우성을 함락한 후 제2분대와
합류했다. 11월 5일 밤, 일본군 포병은 3000명의 청군이
지키는 다롄만에 포격을 가하기 시작했다. 6일 오전에는
50명이 넘는 청군이 전사했다. 일본군의 공격에 견딜
수 없었던 수비군은 뤼순항을 통해 철수하기 시작했다.
다롄만전투에서 일본군은 겨우 두 명의 사망자와 여덟
명의 부상자만 발생했다. 이토 스케유키의 함대는 심지어
아무런 일도 하지 않은 상황이었다.
진저우와 다롄 두 곳을 함락한 이후 일본군은 중국인과
뤼순 지역 간의 모든 연락망을 차단했다. 이 중국 해군의
기지이자 중국 보하이만의 요충지는 곧 이토 스케유키와
오야마 이와오의 밥상 위 음식이 됐다.

1895년 2월 2일, 프랑스《릴뤼스트라시옹》〈전황 보도〉(선역)

GENERAL VIEW OF PORT ARTHUR—OBJECT OF THE JAPANESE ATTACK UNDER FIELD-MARSHAL OYAMA [DRAWN BY AN ARTIST FROM A PHOTOGRAPH]

PRINCE ARISHGAWA,
Commander-in-Chief of the Japanese Army

FIELD-MARSHAL OYAMA,
In Command of Japanese Forces attacking Port Arthur
[See Page 1015.]

COUNT YAMAGATA,
In Command of Japanese Forces in Korea

were held for vessels in foreign style. In 1873 the number of junks was 22,702. Then Japan's commerce consisted almost entirely of carrying rice and a few other products from one province to another. When, however, the Pacific Mail Steamship Company gave over to the natives their own coasting trade, a new era for Japanese commerce began. While in 1870 there were but 46 vessels of foreign build owned by natives, Japan possessed, in 1892, 642 steam-vessels built on foreign models, of 102,822 tons burden and 22,390 horse-power. In the same year 728 sailing ships, of 43,394 tonnage, floated the national flag. The majority of these both steam and sailing vessels, had been built in Japan. Meanwhile the number of junks had decreased to 9228. This will give one an idea of the fitness of the Japanese to undertake a naval war, for already by June, 1894, many thousands of her people were skilled in the use of both

steam and sail. Schools of navigation, engineering, and technology are numerous, giving to the modern vessels that scientific training which, added to long practice, means in the long run not mere imitation, but progress and original invention. At first, and until 1884, the navy was supplied wholly with volunteers, but practical considerations prompted the conscription. Even yet however, the proportion is nearly from volunteers, who serve seven years to one conscript, who serves three years.

The Japanese navy is immensely popular with the people. The burden of discussion, both in the press and in the Imperial Diet, for several years past has been the enlargement of the navy. The naval budget for 1893-4 reached the sum of 3,869,999 yen, but voluntary contributions for coast defence and a naval loan have amounted to a total of probably three times that sum. The personnel consists of 12,500

men including reserves. Of these 360 are admirals and so on, petty officers, 1122 are cadets, 2072 are apprentices, and 8496 are sailors and marines. Including these functionaries in the Navy Department, we have a total of 13,992. The fleet consists of thirty-five ships of all classes, of which ten were built in Europe. The five naval stations are Yokohka, Kuré, Sasebo (about forty miles from Nagasaki where most of the Chinese prisoners are now kept), Maizuru, on the island of Yeso, and Mikawara, on the west coast. At Kuré there is a large dock already completed. Gradually but surely the ideal of a naval force of fifty thoroughly modern ships, having a total tonnage of 150,000, with every resource which science, art, theoretical and practical education, can suggest, is being approximated.

On the Japanese ships one is impressed with the cleanliness, economy, and superb discipline. The men are well

ENTRANCE TO PORT ARTHUR—CHINESE NAVAL STATION AT THE ENTRANCE TO THE GULF OF TCHILI—[See Page 1015.]

1894년 10월 27일, 미국《하퍼스 위클리》

1 뤼순항 일람도(一覽圖): 오야마 이와오 장군의 작전으로 얻은 전리품.
2 일본군 총사령관인 아리스가와노미야 다루히토 친왕(有棲川宮熾仁親王)
3 뤼순항 진공을 지휘한 오야마 이와오
4 일본군이 조선에서 전쟁할 때 지휘했던 야마가타 아리토모
5 보하이만의 요충지 뤼순항의 입구

THE GRAPHIC

SKETCHES FROM THE SEAT OF WAR

The first of our illustrations shows the head of a man who came into Newchwang just before that place was captured by the Japanese, with a tale, purporting to be from the Chinese General in command of the forces, to the effect that no goods were safe with foreigners. The man was promptly beheaded by order of the Taotai, and his head exhibited over one of the gates of the town. Surgeon Penny, of H.M.S. *Firebrant*, stationed at Newchwang, in sending the sketch, said that although they were expecting an attack from the Japanese, the town had not as yet given way to panic. Since then the place has fallen into the hands of the Japanese, but the Europeans, fortunately, did not suffer either from the defeated troops or the victorious army.

Our second illustration is a facsimile reproduction of a sketch by our special artist with the Chinese, Mr. C. E. Fripp, and depicts a common scene in the camp. The man in the centre is a professional story-teller and conjurer. He gathers round him a group of soldiers, clothed in their multicoloured garments, and holds them spellbound as he relates the deeds of valour of the Chinese armies and the horrible cruelty and treachery of their foes. On the opposite page is a sketch by our special artist, made at Shan-Hai-Kwan, on the Gulf of Lian-Tong, on the way to Newchwang. Shan-Hai-Kwan in the present terminus of the railway, and is a town of some

importance, having 20,000 inhabitants. The Great Wall of China finds its eastern limit in the waters of the Lian-Tong Gulf some four or five miles south-east of the town. In writing of the place, Mr. Fripp says that Shan-Hai-Kwan is the depôt for stores intended for the Chinese forces in Shing King. Troops and stores were passing through the gap in the Great Wall, through which the railway runs, in an endless stream, while the work of strengthening the fortifications was being carried on night and day. The capture of Shan-Hai-Kwan would place the Japanese within striking distance of Pekin, hence the unwonted activity of the Chinese in securing the town against the expected assault of the enemy. The Great Wall of China is not in very good repair—in fact, in some places it has lost all resemblance of a wall, the brick facing and platform having entirely disappeared. The action of the rain, too, has washed down the mud interior, reducing the top to a sharp ridge just broad enough for a footway. There are two gaps in the wall at Shen-Hai-Kwan, one on each side of the town, caused by the annual floods. The original builders of the wall had allowed for the floods by building arches for the water to flow through; but these proved insufficient, and the water broke through the wall, and the gaps have remained and will remain. The Great Wall will, notwithstanding all its defects, be one of the most difficult obstacles for the Japanese to overcome, but as they carried Port Arthur so easily, the capture of Shan-Hai-Kwan can only be a matter of time, and then Pekin will be at the mercy of the invaders.

THE HEAD OF A BEARER OF FALSE NEWS FIXED TO A GATEWAY
AN OBJECT-LESSON AT NEWCHWANG
From a Sketch by Surgeon H. S. Penny, R.N.

A STORY-TELLER IN THE CHINESE CAMP ON THE WAY TO NEWCHWANG
FACSIMILE OF A SKETCH BY OUR SPECIAL ARTIST WITH THE CHINESE FORCES

1894년 11월 10일, 영국 《일러스트레이티드 런던 뉴스》

1 한 사람을 죽여 여러 사람을 경계하는 모습. 뉴좡(잉커우)에서
유언비어를 퍼뜨린 자(일본군이 서양인이 많이 거주하는 잉커우에 들어갈 것이라는 소문-편집자
주)의 머리를 도대(道臺, 청나라 때의 감찰 관리-역주)가 성문 앞에 걸고 있다.
2 뉴좡으로 출동한 청군 부대. 군영에서 책 쓰는 사람을 평가하고 있다.

서양인이 보도 중에 말하는 뉴좡(牛莊)은 중국과 영국 간에 맺은 '톈진조약'에서
규정한 중국 동북부의 유일한 개항 수륙 통상구를 일컫는데, 곧 랴오닝성
잉커우(營口)를 말하는 것이다. 잉커우는 랴오허강의 왼쪽 연안에 위치한다.
영국, 미국, 프랑스, 스웨덴 등 외국 영사와 많은 서양인이 머물고 있다. 잉커우는
최종적으로 1895년 3월 일본군에 의해 함락됐다.

THE WAR IN EASTERN ASIA: CHINESE TROOPS TRYING TO SAVE

Drawn by R. Caton Woodville, from Photographs.

1895년 1월 5일, 영국 《일러스트레이티드 런던 뉴스》

극동의 전쟁: 중국 군대가 도망가면서 대포를 회수하려 시도하고 있다.

중일갑오전쟁이 발발했을 때 중국 동북부의 대부분 지역은
이미 매년 수해를 입고 있었고, 이로 인해 길 상태가
극도로 나빴다. 청나라 군대는 견인식 포대를 운송해야
했는데, 길은 한 걸음 걷기도 어려웠다. 대포는 일단 진지에
들어가면 진퇴를 할 수 있는 기동력이 없었다. 일본군은
진공하고 있는데, 중국군 포병은 도망을 가거나 그
자리에서 죽게 되는 매우 수동적인 상황이었다.

ROUTED CHINESE FLYING BEFORE THE VICTORIOUS ENEMY

FACSIMILE OF A DRAWING BY OUR SPECIAL ARTIST WITH THE CHINESE FORCES

1895년 4월 6일, 영국《그래픽》

중국 군대가 '승리자'의 면전에서 대패해 도망가고 있다.
본지가 특파한 일본군 측 종군화가의 스케치에 근거함

1894년 9월 29일, 영국《일러스트레이티드 런던 뉴스》

청군이 행군 도중 군사 규율을 위반한 사병을 징벌하고 있다.

THE ILLUSTRATED LONDON NEWS, Sept. 29, 1894.— 405

THE CHINESE ARMY: DISCIPLINE ON THE MARCH.

LES EVÉNEMENTS DE CHINE

SUPPLICE A PÉKIN D'UN GÉNÉRAL CHINOIS ACCUSÉ DE TRAHISON

1894년 12월 9일, 프랑스 《르 프티 파리지앵》

국가를 배반했다는 죄명으로 청군의 고위 장교가 베이징에서 극형에
처해지고 있다.

전쟁 초기에 일선의 중국 고위 장교들은 가짜 승전보를
올렸다. 또 적지 않은 전공을 조작해냈다. 진상은 곧 명백히
밝혀졌다. 종이로 불을 감출 수 없듯이 진상은 천하에
드러나기 마련이다. 전선이 궤멸됐다는 일련의 소식이
베이징으로 전달되자 사회 각계에서 분개가 격발했다.
승전보를 조작했던 고위 장교들은 베이징으로 소환됐고,
그 자리에서 사형을 선고받았다. 또 모여 있는 군사들
앞에서 가장 잔인한 방식으로 사형에 처해졌다. 생각해볼
만한 것은 이러한 극단적 방법이 의미가 있느냐 하는
것이다. 적어도 현재까지는 일본군이 우위를 차지하고
있어 이미 전체 전쟁 중 대승을 확보하기에 부족함이
없었다. 중국의 유일한 출구는 일본에 평화를 구걸하거나
혹은 외국의 간섭을 기다리는 것뿐이었다.

Le Petit Journal

Le Petit Journal
CHAQUE JOUR 5 CENTIMES

Le Supplément illustré
CHAQUE SEMAINE 5 CENTIMES

SUPPLÉMENT ILLUSTRÉ
Huit pages : CINQ centimes

ABONNEMENTS

TROIS MOIS SIX MOIS UN AN
PARIS ...... 1 fr. 2 fr. 3 fr. 50
DÉPARTEMENTS 1 fr. 2 fr. 4 fr.
ÉTRANGER ... 1 50 2 50 5 fr.

Sixième année   DIMANCHE 6 JANVIER 1895   Numéro 216

LA GUERRE SINO-JAPONAISE
Porte de Shang-Hai

1895년 1월 6일, 프랑스 《르 프티 주르날》

중일갑오전쟁: 청군이 산하이관에서 방어 시설을 강화하고 있다.

맺음말

———

사병의 군사적 능력과 비교해 사병 수는 이미 큰 의미가 없다. 특히 오늘날은 기술, 냉정함, 담력과 식견 등이 한 부대의 군사력 우열을 결정한다. 이러한 경향이 점점 더 쉽게 드러나고 있다. 30년 전 당시 군인의 역할이란 총알을 총 탄창부에 넣어 멋대로 쏘는 데 국한되어 있었다. 당시에는 군의 인원수가 전쟁의 우위를 결정하던 시기였다. 그러나 이제는 용감함과 군사훈련으로 무장된 군대의 질적 요소가 인원수의 우위를 상쇄한다. 그런데 돌이켜보면 그 당시에도 영국군 5000명만으로 베이징성을 공략하기에 충분했다.

1894년 8월, 미국 《피츠버그 커리어(Pittsburgh Courier, 匹玆堡快訊)》

지금까지 중국은 거의 모든 예산과 노력을 해군에 쏟아 부었다. 전체적으로 볼 때 육군은 중시되지 않았다. 중국의 그 어떤 군용 공장, 보루, 고정 방어선을 통과할 때도 우리는 중국인에게 도대체 육군이 있기는 한 것인지 묻지 않을 수 없었다. 현재의 관점에서 볼 때 한 국가에 매우 원시적인 인력거나 평저선 외에 철로, 교통수단, 남북수운선이 없다면 어떻게 군대를 배치하고 보급할 수 있단 말인가. 만약 해군이라도 강대하면 아마도 가능할지 모르겠다. 중국이 행운인 것은 전쟁이 현재 여전히 변경 지역에서 이루어진다는 것이다. 중국이 해야 하는 가장 중요한 일은 일본군이 외부에 머물도록 저지하는 것이다. 예를 들면 지난날과 다름없이 이웃 국가인 조선반도에서 전쟁을 하는 것이다.

과장 없이 말하자면 직례성(直隷省, 허베이성을 포함한 중국의 수도권)을 제외하고는 청나라에 현대적 의의가 있는 군대는 전무하다. 오직 이홍장이 관할하는 지역에만 현대식 무기 장비를 이용하고 현대화된 훈련으로 무장한 군대가 겨우 있을 뿐이다. 이홍장은 신식 사상과 이념을 대표했다. 청나라는 갑작스레 닥쳐온 전쟁에 준비할 수 있었는데, 그 모든 공은 이홍장의 불요불굴의 의지력과 강대한 결심에 있었다.

1894년 8월 25일, 미국 《하퍼스 위클리》

7

뤼순 학살의 진실

뤼순 점령 학살극이 발생한 후 세 번째 밤, 오야마 이와오 육군 사령관의 국제법 고문인 아리가 나가오(有賀長雄)[1] 선생은 뤼순 아문에 와서 우리 종군기자들에게 인사했다. 우리는 마침 방 중앙에 위치한 화롯가에서 담배를 피우고 있었다. 아리가 나가오 선생은 앉아서 내게 물었다. "빌리어스 선생, 부디 망설이지 말고 말해주시오. 지난 3일간의 상황을 '대량 학살'이라고 할 수 있습니까, 없습니까?" 정말 사람을 놀라게 하는 질문이었다. 게다가 일본군 군관이 묻는 것이 아닌가. 나는 주변의 동료들을 둘러보았다. 크릴맨(Creelman),[2] 코웬(Cowen),[3] 하트(Hart)[4] 등은 모두 나처럼 놀라움에 경직됐다. 나는 이렇게 대답했다. "아리가 나가오 선생, '대량 학살'이라는 말을 이 사건에 적용하는 것은 부합하지 않습니다." 그리고 이렇게 덧붙였다. "매일 일본군이 직면했던 도발(일본군이 여러 차례 직면한 청나라의 포로 학대 사건을 말함. 이 책의 1894년 12월 15일 자《르 몽드 일뤼스트레》의 삽화 참고-편집자 주)은 아마도 이번

행위의 평계가 될 수 있을 것입니다. 그러나 그 이틀간 일어난 일은 분명 다른 단어로 표현되어야 합니다." 그런데 아리가 나가오 선생은 그 단어가 무엇이냐고 추가해 묻지 않았다. 나는 잠시 생각하다가 결국 말해버리고 말았다. "그것은 냉혈적인 도살 행위였습니다." 그것은 정말 한바탕의 냉혈적인 도살 행위였다.

1895년 3월, 미국《북아메리칸 리뷰》(160)〈뤼순항의 진실〉[프레더릭 빌리어스(Frederic Villiers)]

---

1   일본 국제법 전문가이자 교수. 독일, 오스트리아 등지에서 유학했다. 일본 육군대학교, 해군대학교, 도쿄 제국대학교, 게이오 대학교, 와세다 대학교 등에서 교편을 잡았다. 1894년 10월 이토 히로부미로부터 전선에 나갈 것을 요청받아 오야마 이와오의 전쟁 국제법 고문으로서 협조했다. 이로써 일본 육군 제2군사령부의 종군 국제법 고문이 됐다. 1896년 프랑스어로《일청전쟁 국제법론》을 출판하며 일본이 전쟁과 학살 책임에서 벗어날 수 있도록 변호했다. 이 가운데는 대량 학살 장면도 있다. 중국에서는 청 말기에 일본 유학 열풍이 일었는데, 그는 많은 중국 청년의 선생님이기도 했다. 1913년 3월부터는 중화민국 정부의 법률고문으로 임명됐다. 위안스카이, 리위안훙(黎元洪), 펑궈장(馮國璋), 쉬스창(徐世昌) 총통 시기에 활동하다가 1919년 사직했다.
2   미국 뉴욕의《뉴욕 월드》신문 기자.
3   영국의《타임스》신문 기자.
4   영국의《로이터 통신》신문 기자.

NOS GRAVURES

Benjamin Godard. — Un musicien qui n'avait pas encore donné son œuvre définitive, un artiste délicat et charmant que de nombreuses compositions pour orchestre, pour piano et pour chant, toutes empreintes d'originalité et de distinction, auraient suffi à rendre célèbre, à défaut d'œuvres de plus haute envergure, telles que *Jocelyn* et *Dante*, dont de très belles pages resteront, Benjamin Godard vient de mourir en pleine jeunesse, à la veille peut-être du succès complet qu'il était digne de remporter au théâtre. On sait qu'il venait de mettre la dernière main à *la Vivandière*, que l'on va représenter à l'Opéra-Comique.

Les débuts du jeune maître regretté furent des plus heureux. On applaudit d'abord le virtuose qu'il était comme violoniste. Ce ne fut qu'ensuite qu'il s'adonna à la composition.

Nulle facilité n'égala la sienne, et il prodigua les mélodies exquises en un flot de lieds d'une délicieuse

BENJAMIN GODARD.

(Photographie REUTLINGER.)

finesse et que tous les chanteurs ont rendus populaires.

Qui ne se souvient de la *Chanson de Florian*, de la *Chanson arabe*, des *Bois d'Andilly*, de *Te souviens-tu de ta promesse?* de *Viens*, une *flûte invisible*,... et de tant de pages émues et sincères?

Les pianistes ont abusé de ses compositions, qui ont le rare mérite d'être admirablement écrites pour l'instrument, et qui toutes sont de la plus piquante originalité. Est-il besoin de rappeler les *Mazurkas*, les *Pages d'Album*, la *Saxonne*, les *Hirondelles*, les *Études* dont l'une des plus typiques : le *Cavalier fantastique*, est tout un poème?

Et parmi les œuvres d'orchestre : la pittoresque *Kermesse*, un des tableaux de genre les plus poussés et les plus réussis; les *Scènes de ballet*, la *Symphonie légendaire*, avec la page incomparable des Elfes; toutes choses qui ont fait fortune dans les grands concerts symphoniques où l'on se souvient encore du succès du *Tasse*, une cantate dramatique couronnée à l'un des premiers concours organisés par la Ville de Paris.

On le voit, bien qu'il meure au seuil de la maturité, à l'heure où l'artiste est en possession de toute la plénitude de ses moyens, de toute la vigueur de son inspiration, Benjamin Godard laisse une œuvre assez complète, pour que son nom ne soit pas oublié et pour qu'il honore grandement notre école musicale française dont le brillant compositeur restera l'un des représentants les plus personnels et les mieux inspirés.

La guerre sino-japonaise. — Les Japonais continuent à remporter des victoires consécutives et à avancer vers Pékin, malgré les troupes chinoises de plus en plus nombreuses qu'ils rencontrent toujours devant eux.

GÉNÉRAL OSHIMA.

On raconte que les Célestes en sont encore aux moyens d'antan pour effrayer les envahisseurs. N'auraient-ils pas fait déguiser en soldats les femmes d'une ville assiégée, afin de faire croire aux Japonais qu'elle était défendue par une garnison d'importance?

Ces derniers, qui jadis croyaient aussi aux dragons peints et aux casques aux figures de monstres, pour terrifier l'ennemi, ont, malheureusement pour leurs adversaires, fait bien des progrès dans l'art de la guerre, et ils ne se prennent plus à d'aussi pauvres ruses.

Comment en douter en voyant l'allure de ces troupes martiales, et la tenue de cette artillerie japonaise à la bataille de Kosan, reproduite dans nos gravures? Cette bataille de Kosan qui remonte au 25 octobre, aura été l'un des principaux faits d'armes de cette campagne.

La veille, pendant la nuit, l'armée japonaise jeta

AMIRAL ITO.

un pont militaire sur le Yalu, et le lendemain de bonne heure, le gros de l'armée commandée par le

GÉNÉRAL OSEKO.

maréchal Yamagata et le général de division Nodzu, traversa le fleuve et attaqua vigoureusement Kosan, la position défendue par les Chinois.

Le combat fut très chaleureux et les Chinois perdirent trois cents hommes. Les Japonais restèrent maîtres de la place et le 26, lorsqu'ils commencèrent à attaquer la ville de Kinrenjo, l'ennemi s'était déjà retiré.

Pauvres Chinois!... Pauvres personnages de potiches, si cruellement réveillés de leur paisible rêve de faïence, et mis en miettes par ces intrépides petits Japonais qui, eux aussi, furent bien longtemps des héros d'écrans et d'éventails!

Comme ils ont changé depuis ce temps... depuis même que, dans ses livres, M. Loti peignait les Japonais comme de petits fantoches assez ridicules! Il y a lieu d'en revenir.

Quelques portraits des principaux chefs de l'armée de l'Empereur du Japon, ne manqueront pas d'inté-

GÉNÉRAL YAMADJI.

resser nos lecteurs. Ce sont ceux de l'amiral Ito et des généraux Oshima, Oseko, Yamadji.

Beaux-Arts : *Le pain quotidien*, tableau de Mlle Renderstein. — « *Panem nostrum quotidianum da nobis hodie...* » C'est la propre parole de la quotidienne prière que le Christ lui-même nous a enseignée, qui a inspiré au peintre cette toile d'un caractère très simple et très charmant à la fois. Le groupe est heureux, de ces jeunes enfants et de cette sœur aînée, grave et douce comme une jeune mère, qui leur prépare la « becquée », et dans la sobriété du décor, la variété des attitudes et la diversité des expressions ressort avec une intensité très personnelle.

Anvers : *Le procès de Mme Joniaux.* — Les échos de cette affaire, dont le retentissement est considérable en Belgique, nous parviennent jusqu'en France, où la physionomie de l'accusée fixe tous ceux qui suivent le compte rendu des débats.

Ce qu'il y a de réellement admirable chez Mme Joniaux, c'est l'énergie avec laquelle elle résiste aux coups répétés que l'interrogatoire lui porte. Sa présence d'esprit, ses brusques ripostes émerveillent ceux-là mêmes qui dans l'auditoire ne mettent pas un instant en doute sa culpabilité. Ses réponses trahissent bien quelquefois un certain embarras, mais si léger, si vite « réparé »! Plusieurs fois aussi, il lui est arrivé de s'essuyer quelques larmes. Mais ces larmes, est-ce à l'énervement qu'il faut les attribuer ou au sentiment que sa situation s'aggrave?

Après avoir mis à la charge de Mme Joniaux cinq ou six crimes, peut-être davantage, l'instruction ne retient plus contre elle que trois empoisonnements, ce qui est encore assez coquet :

1er L'empoisonnement de sa sœur, Mlle Léonie Ablay, morte subitement chez elle le 14 janvier 1892;

2e L'empoisonnement de son oncle maternel, M. Jacques Van den Kerckhove, ancien sénateur du royaume de Belgique, mort subitement chez elle, au mois de mars 1893;

3e L'empoisonnement de son frère, M. Alfred Ablay, mort subitement chez elle, au mois de février 1894.

Tous ces crimes auraient eu le même but : permettre

1895년 1월 19일, 프랑스 《르 몽드 일뤼스트레》

1 오시마 요시마사(大島義昌) 장군

2 야마지 모토하루(山地元治) 장군(뤼순 대학살의 명령을 내린 사람)

3 이토 스케유키 장군

4 오사코 나오하루(大迫尚敏) 장군

LE VICE-AMIRAL KABAYAMA
Commandant en chef de la marine japonaise.

LE PRINCE ARUSIGAWA
Chef de l'état-major de l'armée japonaise.

LE GÉNÉRAL OYAMA
Photographie communiquée par M. Oppenheimer.

1894년 12월 8일, 프랑스 《릴뤼스트라시옹》

1 일본 해군사령부 총장인 가바야마 스케노리(樺山資紀) 부원수
2 일본군 총참모장인 아리스가와노미야 다루히토 친왕
3 오야마 이와오 장군

164

THE GRAPHIC

FEBRUARY 9, 1895

Rural Notes

THE SEASON

JANUARY's registered rainfall is found to amount to 1·87 inches, or about half an inch less than the mean. The snow, which makes a great show on the ground, melts into a very small quantity of water. The autumn wheat has been benefited by the snowfall, and so, doubtless, have been the pastures, while the cold has not been

caused the breeder and grazier to bear the cold weather with equanimity. Prices for all sorts of corn, however, have sadly disappointed the cereal farmer, who looked for a ten per cent. rise in values between Christmas and Candlemas, instead of which he has had to put up with the misfortune of about five per cent. decline in all the leading staples.

BIRDS' EGGS AND SUNDAY SHOOTING

A proposal will be submitted to the House of Commons very

special protection is sought include the nightingale, the four warblers, the chiffchaff, the pipit, the skylark, the finches, the linnet, the wrens, the titmice, the missel thrush, the ordinary thrush, the blackbird, the shrike, the two flycatchers, the kestrel, the owl, the hawk, the bunting, the wagtail, the stonechat, the wheatear, the rook, the jackdaw, the magpie, the kingfisher, the robin, the jay, the nightjar, the woodpecker, the swallow, the martin, the swift, and the cuckoo. We hope our readers will help to get this bill passed. If one out of every ten

The Chinese village shown in the sketch consists of about four hundred houses. The Japanese pronunciation of the name of the place is Hi-Shi-Kwa

JAPANESE TRANSPORTS DISEMBARKING TROOPS AT KWA-YEN-KO

Facsimile of a Sketch by our Special Artist with the Japanese Forces

1895년 2월 9일, 영국 《그래픽》

일본 군인이 승선한 병력 운송선이 화위안커우(花園口)에 상륙했다.
삽화의 배경에 보이는 중국 마을에는 약 400가구가 살았다. 일본은
일본어에서 비슷한 발음을 차용해 이를 '히시가(西石花)'라고 했다.

1895년 1월 19일, 영국 《일러스트레이티드 런던 뉴스》

1 뤼순항 내

그림 왼쪽: 일본군의 공세는 그림의 왼쪽에서부터 시작됐다.

두 산봉우리 위쪽 토치카(보루)의 중간 지대에서부터 시작된 것이다.

그림 오른쪽: 일본군 어뢰정이 뤼순만(旅順灣)에서 명령을 기다리고 있다.

2 일본군이 청군의 토치카에 맹공격을 개시하고 있다.

그림 왼쪽 위: 멀리 떨어진 바다에서 명령을 기다리는 일본 함대. 두 척의 순양함과 수척의 어뢰정이 보인다.

그림 왼쪽: 육군 돌격대가 토치카를 향해 맹공격을 퍼붓고 있다.

그림 중간: 전지 포병

그림은 영국 함대 센추리언호(Centurion, 百夫長號)에서 메도스테일러(Mr. B. Meadows-Taylor)가 스케치한 것이다.

DRAWN BY J. NASH, R.I.   FROM SKETCHES BY A BRITISH OFFICE

After capturing one important position the Japanese advanced down the hill side, across the shallow inlet, and up against the earthworks on the opposite side.   Behind these works were afterwards found thousands of empty cartridge
showing what a heavy fire the Japs must have been exposed to while crossing the creek.   In spite of this fire they carried the works and drove the Chinese up the hill side.   This hill was strewn with thick coats, pouches containing cartridges, a
kinds of things the Chinese threw away in their flight

AFTER THE FALL OF PORT ARTHUR: CHINESE SOLDIERS FLYING BEFORE THE VICTORIOUS JAPANESE

1895년 1월 12일, 영국 《그래픽》

뤼순항 함락: 승리한 일본군의 앞쪽에서 중국 사병들이 사방으로 도망가고 있다.
한 영국 군관이 제공한 스케치에 근거해 제작했다.

유리한 지형을 선점한 후 일본군은 산비탈을 따라 아래로 돌격했다. 산골과 얕은 시냇물을 가로질러 건너편
산비탈에 있는 청군의 참호를 향해 전진했다. 이후 이 참호 뒤에서는 100만 개는 되어 보이는 탄피가
발견됐다. 이는 일본군이 돌격할 때 맹렬한 공격을 퍼부었음을 말해준다. 어쨌건 일본군은 성공적으로
청군을 참호에서 쫓아냈고 산 정상도 탈환했다. 이 산에는 어디건 청군이 도망가며 남겨놓은 옷과 탄약대가
널려 있었다.

LE MONDE ILLUSTRÉ

PING-YANG. — CADAVRES DE SOLDATS JAPONAIS MUTILÉS PAR LES CHINOIS.

1894년 12월 15일, 프랑스 《르 몽드 일뤼스트레》

평양에서 중국군이 일본 사병의 시신을 분리하고 있다.

오늘 독자 여러분에게 보여줄 삽화 중에는 머리털이 쭈뼛 설 정도로 끔찍한 것이
있는데, 바로 중국인의 잔인함을 보여주는 것이다. 그들은 포로로 잡은 일본인
사병의 머리를 전부 잘라냈다. 그리고 귀에 구멍을 내서 밧줄로 꿰어 나무 위에
걸어놓았다. 일본군은 평양전투 때 정말 많은 머리 없는 일본군의 시신을 발견했다.
성으로 진입하는 길에 그들은 철수하는 중국인에 의해 훼손된 일본군의 머리를
곳곳에서 마주하게 된다.

| NOVEMBER 500,353 (Week-Day Average) CIRCULATION | Weather: Fair. Nearly 140,000 People who wanted "Help" have asked for workers in The World during 1894. It is an unfailing resource for situation-seekers. The Greatest Labor Exchange in existence. | | Weather: Fair. Nearly 145,000 Houses, Rooms and Apartments have been advertised in The World during 1894. The tenants found for them would make a population for a mighty city. | SUNDAY'S 351,842 (The Evening Edition CIRCULATION.) |

The World.

"Circulation Books Open to All."   "Circulation Books Open to All."

VOL. XXXV. NO. 12,175.   PRICE TWO CENTS.   NEW YORK, THURSDAY, DECEMBER 20, 1894.   PRICE TWO CENTS.   14 PAGES.

THE FIRST PHOTOGRAPH OF AN ACTUAL BATTLE.

REAR OF THE JAPANESE BATTERIES FIRING ON KINCHOW.
(REPRODUCED FROM A PHOTOGRAPH FORWARDED FROM CHINA BY THE WORLD'S WAR CORRESPONDENT.)

THE MASSACRE AT PORT ARTHUR

At Least Two Thousand Helpless People Butchered by Japanese Soldiers.

THREE DAYS OF SLAUGHTER

Gen. Oyama and His Officers Make No Attempt to Stop the Atrocities.

THE TOWN SACKED FROM END TO END

Streets Choked with Mutilated Bodies of Men, Women and Children While the Soldiers Laughed.

STOREKEEPERS SHOT AND SABRED.

Complete Details of the Startling Story Originally Cabled to The World by Its War Correspondent with the Japanese Army—Several European and American Were Present and Some Were in Danger.

FIELD MARSHAL OYAMA
(Japanese Commander in Chief of the Captors of Port Arthur.)

CHINESE RETREATING TO PORT ARTHUR.
(From a sketch by Mr. Creelman.)

WAR CORRESPONDENTS COOKING THEIR DINNER.
(From a sketch by Mr. Creelman.)

이 기사는 미국의 《뉴욕 월드(New York World, 紐約世界報)》기자 제임스 크릴맨(1859~1915)이 보도한 내용이다. 중일갑오전쟁 당시 크릴맨은 일본군 제2군을 따라다니며 인터뷰를 했다. 뤼순 대학살 사건이 일어나고 나흘째 되던 날, 즉 11월 24일 크릴맨은 서양 매체 중에서 가장 빠르게 이런 기사를 냈다. "내 눈으로 똑똑히 뤼순 난민들을 봤다. 그들은 적군에게 저항하지 않았다. 나는 한 사람이 일본군 앞에 무릎을 꿇고 고두(叩頭)하며 목숨을 구걸하는 모습을 보았다. 일본군은 한 손으로는 총 끝에 달린 칼로 그의 머리를 땅에 박고, 다른 손으로는 검을 들고 그의 머리를 잘랐다."

대학살 보도를 막기 위해 일본군은 관련 원고를 몰수했다. 크릴맨의 기사는 두 개로 나뉘어 발송됐는데, 12월 19일에야 뉴욕 편집부에 도착할 수 있었다. 이튿날 《뉴욕 월드》 사장 조지프 퓰리처는 직접 '뤼순 대학살'이라는 제목으로 크릴맨의 기사를 실었다. "일본은 조선의 해방을 위해 갑작스럽게 개입하는 방법을 택했지만, 이후 이는 야만적 전쟁으로 변모했다. 사건의 본질은 이미 문명과 야만의 갈등 문제가 아니었다. 일본은 드디어 가면을 벗어던졌다. 마지막 4일 동안 정복군의 발아래 문명은 유린됐다."

크릴맨과 영국 《타임스》의 케르만 기자 그리고 영국 《플래그(Flag, 旗幟)》, 《블랙 앤드 화이트(Black & White, 黑與白)》의 웨일리, 애스턴 등의 기자는 모두 세계가 놀랄 만한 뤼순 대학살 기사를 발송했다. 세계 여론과 마주해 일본 정부는 스스로를 변호하기 위해 적극적으로 국제 미디어와 관계를 맺고 이용했다. 동시에 몇몇 서양 신문 매체는 이른바 진실을 밝힌다는 기사를 내보내 크릴맨을 포함한 진실을 보도하는 기자를 공격하고 명예를 더럽혔다.

한편 청나라 정부와 구미 국가의 각국 대사들은 뤼순 대학살 사건에 대해 침묵하는 태도를 보였다. 유럽과 미국 사회에서 언론의 진실성은 흔들리게 됐고, 이후 오히려 의심만 쌓여갔다. 일본 정부는 결국 곤란한 상황에서 벗어나게 됐다. 만약 크릴맨과 퓰리처 같은 정의로운 언론인의 보도가 없었다면, 뤼순 대학살 사건 역시 역사의 뒤안길로 사라졌을 것이다.

조지프 퓰리처(Joseph Pulitzer, 1847~1911)
미국 대중매체의 상징적 인물. 퓰리처상과 콜롬비아 대학교 신문학대학원은 거의 그의 유산으로 설립된 것이다.

THE JAPANESE AT PORT ARTHUR.
From a Sketch by an Artist with the Japanese Forces.

The Japanese advanced through the main street of the town, after taking the inland forts. Houses on both sides were looted, and the street was strewn from end to end with débris. In the roadway were chests burst open, broken chairs and crockery, umbrellas, fans, shoes, oil lamps, dead dogs and cats—a melancholy spectacle of wreckage.

1895년 1월 26일, 영국 《일러스트레이티드 런던 뉴스》

일본군이 뤼순을 공격하고 있다.
본지가 일본군 측에 특파한 화가의 스케치에 근거해 제판함

일본군은 내륙의 요새를 점령한 후 주요 거리에 진입했다. 길가의 집은 이미 모두
약탈당해 길의 처음부터 끝까지 잔해와 쓰레기로 가득했다. 길거리에서는 젓가락,
부서진 의자, 식기, 우산, 부채, 괭이, 등잔, 죽은 고양이나 개 등을 쉽게 볼 수 있었다.
아비규환이 따로 없었다.

DRAWN BY C. W. WYLLIE   FROM SKETCHES BY LIEUT. W. H. THRING, R.N.

TRANSPORTS ENTERING THE INNER HARBOUR IMMEDIATELY AFTER THE HOISTING OF THE JAPANESE FLAG

1895년 1월 12일, 영국《그래픽》

뤼순항에 일본군 깃발이 내걸리고, (일본군) 운송선이 내항으로 들어오고 있다.
황실 소속 해군 중위인 트링(W. H. Thring)이 스케치한 것을 와일리(C. W. Wyllie)가 그림

DRAWN BY C. J. STANILAND, R.I.   FROM SKETCHES BY D. J. MCNABB, R.N.

At the fall of Port Arthur the slaughter of Chinese was fearful—men, women, and children were massacred, and their bodies strewed the streets in hundreds ; the victors being madly excited and infuriated by the discovery of the bodies of several of their countrymen horribly mutilated and hung up in a Joss House

JAPANESE COOLIES REMOVING CHINESE DEAD IN THE BASIN OF THE HARBOUR

THE WAR IN THE EAST: SCENES AFTER THE FALL OF PORT ARTHUR

1895년 1월 12일, 영국 《그래픽》

동양의 전쟁: 일본에 함락된 이후 뤼순의 모습

뤼순 함락 후 경악할 만한 살육이 발생했다. 남자, 여자 그리고 아이까지 모두 도살됐다. 거리에는 시신으로 가득 찼다. 수백 명은 되어 보였다. 승리자들은 흥분에 도취해 실성하다시피 했다. 전우들의 사지가 찢겨 사원에 걸린 모습을 본 일본군의 분노가 폭발한 상태였다. 그림은 일본 군부(軍夫, 군대에 딸려 잡일을 하는 인부-역주)가 항구의 얕은 모래밭에서 중국인의 시신을 옮기는 장면이다.

rades mutilated, was being continued in cold blood now. Thurs-
day, Friday, Saturday, and Sunday were spent by the soldiery in
murder and pillage from dawn to dark, in mutilation, in every con-
ceivable kind of nameless atrocity, until the town became a
ghastly Inferno to be remembered with a fearsome shudder until
one's dying day. I saw corpses of women and children, three or
four in the streets, more in the water; I stooped to pick some of
them out to make sure that there could be no possibility of mis-

JAPANESE SOLDIERS MUTILATING BODIES.

take. Bodies of men strewed the streets in hundreds, perhaps
thousands, for we could not count—some with not a limb unsev-
ered, some with heads hacked, cross-cut, and split lengthwise, some
ripped open, not by chance but with careful precision, down and
across, disemboweled and dismembered, with occasionally a dag-
ger or bayonet thrust in private parts. I saw groups of prisoners
tied together in a bunch with their hands behind their backs, rid-
dled with bullets for five minutes, and then hewn in pieces. I saw

영문 도서 《일청전쟁》 중의 삽화, 1895년 출판

일본군 사병이 중국인 시신의 사지를 분리하고 있다.

1895년 2월 2일, 영국 《그래픽》

소름 끼치는 사건. 최근 매체(언론)에 보도된 뤼순항 점령 후
실행된 일본군의 학살 관련 보도의 증거로 삼기에 충분하다.

승리를 거둔 일본군이 뤼순항에 진입하고 있다.
사진은 본지의 일본군 종군기자가 촬영한 것이다.

The above illustration, despite its somewhat

THE FALL OF

warrants publication in view of the recent discussion with regard to the occupation of Port Arthur
by the Japanese

UR: THE ENTRY OF THE VICTORIOUS ARMY

SENT BY OUR SPECIAL ARTIST WITH THE JAPANESE FORCES

THE GRAPHIC

AN ILLUSTRATED WEEKLY NEWSPAPER

No. 1,315—Vol. LI.
Registered as a Newspaper]   SATURDAY, FEBRUARY 9, 1895   WITH EXTRA SUPPLEMENT "In Attendance on the Bride"   PRICE SIXPENCE By Post 6½d.

To celebrate the victory over the Chinese at Port Arthur Marshal Oyama gave a grand luncheon at the Dock side to his officers and the foreign correspondents. A military band was in attendance, and enlivened the proceedings with its music

LUNCH GIVEN BY MARSHAL OYAMA AT THE DOCK SIDE, PORT ARTHUR

FROM A PHOTOGRAPH SENT BY OUR SPECIAL ARTIST WITH THE JAPANESE FORCES

1895년 2월 9일, 영국 《그래픽》

뤼순항에서 열린 오야마 이와오 원수의 오찬회

승리를 축하하기 위해 오야마 이와오 원수는 뤼순항 부두에서 성대한 오찬회를
열었다. 참석자는 군관과 외국 기자들이었다. 분위기를 고취하기 위해 군악대의
공연도 있었다.

맺음말

(11월) 21일 뤼순 거리에서는 시가전이 여전히 진행 중이었다. 포성과 총성이 천둥소리처럼 귀에 울렸고, 시체가 도처에 널려 마치 지옥과도 같았다. 그런데 갑자기 새로운 거리에 있는 집선다루극장(集仙茶樓劇場)에서 희극을 공연하는 노래와 북소리가 은은하게 들려왔다. 당시 실탄으로 완전 무장한 (일본군) 사병은 그 극장으로 돌격했다. 그들은 그곳에서 경악할 만한 장면을 목격했다. 피가 강물처럼 흐르는 도시 한구석에서 공연을 하고 있다니! 극장에는 단 한 명의 관중도 없었다. 일본군은 한 무리의 영혼 없는 꼭두각시와 대면하고 있었다.

1894년 12월, 일본《유빈호치신문(郵便報知新聞)》

극장에는 10~15세 정도의 소년 단원 약 110명이 있었다. 성인까지 포함하면 단원은 대략 200명 가까이 됐다. 모두 베이징과 톈진 등에서 초청을 받아 온 이들이었다. 혹자는 정여창 북양함대 제독이 그들을 데려왔다고 말하기도 했다. 시가전이 벌어지는 와중에 극단의 성인 17명이 총탄에 맞아 사망했다. 나머지 약 180명은 일본 제2군사령부의 심사를 받은 이후 명령에 따라 25일부터 매일 밤 극장 공연을 진행했다. 일본 관병에게 승리를 축하하고 새해를 맞이해 흥을 돋우기 위해서였다.

1894년 12월, 일본《고쿠민신문(國民新聞)》

웨이하이웨이 함락

일찍이 중국 해군 총교관과 영국 해군 군관을
역임했던 랭은 방어가 강력한 웨이하이웨이가
함락된다는 것은 불가능하다고 생각했다. 그러나
얼마 전 일본 해군대학교 고문직을 사임한
잉글 대위는 총포는 사람이 관리하는 것이기에
만약 웨이하이웨이의 보루가 제대로 방어되지
않는다면 견고한 선박이나 대포도 무용지물이 될
수 있다고 생각했다. 일본 해군의 어뢰정은 이미
세 차례나 웨이하이웨이성(城) 아래까지 침범하는
데 성공했고, 수비군을 허수아비로 만들었다.
'용맹한 섬사람들'이 웨이하이웨이의 더 큰 결심을
동요시키기에 충분했다.

1894년 8월, 미국《뉴욕 헤럴드》

" The Tartar cavalrymen, with their rough little white horses, mingled with the crowd. They were warmly clad in sheepskin coats, each of a pattern to suit individual liking, worn under the cotton uniform ; some wore large fur caps, whilst the infantry had dark blue cotton turbans wrapped in various patterns round their heads, the pigtail being worn underneath "

TARTAR CAVALRY AT TIENTSIN ON THEIR WAY TO THE FRONT

FACSIMILE OF A SKETCH BY OUR SPECIAL ARTIST WITH THE CHINESE FORCES

1895년 2월 16일, 영국 《그래픽》

청의 팔기군(八旗軍) 기병이 전선으로 향하며 톈진을 경유하고 있다.

팔기군 기병과 그들의 용맹한 흰 말이 뒤섞여 있다. 그들은 양가죽으로 말을 꽁꽁 감쌌다. 모든 이의 가죽 저고리 형태는 각기 달랐다. 겉에는 군복을 다시 입었고, 어떤 이는 가죽 모자를 썼다. 게다가 보병은 형형색색의 긴 목도리로 길게 땋은 머리까지 휘감았다. 그들의 머리는 변발이다.

CHINESE TROOPS NEAR LAICHOW ON THE WAY TO CHEFOO

FACSIMILE OF A SKETCH BY OUR SPECIAL ARTIST WITH THE CHINESE FORCES

1895년 3월 2일, 영국 《그래픽》

중국의 증원 군대가 옌타이 즈푸만(芝罘灣)으로 이동하는 중 라이저우(萊州) 부근에 이르렀다.

1895년 6월 15일, 영국 《그래픽》

웨이하이웨이로 진군하는 중국군

THE GRAPHIC

Lord Randolph Churchill *

THE words with which Lord Macaulay concludes his essay on Lord Byron might, with a few necessary changes, be applied to Lord Randolph Churchill. A few more years will destroy whatever yet remains of the magical potency which once belonged to the name of Randolph Churchill. To us he is still a man, young, noble, and meteoric. To our children he will be merely a statesman; and their impartial judgment will appoint his place among statesmen, without regard to his rank or his personal fascination. For the present we can scarcely judge him impartially, but, as Mr. Escott points out in his well-reasoned monograph, without him the Conservative party would never have come into office in 1886. It is true that Mr. Escott puts the matter rather too strongly in the following passage, but with due deductions there is the keynote of the political history of the past few years in his remarks. He is dealing with what might have happened had Lord Randolph taken serious offence at the lectures to which he was subjected at the hands of the older birch; he never shrank from interposing himself between a playfellow and the official chastisement of their associated delinquencies. The one condition he insisted upon from his equals was loyalty to his lead. Provided that was forthcoming, he was himself staunchness and championship incarnate to his followers. As for the public opinion of the place, the criticism of boys not in his set, he cared as little for that as he did for the censure of the Orbilius of the hour.

These qualities he afterwards showed as the leader of the Fourth Party in the House. But the secret of his power in the country lay in the fact that he knew better than any one else the political temper of the masses he addressed and the language in which he could most effectively convey his meaning to them. Actuality was the keynote of his addresses, and he employed telling phrases—often fortuitous combinations of simple words taken accidentally from a newspaper paragraph—as a refrain to fix the anticipations of his audience, or at periodic intervals more closely to arrest their attention. Sudden as had been his rise to power, his fall was even more sudden, and we now have Mr. Escott's testimony to the truth of his reasons for so suddenly resigning the Chancellorship of the Exchequer. Lord Randolph had told the Prime Minister and the Secretary for War in the previous October that unless some effort was made to reduce the

Engineering at St. Petersburg; Rimsky-Korsakoff began life as a naval officer, and for some time combined composition and theoretical studies with his duties on shipboard; Moussorgsky was an officer in the army, and Borodin, the subject of this very interesting memoir by M. Alfred Habets, excellently translated by Mrs. Newmarch, was a man of science who held the Professorship of Chemistry at the Academy of Medicine in St. Petersburg to the day of his death. The disadvantages of this divided allegiance are strikingly exhibited in the volume before us, for Borodin was an extremely conscientious man who never allowed his devotion to music to stand in the way of his professional duties. His leisure was so extremely circumscribed that for a great part of the year he would only snatch odd moments for the indulgence of his creative instinct. The situation was almost tragic. It was not, as he says, that he could not find a couple of hours a day, but he had not the leisure of mind to withdraw himself from occupations and preoccupations which had nothing to do with music. "One needs time," he writes to one of his friends, "to concentrate one's self to get into the right key, otherwise the creation of a sustained work is impossible. For this I have

C. E. FRIPP.
-1895-

CHINESE TROOPS ON THE MARCH FOR WEI-HAI-WEI

DRAWN BY OUR SPECIAL ARTIST WITH THE CHINESE FORCES

Conservatives, and had he gone over to the Gladstonians and boldly bidden for the succession to their leader:—

In that hypothetical ambition he might or might not have succeeded. One thing is certain. In the event of such a secession, the Conservative defeat at the winter election of 1885, instead of decisive, would have been overwhelming; Dissentient Liberalism (sic) would to-day be an unknown product, Mr. Gladstone's Home Rule Bill of 1886 would have become law, and before now, from the Giant's Causeway to Cape Clear, from John o' Groat's to Beachy Head, Conservatism would not have had an inch of ground for its foothold.

In view of Lord Randolph's subsequent career, and the illness that not long afterwards began to show itself, it may safely be said that his great service to the State was done in the years from 1883 to 1886, and that his personality did shape the course of events in those years in no small degree, owing to the new life which he breathed into the Conservative party.

Mr. Escott's monograph is not a life, but a study of the life of Lord Randolph, written with the purpose of setting forth the real purport of his public career in English political life and the causes which made his successful action possible. As a boy the characteristics which made him a leader of men showed themselves a school. Even as a little lad he defied his disciplinarians, and was inclined to domineer over his contemporaries.

If he could not often, or always, excel, he generally contrived to be notorious, the first to be involved in a scrape, the first to extricate his comrades from it. He often shirked a lesson; he never feared the

* "Randolph Spencer-Churchill, as a Product of His Age." By T. H. S. Escott. (Hutchinson and Co.)

expenditure he could not remain Chancellor of the Exchequer, and as nothing led him to suppose that the Conservative chiefs did not consider him as indispensable as he thought himself, he seems to have calculated that he would gain his point. But he reckoned without Lord Salisbury's strength of character and without Mr. Goschen's willingness to join the Government. Had the Cabinet surrendered to him he would have been their master, but his bold stroke miscarried. As he himself said, it was with a sensation of dismay, resembling a cold water douche to his back, that he learned one day at luncheon that Mr. Goschen was to be Chancellor of the Exchequer and that he was not the indispensable man he had imagined himself to be. That day in December really ended Lord Randolph's career, though few people realised it, and the rest of his life is too recent to need comment.

A Russian Composer *

NOTHING is more remarkable in the history of modern Russian music than the curious dualism of its chief representatives. Hardly any of them were musicians pure and simple. César Cui has risen to the rank of General, and is a Professor of Fortification at the School of Military

* "Borodin and Liszt." By Alfred Habets. Translated by Rosa Newmarch. (London: Digby, Long and Co.)

only a part of summer at my disposal. In the winter I can only compose when I am ill and have to give up my lectures and laboratory. So, my friends, reversing the usual custom, never say to me, 'I hope you are well,' but 'I hope you are ill.' At Christmas I had influenza and could not go to the laboratory. So I stayed at home and wrote the Thanksgiving Chorus in the last act of *Prince Igor.*" Hampered by these untoward circumstances, Borodin gave little to the world, but much of it was of permanent value. His two symphonies have already met with enthusiastic recognition in Germany and Belgium, while his wonderfully picturesque symphonic sketch "In the Steppes of Central Asia," introduced in England by Sir Charless Hallé, is as brilliant and realistic as one of the canvases of Verestchagin. Though Borodin was little over fifty at his death, though he was no conductor and unversed in the arts of self-advertisement, his unquestioned genius had met with cordial appreciation from some of the greatest musicians of the day, notably Liszt, of whom Borodin's letters give a most vivid and sympathetic picture. For the rest he seems to have been a man of remarkable personal worth and considerable literary as well as scientific attainments. The long letter to his wife, who survived him only a few months, given at the close of the volume, is one of the most charming and touching evidences of romantic conjugal attachment that we have ever read. It only remains to be said that this attractive book throws a flood of light on the growth of the modern Russian school, of which Borodin was one of the most conspicuous ornaments.

THE CHINESE FLEET LYING UNDER SHELTER OF FORTS

From a Sketch by Mr. A. W. Wylde, H.M.S.

SEPTEMBER 12.

**1894년 11월 3일,
영국《일러스트레이티드 런던 뉴스》**

9월 12일, 북양함대가 웨이하이웨이 항만 내에 숨어 있다.

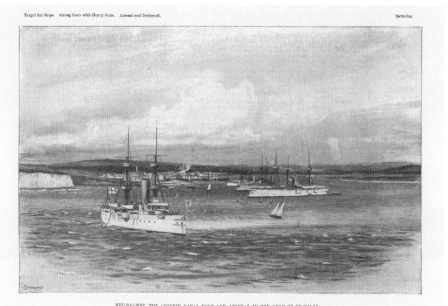

WEI-HAI-WEI. THE CHINESE NAVAL PORT AND ARSENAL IN THE GULF OF PE-CHI-LI.

Sketch by Mr. G. Littlejohn, of H.M.S. "Centurion.

1894년 10월 20일, 영국 《일러스트레이티드 런던 뉴스》

웨이하이웨이는 보하이만에 위치한 중국 해군 군항이자 무기고가 위치한 곳

THE CHINESE STEEL-ARMORED BARBETTE CRUISER "CHEN-YUEN,"
Sister Ship to the *Ting-yuen*, both of which were sunk by the Japanese during the Engagement in the Harbor of
Wei-Hai-Wei, February 7, 1895.
Displacement, 7430 Tons ; Length, 308.5 Feet ; Beam, 59 Feet ; Draught, 20 Feet ; Twin Propellers, 6200 Horse-Power ; Speed, 14.5 Knots.

1895년 2월 16일, 미국《하퍼스 위클리》

중국 철갑 포함(砲艦) 진원호

정원호(定遠號)의 자매 함정이다. 1895년 2월 7일 일본군에 의해 웨이하이웨이에서 격침됐다. [사실
진원호는 웨이하이웨이에서 격침된 것이 아니라, 일본군에 노획됐다. 전후 전열함(戰列艦)으로 일본
해군에 편입됐다. 그리고 이후 러일전쟁에 투입됨-편집자 주]

진원호(鎭遠號)는 청나라 해군이 독일의 풀칸(Vulkan) 조선소에서 구입한 포 탑재형
철갑선이다. 청 말기 북양수사의 주력함 중 하나였다. 당시 동양의 제1 견함(堅艦,
견고한 군함-역주)이라는 칭호를 듣기도 했다. 1880년(광서제 6) 풀칸 조선소에서 구매할
때 진원호의 제원은 배수량 7335톤, 6000마력, 항속 14.5노트이고, 가격은 110.3만
양백은이었다. 1885년 유보섬 등이 이를 인수해 귀국했다. 1888년 북양함대가 정식
군이 되면서 임태증 좌익총병 겸 관대가 담당하게 됐다. 정원은 331명이었다.

FROM A SKETCH BY C. E. LLOYD-THOMAS, R.N., H.M.S. "EDGAR"

The British warships which are cruising in Chinese waters to look after the safety of British subjects in the Treaty ports and other towns, witnessed the landing of the Japanese troops from their cruisers in Yung Chin Bay, preparatory to the attack on Wei-hai-wei. The weather was fine and clear, but very cold, the ground being mostly covered with snow, the hill tops, curiously enough, standing out bleak and bare. There were fifty-two Japanese ships at anchor, including the battleships and armoured vessels. In the meantime, closer to Wei-hai-wei, some Japanese gunboats were clearing the way for the troops by shelling some villages on the beach

THE JAPANESE LANDING TROOPS IN YUNG CHIN BAY FOR THE ATTACK ON WEI-HAI-WEI

1895년 3월 9일, 영국 《그래픽》

웨이하이웨이를 공격하려는 일본군이 룽청만(榮成灣)에 상륙하고 있다.

통상구안(通商口岸, 세관)의 교민들은 조약항(條約港)을 보호하기 위해 중국 수역을 순시하는 영국 군함에서 웨이하이웨이 공격을 준비 중인 일본군이 룽청에 상륙하려는 과정을 목격했다. 당시 날씨는 청명했고, 대지는 하얀 눈으로 덮여 있었다. 멀리 보이는 민둥산이 괴이한 분위기를 자아냈다. 몇 척의 장갑 함대를 포함해 모두 52척에 나눠 탄 일본군은 이곳에 닻을 내렸다. 일본군은 한걸음 한걸음 웨이하이웨이로 다가갔다. 보병에게 길을 열어주기 위해서 함포는 해안 마을을 향해 포격을 가하기 시작했다.

① ② ③

Torpedoed Chinese Gun-boat,　　　Chen-Yuen, three Chinese Gun-　　　Dockyard.　Mainland on West of Island.
tops only showing.　　　　boats and Transport.
Remains of Boom.

④　Fort taken by Japanese, from which they were driven out　⑤　Small Island Fort,　⑥　Island of Leu-kung-tau.　⑦　Fort evacuated and exploded by China.
by Ting-Yuen, afterwards retaken by Japanese.　silenced by Japanese fire.　Ting-Yuen, torpedoed and grounded.

THE WAR IN EASTERN ASIA: THE HARBOUR OF WEI-HAI-WEI.— THE COAST LINE SHOWN IS ABOUT FIVE MILES IN LENGTH.

From a Sketch by Mr. J. A. Vaughan, H.M.S. "Undaunted."

1895년 4월 13일, 영국《일러스트레이티드 런던 뉴스》

동아시아 전쟁: 웨이하이웨이항(威海衛港)과 5마일 길이의 해안

1 격침된 중국 전함의 확대 잔해
2 진원호, 세 척의 포함(砲艦)과 병력 운송선
3 섬 서쪽에 있는 기지창(dockyard)
4 일본군이 이 포대를 탈취한 후 정원호(定遠號)에 의해 쫓겨났다가 이후 다시 점령했다.
5 일본군이 훼손한 작은 섬 위의 포대
6 류궁섬, 정원호(定遠號)가 어뢰에 맞아 침몰했다.
7 청군이 철군하기 전에 부숴버린 포대

THE WAR IN EASTERN ASIA: LANDING OF JAPANESE TROOPS

From a Sketch by Mr. F. C. Hunt, R.N.

The British fleet was at Chefoo when word was brought that the Japanese Third Army Corps had re-embarked, and was about to effect a landing at some other port on the coast. The Japanese were landing at Shan Tung Promontory, having the intention of attacking Wei-hai-Wei in the rear by land. There were about twenty-three battle-ships, gun-boats, and to

OMONTORY.

ed to Chemulpo; the " .Eo'us" next came with the tidings that about thirty thousand
ent news which has reached this country is an interesting sequel to this picture.

**1895년 3월 16일,
영국《일러스트레이티드 런던 뉴스》**

동아시아 전쟁: 산둥반도에 상륙하는 일본군

일본의 제3군단이 재차 중국의 다른 항구에도
상륙하려 한다는 소식이 들려올 때 영국 함대는
옌타이에 있었다. 영국 함대는 곧 인천항으로
이동했다. 후에 러시아 선박이 알려준 소식에 따르면
3만 명의 일본군이 산둥반도에 상륙하려는데, 육로의
후방에서 웨이하이웨이에 지원 포격을 하려는 의도가
있었다. 23척의 일본군 함대 부근을 포함과 어뢰정이
돌아다니고 있었다. 나중에 영국에 전달된 소식은
이 그림이 보여주는 사건의 흥미로운 속편이었다.

THE ILLUSTRATED LONDON NEWS

REGISTERED AT THE GENERAL POST OFFICE FOR TRANSMISSION ABROAD.

No. 2894.—VOL. CV.   SATURDAY, OCTOBER 6, 1894.   TWO WHOLE SHEETS } SIXPENCE. By Post, 6½d.

THE JAPANESE WAR-SHIP "YOSHINO."

THE WAR IN EASTERN ASIA: NAVAL ATTACK ON THE FORTS AT WEI-HAI-WEI.

From a Sketch by Mr. E. J. Rosevere, on board H.M.S. "Mercury."

**1894년 10월 6일,
영국 《일러스트레이티드 런던 뉴스》**

동아시아 전쟁: 일본 전함 요시노호가
웨이하이웨이 요새를 공격하고 있다.

요시노호(吉野號), 영국 제작, 1894년 3월 6일 일본 해군에
인도됐다. 당시 최고 속도의 순양함이다. 요시노호는
황해해전 당시 북양함대의 치원호를 격침했다. 요시노호는
원래 중국이 구매하려고 제작했으나, 예산 부족으로 인해
일본이 구매하는 것으로 바뀌었다. 이번 보도의 표지
속 선박이 바로 요시노호다. 요시노호는 이번 해전의
승패를 결정짓는 결정적 요소 중 하나였다고 볼 수 있다.
본지에서는 요시노호의 성능에 대해 상세히 소개했다.
요시노호의 속도는 놀라울 정도인데, 매시간 23노트를
초과할 수 있으며, 최고 1만 5000마력에, 배수량은
4200톤에 달한다. 요시노, 나니와, 다카치호 세 척은 모두
암스트롱 미첼 조선소에서 건조한 것이다. 요시노호는
세계에서 가장 강력한 순양함이다. 전체 길이 350피트,
너비 46.5피트, 쌍층형, 흘수 17피트, 트윈 스크루, 최대
적재 가능 석탄량은 1000톤에 달했다. 요시노호의 탑재
장비를 살펴보면 6인치 대포 네 개, 발사 가능한 100-1b탄
등이 있다. 이 대포는 포 세 개가 동시에 정면으로 발포할
수 있게 배치되어 있다. 이 중 두 개의 포는 세 번째 포의
도움을 받아 선박의 정면과 후면으로 발포할 수 있다. 또
3파운드 무게의 포탄을 발사할 수 있는 22개의 기관포도
탑재되어 있다. 대부분 돛대판과 현창에 배치되어 있다.
그리고 다섯 개의 어뢰 발사관도 있다. 갑판을 보호하는
강질은 2인치가 넘는 두께다.

OUR ILLUSTRATIONS.

THE WAR IN EASTERN ASIA.

There has been no sensational event in the Chino-Japanese War since the great naval battle at the mouth of the Yalu. An engagement, however, is anticipated between the Chinese forces, consisting mostly of Hunanese "braves," badly armed, with no discipline in particular, and probably wanting supplies, and the victorious Japanese army in Corea. Accounts differ as to the numbers of the Hunanese soldiers whom the transports succeeded in landing in face of the Japanese fleet. One account fixes them at 7000, another at 38,000. The Japanese movements in the north of Corea are variously interpreted. They may mean an advance on Manchuria, or China proper, with reference to an ultimate march to Pekin, or they may have for their object the cutting off of the raw levies huddled together in an improvised camp on the Yalu. Meanwhile, the military machine in Japan is being managed with the utmost zeal and ability. Eighty thousand new troops are going to the front immediately, a special war session of the Japanese Parliament has been ordered, and the utmost enthusiasm prevails in Tokio and throughout the country. On the other hand, we hear of nothing but confusion and disorganisation in China. The Empress is said to be making fresh contributions to the war fund, but the destruction of China's first fighting line at the battle of Ping-Yang has compelled her to fall back on raw recruits, who are not armed or disciplined on European methods. Li Hung Chang, the great Viceroy of Pe-chi-li, is being made to bear the brunt of the follies of the Tsung-li-Yamen, and has suffered further disgrace in the loss of his Peacock's Feather. These childish details contrast strongly with the essentially modern and business-like method in which Japan is conducting the war. Of the fleets engaged in the battle of the Yalu nothing certain is known. The probability is that the Chinese have lost command of the sea, and that Admiral Ting will not again meet the Japanese war-ships in the open. If this is so, China may be said to be defeated already beyond the hope of recovery. If the command of the sea at both horns of the Gulf of Pe-chi-li has gone over to Japan, China has little hope of winning back her lost ground in Corea. The all-disturbing rumour of the week from the Japanese point of view is the story of the sending of Russian troops to the north of Corea with a view of keeping Chinese border ruffians in order. The news comes from various quarters—Russian, Japanese, German—but it is very vague and contradictory in terms. Of course, if Russia interferes, all calculations as to the issue of the war will be upset.

SALE OF SLAVE GIRLS IN EGYPT.

The abolition of the slave trade has been one of the chief objects of the English intervention in the affairs of Egypt, and the recrudescence of the evil under the patronage of members of the governing class has excited strong feeling throughout the civilised world. Ali Pasha Cherif, a notable of great wealth, was President of the Legislative Council, and in that capacity lately protested against the maintenance of the "Slave Bureau," or office charged with the Suppression of Slavery, as a needless expense, since slavery was practically extinct in Egypt. Shortly afterwards the very same personage, Ali Pasha Cherif, and several other Pashas were convicted of purchasing negresses. They have been tried by court martial. In order to escape, Ali Pasha Cherif claimed Italian protection, but this claim was disallowed by the Italian Government. Should the Khedive attempt to exercise his prerogative of mercy in favour of these high personages, he will produce a most unfavourable impression on the Western Powers. Our Illustration represents the negresses, natives of Siwah, an oasis on the frontier of Tripoli, who were illegally bought by the Pashas.

MR. STODDART'S CRICKET TEAM.

We are learning day by day of the prowess of Lord Hawke's cricket team in America, and soon the news will be varied by records of the excellent players who have just left Tilbury under the captaincy of Mr. A. E. Stoddart, to uphold the honour of Great Britain in Australian cricket-fields. Mr. Stoddart is evidently not affected by superstition, for the team numbers thirteen men. The names of those who boarded the *Ophir* on Sept. 21 were Mr. Stoddart and Mr. F. G. J. Ford, both of whom do valiant service on behalf of Middlesex; Mr. L. H. Gay, who plays for Somerset; Mr. A. C. MacLaren, Albert Ward, and Briggs, whom Lancashire claim; Peel and Brown, the Yorkshire professionals; Humphreys, a solitary though very useful representative of Sussex; and Brockwell, Richardson, and Lockwood, whose exploits will be watched with keen interest by their Surrey admirers. Mr. H. Philipson, of Oxford University, joined the *Ophir* at Naples. The cricketers were very warmly greeted as they went on board, and in the smoking-room of the steam-ship ardent followers of the game, including the veteran Hon. Ivo Bligh, Lord Darnley, Mr. V. T. Hill, and Mr. C. E. Green, bade them farewell with many wishes for their success in Greater Britain.

THE CITY OF BATH.

Of the many cities in England few are so "beautiful for situation" as Bath. Its history is no less unique. It has furnished novelists like Fielding and Dickens with the groundwork of some of their cleverest pictures of social life—that "light of other days" which is not dimmed but only changed. The story of Bath stretches far into the past; as a Roman city it contains many traces of the art and usages which found a home therein in the days of Vespasian. The mineral springs which have made it a medical Mecca for centuries still supply an unceasing flow of water to those who visit the Grand Pump-Room, where stands a statue of Beau Nash, the Master of the Ceremonies, who may safely be called the founder of modern Bath. The city has been for eight centuries the seat of a bishopric, and its beautiful abbey is often designated a cathedral, although it is in reality only a parish church. Mr. Freeman, who for long lived in the neighbourhood of Bath, has carefully traced the vicissitudes which befell the abbey. It was finally restored by Sir Gilbert Scott at a cost of £30,000. Certain statuary in it is by Flaxman and Chantrey. In the abbey is the grave of Malthus, the economist. The Guildhall contains portraits of William Pitt, who represented Bath in Parliament for a time, Marshal Wade, of road-constructing fame, and others of whom Bath is proud. Surrounding the city are many charming spots of interest. The Prince of Monaco, it may be mentioned, is just now "taking the waters" at Bath, as a cure for the rheumatism contracted on his recent African cruise.

Photo by Mendelssohn, Newcastle.

ADMIRAL TING, OF THE CHINESE NAVY.

COMMANDER IN THE RECENT BATTLE AT THE MOUTH OF THE YALU RIVER, COREA.

THE DOGE'S PALACE AT VENICE.

In Mr. Ruskin's opinion, the rebuilding, in the fifteenth century, by Doge Foscari, of the older Palazzo Ducale reared by Doge Ziani in the twelfth century, and subsequently enlarged, on the site of the original edifice of the Byzantine period, was "the knell of the architecture of Venice"—for Mr. Ruskin does not approve of the Renaissance style. The building actually constructed under Foscari's rule, part of the old buildings having been burnt, was decreed in 1422 by Doge Mocenigo. In 1574, another great fire destroyed much of the interior. The architects employed in its repair and completion were Giovanni Rusconi, and three members of a family named Buono; the latter designed the two principal colonnades supporting the outer walls of the palace. The capitals of the massive corner pillars, at three angles of the building, the third being out of sight adjacent to St. Mark's Cathedral, are boldly decorated with colossal groups of sculpture. These angles are distinguished also, in two instances, by the character of the decorative foliage. There is the "Fig-tree Angle," at which the subject represented is that of Adam and Eve, or the Fall of Man; and there is the "Vine Angle," which exhibits the Drunkenness of Noah. The figures of Solomon and the two women disputing the motherhood of the child, with the little boy, and the executioner ready to cut the child asunder, are conspicuous at the "Judgment Angle." The capital belongs to the later or Renaissance period, and though it has great beauty, hardly possesses the symbolic power and subtlety of the work of some of the earlier craftsmen, whose exquisite designs Mr. Ruskin has minutely described. Other features, external and interior, of the Venetian Ducal Palace have often been detailed. Most visitors are chiefly interested by its historical and romantic associations, and by the pictures of Tintoretto and other great painters.

HOLBEIN'S PORTRAIT OF ERASMUS.

The publication of Mr. Froude's "Life and Letters of Erasmus" (Longmans) at a moment when the great historian is lying dangerously ill, has a pathos all its own. Mr. Froude is "game" to the last. In these lectures, which are probably the most fascinating that were ever delivered by a Regius Professor, he treats us once again to all the eccentricities of judgment to which he has devoted so many volumes in the past. Here, once more, Henry VIII. is the model king, and numbers of ecclesiastics who cross the path alike of Henry and Erasmus are rogues and scoundrels of the most pronounced type. Yet, when all is said, Mr. Froude's picture of Erasmus will be acceptable to the English reader for many a year to come. We see the great scholar despoiled of his inheritance by treacherous guardians; we see him as a student of the most omnivorous kind, but assuming, like all the students of his century, that it was the province of the rich to patronise learning, and writing begging-letters of the most astounding character to people of rank. In middle life Erasmus becomes the most striking figure of his age. We have the Kings of France and England, the Pope, and the Emperor alike begging that he will accept their bounty and will reside at their Courts. Pure learning was surely never placed upon such a pedestal, and one rejoices that it should be so of one of whom Mr. Froude eloquently says that he was "never false to intellectual truth." Our Engraving is from the well-known portrait by Holbein.

SPORT IN THE "ROCKIES."

The Rocky Mountains, so termed in North American geography, form but a part of the more or less parallel series of mountain ranges occupying a breadth of several hundred miles between the plains or prairies in the middle of that Continent and the slopes towards the Pacific coast. Their highest summits are in the extreme north, Mount Logan, in British territory, and Mount St. Elias, in Alaska, considerably exceeding 20,000 ft. Some of the grandest scenery, and perhaps the best region now available for the sportsman in pursuit of big game, will be found near the frontier, on both sides, between the south of British Columbia and the adjacent States of Washington, Idaho, and Montana. From the north, by the valleys of the Kootenay and the Columbia Rivers, after leaving the Canadian Pacific railway route, or by the United States lines through Dakota and Wyoming, this region can be approached. The Selkirks, a secondary range in British Columbia westward of the Rockies, were noticed in our last. The intervening space, a secluded land of many streams and lakes, is inhabited by the Flathead and other Indian tribes. Mr. W. Baillie-Grohman, author of "Camps in the Rockies," who fifteen years ago visited the Kootenay Lake, riding by way of Bonner's Ferry when the Northern American lines of railroad were not in existence, has good hunting adventures to relate. Besides the animal called a mountain goat, which is really a species of antelope, styled by naturalists *Haplocerus montanus*, there is the wapiti, as our sketches bear witness, in the forests of that region. For the bison, misnamed buffalo, one may now search the plains to the south in vain; only a few hundred survive in the highland valleys of Idaho and thereabouts. Civilisation is a good thing, but unfavourable to big game.

52
LE MONDE ILLUSTRÉ

KWA-YEN-KO. — DÉBARQUEMENT DES TROUPES JAPONAISES.

1895년 1월 26일, 프랑스《르 몽드 일뤼스트레》

일본군이 화위안커우에 상륙하고 있다.

1894년 9월 29일, 영국《일러스트레이티드 런던 뉴스》

조선 압록강 어귀에서 벌어진 전쟁에 참전한 청나라 해군 함대 사령관 정여창

정여창(丁汝昌, 1836년 11월~1895년 2월)

청나라의 북양수사 제독. 북양수사 창건에 참여했다. 이후 중일갑오전쟁 황해해전에서

패배하고 웨이하이웨이 전투에서도 실패한 이후 항복을 거절하고 자책하며 자살했다.

이토 스케유키는 선박을 파견해 그의 관을 베이징으로 보내주었다.

THE NAVAL BATTLE AT WEI-HAI-WEI.—Drawn by R.

1895년 5월 18일 미국 《하퍼스 위클리》

웨이하이웨이 해전

일본인은 계속 달이 완전히 가려지기를 기다렸다.
15척의 함정은 함대에서 벗어나 항만으로 향했다.
그들은 살금살금 조용히 중국 측 철갑선을 포위했다.
그들은 확실히 중국 함대와 포대의 화력 범위 안으로
들어갔다. 그중 한 척의 어뢰정이 정원호(定遠號)에
가까이 붙어 두 발의 어뢰를 발사했다. 두 발 모두
명중했다. 정원호는 바로 침몰하기 시작했다.
순식간에 군항은 한바탕 혼란 속에 휩싸였다. 청군이
깨어나기 시작했지만, 때는 이미 늦었다. 모든 일본의
어뢰정이 이미 중국의 선박을 포위한 상황이었다.
청군의 철갑함과 포대의 총포는 분노의 사격을
시작했다. 정원호를 격침한 그 어뢰정은 마치 일련의
우박을 맞는 것처럼 포격 중에 해체됐다. 그 결과
선원 여덟 명이 익사했다. 오직 한 척만이 손실 없이
청군의 포화에서 도망쳐 나올 수 있었다.

영국 《런던 메일(London Mail, 倫敦郵報)》에서 인용

CAPTAIN McCLURE
Vice-Admiral of the Chinese Fleet
From a Photograph by the Shanghai Photo-
graphic Enlarging Company
The new Vice-Admiral of the Chinese Fleet,
Captain McClure, has had a long experience of
Chinese waters as an officer of the merchant
service. During his connection with Messrs.
Jardine, Matheson, and Company, he took out
the ill-fated *Kow Shing* from Barrow, and
commanded that vessel for several years. A
few months ago he accepted the command of a
Chinese despatch boat, in which capacity he
proved himself so efficient as to warrant his pro-
motion to the important appointment already
referred to. Captain McClure is a son of the
late Mr. McClure, architect to the Earl of
Galloway.

1894년 12월 1일, 영국 《그래픽》

매클루어 선장
중국 해군 부사령관

매클루어 선장은 중국 해군 부사령관(북양해군
제독을 돕는 역할)에 임명되기 이전에 해운 사업
분야에서 다년간 일했다. 그리고 이화양행(怡和洋行,
Jardine Matheson)의 고승호(일본군에 의해
격침된 선박) 선장을 맡은 적도 있다. 따라서
그에게 중국의 해역은 익숙한 곳이었다. 수개월
전, 그는 중국의 통신선 선장 직위를 수락했다.
이후 두각을 드러내 중국 해군 부사령관 직위까지
오르게 된다. 매클루어의 아버지는 스코틀랜드의
갤러웨이(Galloway) 백작 밑에 있던 건축
설계사였다.

이 단문의 기사에서 언급하지 않은 것은
매클루어(John McClure)의 명예가 올라가게 된
원인이다. 그가 통신선에서 보여준 성과보다
더 특별했던 두 가지 일이 있었다. 즉 하네켄의
사직과 랭의 완곡한 거절이다.

풍도해전 후 바로 북양해군(북양수사) 부제독이자
총교관으로 승진한 하네켄은 황해해전 이후 청
조정에 다음과 같이 조언했다. "황해해전의 패인은
중국 해군이 근 8년 동안 새로운 전선(戰船)을
추가하지 않았기 때문이다. 근래 중국에 서양식
신식 함포는 전무했다. 반대로 일본의 함포는
모두 최신식이었는데, 이런 이유로 승리할 수
없었다." 그러면서 하네켄은 청 정부에 칠레,
독일, 영국에서 쾌속선을 구입하고 외국의
장성과 갑판원을 초청해 신구식을 합쳐 하나의
대군을 만들어야 한다고 건의했다. 그는 또 청
정부에 자신을 전군수사(全軍水師) 제독으로
위임해달라고 완곡하게 청했다. 청 조정은 이런
귀에 거슬리는 말도 경청했지만 실행까지는 하지
않았다. 하네켄은 결국 북양해군에서 떠나게 됐다.
청 정부는 첫 북양해군 부제독이자 총교관이었던
랭에게 중국으로 돌아와 전쟁을 도와달라고
요청했다. 이때 랭은 이미 영국 황실 소속 해군이
되어 38척의 군함을 관리하는 지휘관이었다. 그가
청 조정의 요청을 완곡히 거절한 공개적인 이유는
영국이 중립을 선언했기 때문이다. 그는 현역
군인 신분으로는 중국에 갈 수 없었고, 또 현재
해군 직위를 사직하고 싶은 마음도 없었다. 전쟁이
끝난 뒤에 영국 정부가 허락한다면 갈 수 있다고
생각했다. 그는 개인적으로 중국 정부가 수용하기
힘든 조건을 제시했다. 예를 들어 황제가 옥쇄가

찍힌 문서를 하사하는 방식으로 그에게 해군의
최고 직위를 임명해달라는 것 등이다.

데트링 텐진 해관(세관) 세무사는 이홍장에게
영국인 매클루어를 북양해군 제독을 도울
사람으로 추천했다. 매클루어는 정여창이 각
수사 군관 이하의 갑판원에게 명령을 하달하는
방식으로 직위를 받았다. 매클루어는 해군 경험이
전혀 없었다. 북양해군 정원호(定遠號)의 서양인
선원인 테일러는 회의록에 다음과 같은 평가를
남겼다. "그는 중년을 이미 넘겼다. 또한 주색에
빠져 살았다." 1895년 2월 11일 웨이하이웨이를
지키지 못한 매클루어는 두 명의 북양해군
서양인 선원[미국인 선원 호위(Howie)와 독일인
선원 슈넬(Theodor Schnell)] 및 중국인 관원 여러
명과 함께 일본에 항복할 것을 의논했다. 그는
북양해군 제독의 이름으로 침략자 일본에게
항복을 받아달라고 구걸했다. 일본은 정식으로
웨이하이웨이를 점령한 후 매클루어와 그의
서양인 선원들을 옌타이로 송환했다.

SCIENCE JOTTINGS.
BY DR. ANDREW WILSON.

Mr. Eadweard Muybridge, whose researches in the difficult and complex subject of animal locomotion are so well known, and who himself may be regarded as the foremost exponent of the scientific study of animal movements, has favoured me with a letter in which he refers to the subject of the kinetoscope and its applications to the reproduction of animal movements. It will be remembered that I made some inquiry regarding an exhibition of similar nature to the kinetoscope, which was seen by a friend of mine at Blackpool. Mr. Muybridge thinks that the exhibition referred to may have been his demonstration of the science of animal locomotion, illustrated by aid of his zoopraxiscope. In this exhibition, photographs of animals and birds were projected on a screen, and exhibited "in apparent motion as in life." The occasion in question was that of a lecture given about six years ago by Mr. Muybridge, at Blackpool, on the invitation of the Home Reading Union.

Mr. Muybridge informs me that in 1887 or thereabouts an article appeared in the *Nation*, of New York (from the pen of the editor, Mr. W. P. Garrison), suggesting the possibility of combining the phonograph with the zoopraxiscope so as to reproduce not merely the peculiar characteristics of, say, an orator delivering a speech, but also, at the same time, the words as they fell from his lips. It was about this period that Mr. Muybridge, then on a visit to Mr. Garrison, delivered a lecture at Orange, New Jersey, where Mr. Edison's laboratory is situated. He was consulted by Mr. Edison regarding his (Mr. Muybridge's) investigations on animal locomotion and on the construction and method of working the zoopraxiscope. "As is my custom," says Mr. Muybridge, "I gave him a full description of my experience and of the instruments." Turning now to the zoopraxiscope itself, we find this ingenious instrument described by Mr. Muybridge himself, who tells us that, "in the presentation of a Lecture on Zoopraxography, the course usually adopted is to project, much larger than the size of life, upon a screen, a series of the most important phases of some act of animal

COLONEL THEODOR SCHNELL,
INSTRUCTOR TO THE CHINESE ARTILLERY SERVICE.

motion (the stride of a horse while galloping, for example) which are analytically described. These successive phases are then combined on the zoopraxiscope, which is set in motion, and a reproduction of the original movements of life is distinctly visible to the audience."

So far, then, it seems to me Mr. Muybridge has answered my original query concerning the application of the kinetoscope principle to scientific investigation. In respect that his zoopraxiscope shows a whole series of movements under discussion to an audience, it must be claimed for it, I should say, that it is superior to the kinetoscope, into which (as I saw it) only one spectator can gaze at a time. Doubtless the principle of the two machines is the same, but at least it is satisfactory to know that in Mr. Muybridge's hands the demonstration to an audience of animal movements (photographed, I must add, by a most complex apparatus) is *un fait accompli*. His little treatise on Zoopraxography was published in 1893 by the University of Pennsylvania, at which seat of learning Mr. Muybridge's researches were carried out. It is no light thing in the progress of science to find that the graphic method of appealing to our senses and of demonstrating the problems of animal locomotion has proved in this scientist's hands so completely successful. We may rest content, also, that the kinetoscope principle has not been lost sight of, and, presumably, has been thus anticipated by the zoopraxiscope in scientific research.

A few weeks ago I referred to certain investigations on the development of centres in the brain, and anticipated in my remarks that, sooner or later, we would have definite accounts given us of these investigations. The desire for further information has been so far gratified in that we are now told something definite regarding these curious and important advances in our knowledge of brain-ways. The researches are those of Professor Flechsig, of the University of Leipsic, a well-known physiologist. In the course of his University rectorial address, the professor gave an account of his studies in the innermost centres of brain-action. He has been tracing the development of the nerve fibres which link together the nerve - cells of those regions of the brain devoted to the governance of our conscious life, which fibres constitute the means of

communication between body and brain, and *vice versâ*. It seems that in the very young infant, while its lower brain-centres, or those governing the essential actions through which life is maintained, are well developed, the nerve fibres of the cerebrum (or great brain) are imperfectly evolved. This is as though the telegraphic apparatus which is to serve the conscious messages of its future

life had not been perfected. There are thus few nerve-pathways in the brain of the infant. Those which are developed discharge the duty of connecting together the body's exterior, certain sense organs, and the brain; so that, in its own feeble, but vitally necessary, fashion, some definite relation may be maintained between the infant-body and its surroundings.

Then development proceeds. It is described that new nerve-tracks begin to be formed leading from the exterior to the brain, slowly growing in its sensitiveness and in the display of conscious life. The smell-tracks come first in order, it is said, because for the selection of food (regarded from a purely animal standpoint) this sense is all-important. Hearing, it is alleged, comes last in order of development; perhaps naturally so, as our most complex possession of all in the way of a sensory apparatus. Later on these developing nerve-paths shoot out not only towards the higher centres of the brain, but towards the lower

centres which obey the behests of the superior brain parts, and which command our muscles and other organs. The apparatus of the sense of touch, with its multitude of resulting connections, is thuswise evolved. We are told this sense has connected with it about two hundred and fifty thousand separate pathways leading to and from the skin surface. Still later on, pathways develop from the brain-centres of the senses to the higher mental centres, and thus is laid the foundation of the conscious life.

THE WAR IN EASTERN ASIA.

An interesting sidelight on the War is cast by the accompanying Illustrations, which we owe to a German correspondent. It appears that the only European instructor to the Chinese forces present at Wei-hai-Wei was Colonel Theodor Schnell, whose portrait we give herewith. The

CHINESE ARTILLERY OFFICERS UNDER COLONEL SCHNELL'S COMMAND.

Colonel, who is a German by birth, has been in the Chinese service for a quarter of a century. He has been engaged in instructing the artillery during this time. He was one of the three Europeans who were reported as having been killed or captured at Wei-hai-Wei, but later reports certify that, at all events, he has not suffered death. The Japanese have taken possession of the arsenal, forts, and war-ships at Wei-hai-Wei with the order and method which have distinguished them on previous occasions. The *Chen-Yuen*, having been repaired sufficiently to be seaworthy, has sailed for Japan. Marshal Oyama and his staff are living in the buildings till lately occupied by the Chinese Government, and a careful inventory of the contents of the torpedo-station is being taken. The Japanese Government is asking its Parliament to sanction a fresh vote of credit amounting to 100,000,000 yen. Already 150,000,000 yen has been spent on this war. There is, it is stated, no intention on the part of the Japanese to occupy Chefoo. The bird's-eye view of that important place which

we give on another page shows it to be thickly populated. While public interest centres on the war, rather than upon the *fons et or go mali*, there is a propensity to lose sight of the Corean difficulty itself. Corea has been the subject of much consideration by the Japanese Government, and the reforms which Count Inouye is preparing are so sweeping, and, in certain respects, so novel, that the careful observer of politics in the Far East may well pause before he commits himself to an opinion upon them.

CHINESE ARTILLERY AT DRILL.

1895년 3월 2일, 영국 《일러스트레이티드 런던 뉴스》

1 슈넬의 지휘를 받는 중국인 포병
2 중국인 포병을 훈련하는 테오도어 슈넬 대령
3 훈련 중인 중국인 포병

이번 기사의 내용을 살펴보면 다음과 같다. "슈넬에 대한 이 몇 장의 사진은 독일 기자가 본지에 보내온 것이다. 우리가 파악하기로 웨이하이웨이에서 중국 군대와 함께한 유일한 서양인 교관은 독일 출생의 테오도어 슈넬 대령이다. 그는 중국 군대에서 복무했다. 또 교수 및 포병 훈련 경력은 25년이나 됐다. 일본군이 웨이하이웨이를 공격하던 초기의 기사 중에, 그는 죽거나 다친 세 명의 서양인 중 하나라는 보도가 있었다. 그러나 그가 죽지 않았다는 기사도 있다."

이번 기사 내용에서 틀린 말은 없다. 슈넬은 죽지도 않았고, 웨이하이웨이 전투 중에 중상을 입지도 않았다. 심지어 류궁섬(劉公島, 웨이하이웨이 앞바다에 있는 섬)을 점령한 일본군은 2월 18일 그를 옌타이로 송환했다. 며칠 전만 해도 그는 정여창을 타이르고 협박하며 일본에 투항하라 말했으나 소용없었다. 또 정여창이 자살한 이후 적극적으로 항복한다는 조약에 서명하기를 재촉해 성사시켰다. 1870년 독일의 크루프 대포 공장 위원으로 슈넬은 중국을 방문했다. 이홍장은 그를 육군 교관으로 임명했다. 그 후 데트링 톈진 해관세무사의 추천으로 슈넬은 뤼순 포대 교관으로 임명됐다. 중일갑오전쟁 발발 후 슈넬은 톈진에서 웨이하이웨이로 옮겼으며, 1907년 사망했다.

1895년 3월 2일, 영국 《일러스트레이티드 런던 뉴스》
〈극동의 전사(戰事)〉(선역)

일본 《어국지예》(우키요에)

마쓰시마함을 찾아온 투항 사절단

松島艦上敵降伏使と會見

비록 청의 북양함대가 풍도해전과 황해해전에서 패배했지만,
청나라는 아시아에서 오랫동안 명성을 누려온 국가다. 북양함대는
'정원호(定遠號)', '진원호' 등 27척의 전함과 어뢰정을 갖고 있었다.
우리(일본-역주) 군의 예봉을 피해 웨이하이웨이 항만에 숨어
있었지만, 용맹무쌍한 우리 군의 어뢰정은 야밤을 틈타 청의 전함을
한척 한척 격침했고, 승패의 결과는 확정된 것이나 마찬가지였다.
이런 상황을 감안했을 때 북양함대 제독 정여창도 이미 손쓸 길이
없었다. 1895년(메이지 28) 2월 12일 그는 광병호(廣丙號) 함장
정벽광(程璧光)을 투항 사절로 임명해 선박에 백기를 꽂고 아군
측 마쓰시마함(松島艦)을 방문해 이토 함대 사령관에게 투항서를
제출하게 했다. "귀국의 함대에 대항해 우리는 전함이 전부
부서지고 모든 병사가 다 죽을 때까지 싸우겠다고 결심했지만, 지금
우리의 생각은 달라졌다. 생존자의 생명을 보전하기 위해 귀국에
휴전을 요청한다. 현존하는 선박과 포대를 비롯해 모든 무기를
넘겨줄 것이다. 부디 우리 측 해군 군인과 외국 무관이 사상(死傷)
없이 각자 고향으로 돌아갈 수 있도록 조치해주기를 바란다."
사절은 눈물을 흘리며 비장한 목소리로 말했다.
이토 사령관은 적장의 요청을 수용했다. 그는 적극적으로 답장을
작성했으며, 다음 날 일련의 조약에 서명했다. 이후 투항 사절을
돌려보냈다. 2월 13일 북양함대 제독 정여창은 우리 측 사령관에게
호의에 감사한다는 서신을 남기고 함장실에서 음독해 자결했다.
승패는 하늘이 정하는 것이거늘, 그는 패배의 책임을 홀로 짊어지고
명예와 절조를 지키기 위해 스스로 결말을 지었다. 설령 적일지라도
정말 존경받을 만한 군인의 방식으로 스스로의 삶을 마무리했다고
말할 수 있겠다. 그날 오후 북양함대 사절은 다시 마쓰시마함을
방문해 투항과 관련한 일체의 조약에 서명했다. 그림에 보이는
것은 조약 체결 당시의 상황이다. 왼쪽에 서 있는 사람은 정사(正使)
우창병(牛昶昞), 부사(副使) 정벽광 등이다. 앉아 있는 사람은
이토 장관과 데와(出羽) 참모장이며, 오른쪽에 서 있는 사람은
시마무라(島村) 참모다.

일본《어국지예(禦國之譽)》

맺음말

———

청나라 군은 실제 이런 지경으로까지 몰락했지만, 중일갑오전쟁은 시작에 불과했다. 독일은 이번 기사 내용에 대해 다음과 같이 판단했다. "전쟁 초기 일본군은 분명 승기를 잡을 것이다. 그러나 만약 중일갑오전쟁이 상당히 지속될 경우 최종적으로 얻어맞는 쪽은 일본이 될 것이다. 필자가 중국에서 떠날 무렵은 뤼순항이 일본군 수중에 들어갔다는 소식이 아직 국외로 전해지지 않았을 때다. 당시 유럽의 군사 전문가나 해군 전문가가 예상한 것은 앞에서 이야기한 것과 약속이나 한 듯 일치했다. 다시 말해 일본군이 만약 최종적으로 승리하고 싶다면 군대를 통솔해 곧바로 베이징을 공격할 필요가 있다는 것이다. 그렇지 않으면 후에 청군이 역전승할 가능성이 있기 때문이다. 곧 청나라는 충분한 시간을 두고 힘을 기르고, 풍부한 경험과 식견이 있는 군사통령(軍事統領)을 선택할 것이다. 치욕을 통해 용감해진 청 정부가 분명 모든 역량을 기울이게 될 것이라는 예상이다. 청 조정은 대단한 위세로 수백만 군대와 군관, 보급품 등을 전장으로 보낼 것이다. 그때는 일본군이 기진맥진해져서 청군을 당해낼 수 없을 것이다."

동양에서 발발한 해전은 우리에게 어떤 영향을 미칠까? 우리는 분명 새로운 동방 강국과 대면하게 될 것이다! 최근의 승리는 아마도 일본을 더욱 호전적으로 만들 것이다. 중국에서 노획한 네다섯 척의 전함은 일본 함대를 더 강력하게 만들 것이다. (……) 분명히 우리는 열강 중에서도 가장 큰 충격을 받는 국가가 될 것이다. 그 이유는 우리의 상업적 이익과 식민지가 지구의 구석구석에 분포되어 있기 때문이다.

1895년 2월 2일, 영국《폴 몰 가제트(The Pall Mall Gazette, 帕爾摩報)》

전쟁 중의 '생과 사'

이 심상찮은 혁명 이후 천황의 명에 따라 일본은
자신의 문명 대신 유럽의 문명을 포용하기로
결심한다. 사람들은 전혀 예상치 못했던 이 기특한
국가의 운동이 아무리 잘해봤자 남자는 대례모를
쓰고 여자는 브래지어를 입는 정도일 것이라고
예상했을 것이다. 그러나 일본은 오늘날 거대한
이웃 국가와 전쟁을 치르며 우리에게 증명해
보였다. 이번 변혁에는 예상을 뛰어넘는 심도 깊은
내용이 담겨 있다는 것을 말이다. 일본은 통일된
서양식 군복과 무기를 갖추었고, 동시에 군사
이론과 전통을 완전히 파악했다. 확실히 생존을
위한 전투 준비 정신은 이번 변혁을 좌지우지했다.
또 우리가 도쿄에서 방금 받은 사진은 우리에게
또 다른 일본의 발전을 증명한다. 일본은 인도주의
기구의 영역으로까지 손길을 뻗으면서 더 철저히
발전해 나갔다. 인도주의 기구는 가장 선진화된
의학 이론을 기반으로 설립된 것이며, 상해를 입은
많은 전쟁포로를 구조하기 위한 목적을 가진다.
이러한 일본의 부흥은 극동의 구석에 위치한 이
국가가 유럽의 문명 강국 반열에 등극하도록
만들었다.

1894년 12월 29일, 프랑스《릴뤼스트라시옹》

SURRENDER OF CHINESE GENERALS AND STAFF.

1895년 1월 26일, 영국 《일러스트레이티드 런던 뉴스》

투항 중인 중국 관병

THE GRAPHIC

AN ILLUSTRATED WEEKLY NEWSPAPER

No. 1,310—Vol. LI.
Registered as a Newspaper]   SATURDAY, JANUARY 5, 1895   WITH EXTRA SUPPLEMENTS *"The Pantomimes" and Index and Frontispiece to Vol. 50.*   [PRICE SIXPENCE *By Post* 6½ d.

AFTER THE BATTLE OF PING YANG: JAPANESE OFFICERS INTERROGATING CHINESE PRISONERS

FACSIMILE REPRODUCTION OF A SKETCH BY OUR SPECIAL ARTIST WITH THE JAPANESE FORCES

1895년 1월 5일, 영국 《그래픽》

평양전투 이후 일본 군관이 중국인 포로를 심문하고 있다.

중일갑오전쟁 중에 청군 포로는 등록된 사람만 모두
1790명이었다. 일본군은 고승호 사건, 조선전투, 뤼순항
대학살 중에 잔인한 일면을 여실히 드러냈다. 그러나
국제 미디어를 통해 여론을 호도하기 위해 일부 포로를
회유하기도 했다. 포로수용소를 설립해 전쟁포로구호원을
두기도 했고, 사망한 포로의 묘비를 세우기도 했다. 이를
통해 국제 미디어에 일본은 문명국가라는 것을 알렸다.
일본이 이른바 '문명의 스승(文明之師)'이라는 것을 서양에
분명한 의도를 가지고 보여주려 했다. 그러나 천성은
바뀌지 않았다. 뒤이어 발생한 전쟁으로 일본의 포악성은
세상이 다 알게 됐다.

LA GUERRE SINO-JAPONAISE — Après la bataille de Pyeng-Yang : prisonniers chinois.

1894년 12월 29일, 프랑스 《릴뤼스트라시옹》

중일갑오전쟁: 평양전투 후의 중국인 포로들

JAPANESE TROOPS CONVOYING CHINESE PRISONERS
FACSIMILE OF A SKETCH BY OUR SPECIAL ARTIST WITH THE JAPANESE FORCES.

1895년 3월 9일, 영국 《그래픽》

일본 군대가 중국인 포로를 압송하고 있다.

Le Petit Parisien

SUPPLÉMENT LITTÉRAIRE ILLUSTRÉ

TOUS LES JOURS
Le Petit Parisien
5 CENTIMES

DIRECTION : 18, rue d'Enghien, PARIS

TOUS LES JEUDIS
SUPPLÉMENT LITTÉRAIRE
5 CENTIMES

LA GUERRE ENTRE LE JAPON ET LA CHINE

Un Convoi de Prisonniers Chinois conduit par les Soldats Japonais après la bataille de Ping-Yank

When a convoy of thirty-four Chinese prisoners arrived at Shimbashi the crowd, which had been waiting to see them since daybreak, received them with yells of derision, and some stones were thrown. The police, who had taken the precaution to engage several omnibuses, had great difficulty in keeping back the excited mob while the prisoners were put into these vehicles, which were to take them to the railway station. The prisoners were conveyed thence by train to Sakura, a town near Tokio

CHINESE PRISONERS ON THE WAY TO TOKIO

FROM A SKETCH BY OUR SPECIAL ARTIST WITH THE JAPANESE FORCES

1895년 4월 27일, 영국 《그래픽》

중국인 포로가 도쿄로 압송되고 있다.
본지가 일본군 측에 특파한 화가의 그림에 근거해 제판함

중국인 포로 서른네 명이 일본 신바시(新橋)에 도착했다. 아직 날이 밝지 않아 잠시 기다렸는데, 포로를 보러 나온 일본 민중이 높은 소리로 웃거나 돌을 던지며 왁자지껄 그들을 맞이했다. 일본인은 야유를 보냈고 욕도 했으며 돌까지 던졌다. 경찰은 원래 자동차 몇 대를 준비했지만, 포로들이 차를 갈아탈 때마다 광란의 민중을 막아내기 위해 모든 힘을 쏟아야만 했다. 포로를 태운 차량은 이후 기차역으로 향했다. 중국인 포로는 이렇게 기차를 타고 도쿄 인근의 사쿠라진(櫻花鎭)으로 향했다.

1894년 9월 30일, 프랑스 《르 프티 파리지앵》

중일갑오전쟁: 평양전투 이후 일본군 사병이 한 무리의 중국인 포로를 압송하고 있다.

Every day the Chinese prisoners in Tokio are allowed to exercise themselves in the court of the great Temple of Monseki for an hour and a half in the afternoon. There is always a crowd of wondering Japanese to stare at them

CHINESE PRISONERS IN TOKIO: THE DAILY PROMENADE

FACSIMILE OF A SKETCH BY OUR SPECIAL ARTIST WITH THE JAPANESE

1895년 4월 20일, 영국 《그래픽》

도쿄의 중국인 포로들이 매일 바깥으로 나와 바람을 씌는 규칙을 이행하고 있다.

도쿄의 중국인 포로들은 매일 오후 몬제키(門跡, 황제·황족·섭정가의 자녀가 출가하는 사원-편집자 주)의 정원에서 한 시간 반 정도 신체를 단련했다. 매번 호기심 가득한 일본 군중이 그들을 둘러싸고 구경했다.

1895년 3월 9일, 영국 《그래픽》

1 (중국군 사병이 걸으며 노래한다.) "군무재신(軍務在身, 군의 의무가 내 몸에 있다-역주), 군무재신." 그는 어깨에 생활 보급 물자를 메고 있다.
2 중국군 사병이 조선인을 약탈하고 있다.

fatigue. Horses and ponies are rare in Corea, and the Japanese contend that the coolies are far more satisfactory in every way for transport than horses, as they cost less, carry more, and are far more to be relied upon. The Corean policeman is a very important personage, though there is not much ordinary police work to be done, as the Coreans are a stolid, sad-faced people, and quiet in their manners except when a faction fight breaks out. In that case they fight for days with great fury, but as they always do it at a season set apart for such diversions the police do not trouble to interfere with them. The police are dressed in the ordinary costume of the Coreans, and wear the huge glazed hat and the full wadded trousers common to all but the very poor. Their chief employment is punishing people for the strange offences which are considered blameworthy in the Corea, matters which in England would be settled by a fine at the police court, but which in Corea are punished by severe floggings or even by death. If it were not so easy to commit a Corean crime the police would have an easier time of it than they now have, as the dull and apathetic people would not as a general rule give much employment to an English policeman. One of the sketches by Mr. Fripp, in this particular instance drawn from descriptions furnished by eye-witnesses, shows the manner in which the titular lords of Corea treated their dependents before the advancing Japanese astonished them by driving them out of the country. The Chinese mode of action with the unfortunate natives was very high-handed; and they treated the Coreans as if they were the inhabitants of a conquered country, and robbed and plundered them right and left in the early days of the war. The Commissariat Department in the Chinese army is very primitive in its organisation, and the soldiers helped themselves to what they wanted, and if

"There are military duties to be done, to be done"

CHINESE SOLDIER LADEN WITH PROVISIONS

the owners objected shot or otherwise mal-treated them with all a Chinaman's indif-ference to suffering. Another illustra-tion represents a Chinese soldier dressed in a manner to defy the bitter weather and shows a characteristic mode of carrying pro-visions. Another observer has remarked that Chinese soldiers when near an encampment always seem to be carrying cabbages. The soldiers are well accus-tomed to do with little, and with their bread and cabbages and a little rice, can manage to get through a good deal of work. In many cases the Chinese who were taken prisoners were better off than their comrades who had to beat a retreat in the face of the pursuing Japanese through the snow-bound Corea into Manchuria, for the retreating army naturally suffered great privations, while the prisoners were treated by the Japanese in a fashion which astonished them, accus-tomed as they were to the Oriental plan of putting prisoners to death to avoid the trouble and expense of keeping them. The result of the campaign has shown how the Japanese have profited by European in-struction, and their imitation of European ways, while the Chinese, in spite of their purchases of arms and ammunition and their borrowing of officers from Europe, have remained much in their old Celestial habits, and have but little improved since the days of bows and arrows and match-lock guns. Their soldiers are merely an armed rabble, brave enough when it comes to a hand-to-hand fight from which they cannot escape, but utterly uninterested in the war, and without a particle of trust or belief in their leaders. Their hatred and loathing of the Japanese is intense, but their method of expressing it in warfare is as primitive as it was in the days when they first occupied Corea and had their first battles with the Japanese over that debatable land.

CHINESE SOLDIERS PLUNDERING COREANS

FACSIMILES OF SKETCHES BY OUR SPECIAL ARTIST WITH THE CHINESE

One of the first duties to be performed on the arrival of Japanese troops in a Corean village is the sinking of wells so that the men, especially those in hospital, may have a supply of good water, a matter about which the Coreans themselves seem to trouble very little. In many cases this is very difficult to find, and has been the cause of a great deal of sickness in the Japanese army

THE WAR IN THE EAST: JAPANESE SOLDIERS SINKING A WELL

FACSIMILE OF A SKETCH BY OUR SPECIAL ARTIST WITH THE JAPANESE FORCES

1894년 12월 22일, 영국 《그래픽》

동양의 전쟁: 일본군 사병이 우물을 파고 있다.

일본 군대가 조선의 마을에 도착한 이후 해야 하는 첫 번째 임무는
바로 우물을 파는 것이었다. 군대를 보존하기 위해, 특히 부상병이 마실
깨끗한 물이 필요했다. 그러나 음용수의 수원은 조선인에게는 문제가
없었지만, 일본군은 음수가 가능한 물을 파내는 데 어려움이 있었다.
이는 일본군의 감염병으로 이어졌다.

"The soldiers were very clever in constructing temporary litters for the transport of the wounded where the regular ambulance corps of the Japanese army had not yet arrived. These litters were made entirely of bamboo, and afforded an easy method of bringing the wounded into camp."

THE WAR IN THE EAST: BRINGING IN THE WOUNDED FROM THE FRONT AFTER A SKIRMISH DURING A RECONNAISSANCE

DRAWN FROM LIFE BY OUR SPECIAL ARTIST WITH THE JAPANESE FORCES IN COREA

1894년 10월 27일, 영국 《그래픽》

동양의 전쟁: 한 차례 교전을 치른 뒤 일본군 정찰병이 부상으로
전선에서 철수하고 있다.

소규모 전투가 벌어지는 일선에서 철수하는 부상병.
대나무로 제작한 임시 들것에 실려 옮겨지고 있다.
이는 정규 구호부대가 도착하기 전 모습으로,
부상병을 영지로 옮기는 빠르고 편리한 방식이다.

THE WAR IN THE EAST : THE AMBULANCE CORPS OF THE JAPANESE ARMY AT WORK

1894년 10월 13일, 영국 《그래픽》

동양의 전쟁: 작업 중인 일본의 구호부대

CONVALESCENT SOLDIERS ON THEIR RETURN TO JAPAN, WAITING TO EMBARK AT FUSAN

DRAWN BY OUR SPECIAL ARTIST WITH THE JAPANESE FORCES

1894년 10월 27일, 영국 《그래픽》

일본으로 귀국하는 회복기의 부상병. 부산 등지에서 선박을 기다리고 있다.

본지가 일본군 측에 특파한 화가의 그림에 근거한 제판

SCENES AFTER A BATTLE.

E of the grewsome features attendant upon modern
e are illustrated this week by the sketches which
rom HARPER'S WEEKLY's special artist accompany-
Japanese forces in Manchooria. It is after the excite-
f battle is over that these scenes are enacted. Long
f dejected-looking prisoners, with their hands tied
t of them, are marched back from the front, accom-
by a guard of Japanese cavalry and infantry, to be
over to the prison-guard farther in the rear, and to
ntually sent in ships to Japan. When first cap-
he Chinese soldiers have always displayed great
d alarm over their coming fate at the hands of the
rs, for they themselves invariably murder and mu-
heir prisoners. But after a few weeks of captivity
e Japanese they become reassured and encouraged
kind and civilized treatment they receive, and
of them volunteer to return to the front to act as
and scouts for their captors. Almost all assert
eir treatment in captivity is more humane than that
they have received at the hands of their own officers.
prisoners and the wounded being disposed of,
of Japanese soldiers are detailed to collect the
nd to identify them. The bodies are brought from
ts of the battle-field and laid in a row, faces up, and
e adjutants of the several regiments that were en-
in the fight make out the correct list of the dead
issing. This work being completed, the funeral
is read, and the dead are then buried. In the early
the war, before the Chinese offered enough resist-
o cause many deaths, each soldier was buried in a
te grave, and, so far as possible, a stake with his

CREMATING THE BODIES OF SOLDIERS AND COOLIES WHO HAVE DIED OF DISEASE.

name was placed at the head But lately there have been
so many deaths, both of Japanese soldiers and of coolies,
through disease, that the officers of the Mikado's army
have found it necessary to bury many men in one pit, and
in some cases to burn the dead, so as to prevent an epi-
demic. The bodies are placed in pine boxes and lowered
into a pit, at the bottom of which have been placed several
cords of wood. The coffins are then covered with bundles
of straw, soaked with petroleum, and set on fire. This
operation is performed at some lonely spot at a distance
from the camp, but the columns of fire rise high over the
flat country, and give a weird and ghostly aspect to the
dark and deserted battle-field.

A WINTER'S NIGHT.

COME, close the curtains, and make fast the door,
  Pile high the logs, and let the happy room
  Red as the rose on wall and ceiling bloom,
And bring your golden flagons forth and pour
Full drinking of some ancient summer's store
  Of spice and sweetness, while to ruddy gloom
  The fire falls. And lest any sound of doom
Be heard, let music on her wide wings soar.

Yet shall you never make the door so fast
  That no moan echo on the song, no shape
Dull the wine's fragrance and the blaze obscure,
And breathe the dark chill of the outer blast,
  Till you shall turn and shudder to escape
The awful phantom of the hungry poor!
        HARRIET PRESCOTT SPOFFORD.

AFTER THE BATTLE—JAPANESE OFFICERS IDENTIFYING THE DEAD.

1895년 1월 19일, 미국 《하퍼스 위클리》

1 (일본) 군부(軍夫)가 죽은 병사들을 화장하기 위해 힘든 노동을 하고 있다.
2 전투 후 일본 군영에서 사망자의 신분을 판별하고 있다.

INTERIOR OF HOSPITAL AT FUSAN.

1894년 11월 10일, 미국 《하퍼스 위클리》

부산, 병원 내부 모습

THE GRAPHIC

H.E. LI HUNG CHANG
Who Inspected the Ambulance

THE GENEVA CROSS IN CHINA
THE FIRST AMBULANCE ESTABLISHED IN THE CHINESE ARMY

1889년 4월 20일, 영국 《그래픽》

중국의 적십자회, 중국 군대에 제1긴급구조대 설립
왼쪽 위: 긴급구조대를 시찰하러 나온 이홍장

중일갑오전쟁 발발 5년 전 적십자회는 이미 중국에서 제1차 전지(戰地)
응급구조대를 세웠다. 그러나 이번 전쟁의 경우 청나라 군대에는
종군 의료 편대가 존재하지 않았다. 따라서 부상자는 적시에 구조될
수 없었다. 전쟁 개시 후 중국 내의 여러 서양 선교 단체가 급히
적십자 자선병원을 곳곳에 설립했고, 부상병과 난민에게 무상 구조를
실시했다. 이런 병원은 주로 잉커우, 옌타이, 톈진 등지에 있었다. 이
가운데 톈진의 적십자의원은 이홍장의 지지를 받기도 했는데, 그
규모가 비교적 컸다.

JAPANESE TROOPS MAKING THEIR CHINESE PRISONERS CARRY OFF THE

AFTER THE FIGHT AT PING-YANG: A CORNER O

DRAWN FROM LIFE BY OUR SPECIAL ARTIST WITH THE JAP

F BATTLE

1894년 12월 1일, 영국《그래픽》

평양전투 후 모습
일본 군대는 중국인 포로에게 부상병을 옮기라고 명령했나.

The Sixth Battalion of Engineers on their way to the front halt to render military honours to comrades killed in battle. The bugle has just sounded, and the men are shown presenting arms

A JAPANESE CEMETERY ON THE FIELD OF BATTLE

FACSIMILE OF A SKETCH BY OUR SPECIAL ARTIST WITH THE JAPANESE FORCES

1894년 12월 8일, 영국《그래픽》

전쟁터에 세워진 일본군 공동 묘

전선으로 이동하던 제6공병부대가 잠시 머물러 일본군 전사자를 위해 특별히
애도를 표하고 있다. 군용 나팔이 울렸고, 사병들은 총으로 경례를 했다.

맺음말

중일갑오전쟁 중에 중·일 양국 군대는 전사자를 대우하는 방식이 확연히 달랐다. 청군의 사망자는 약 2만 5000명이고, 일본군은 1만 3488명(그중 병사자는 1만 2000명)이었다. 군인 전사자는 7000~8000명으로, 전투가 진행된 모든 곳에서 일본군은 임시 묘지를 만들어 그들을 안장했다. 조선에서 벌어진 전투에서 중국과 시모노세키조약에 서명한 이후에 이르기까지 일본 정부는 해외에 안장된 일본군의 유골을 화장한 후 일본으로 가져와 다시 안장하기로 결정했다. 또 군인 묘지 조성 계획도 발표했다. 반면 중국에서는 황제의 인가를 받은 열사 장교와 병사에게만 성대한 장례식을 치러주었다. 자살한 정여창은 관에 검은색으로 옻칠을 하고 매장도 할 수 없었는데, 이는 그가 전쟁에 패한 장군이었기 때문이다.

편집자

중국의 병사는 인생이 무엇인지 생각하지 않는 듯 보였다. 그들은 스스로 왜 살고, 왜 죽는 것인지 잘 모르는 듯했다. 중국 백성에게도 중국 군대는 탐욕스럽게 약탈을 일삼고 흉악한데다 패기까지 없는 연약한 존재로 보였다. 그들은 적군의 웃음거리였다. 또한 국민의 재난이었다. 그들은 훈련이 부족했고 보급도 악화된 상태였다. 또한 낙후된 무기와 고픈 배를 붙잡고 전장으로 나가야만 했다. 그들에게는 기본적인 방호 시설도 없었다. 심지어 그들을 지휘하는 교관 중에도 잘 훈련받은 이가 적었다. 만약 다치기라도 하면 종종 전쟁터에 버려졌다. 전우들은 냉정하고 무관심했다. 자신의 생명을 불쌍히 여기는 것 외에 그들은 무엇을 지키기 위해 전쟁에 참여하는 것일까? 아무것도 없을까? 그들은 과연 무엇을 잃게 될 것인가? 역시 아무것도 없을까? 그렇다면 그들은 무엇을 위해 목숨을 거는 것일까? 중국의 국방은 거의 이러한 군대에 의지하고 있었다. 일본군이 현재 그들을 소탕하고 있다. 게다가 일본군은 전투에 대한 열정으로 충만해 있다. (……) 일본군 진영에서 어떤 사람을 무작위로 골라보더라도 그들은 좋은 대우를 받고, 좋은 훈련을 받으며, 또 좋은 군관의 지휘를 받는다는 사실을 알 수 있다.

1895년 2월 13일, 영국《폴 몰 가제트》

10

시모노세키조약: 중국의 굴욕

1895년 3월 21일 해저(海底)에서 한 줄의 전문이
왔다. "일본이 위웡섬(漁翁島)을 접수했다." 3일
후 평후섬(澎湖島) 역시 일본군에게 점령됐다.
히로시마에서 몇 개월 동안 특별 훈련을 받은
일본의 제4군단이 현재 타이완의 모퉁이를
점령했다. 중국과 일본 간 평화회담 조약 중 한
항목에 이런 구절이 있었다. "타이완 할양."

1895년 5월 4일, 미국《하퍼스 위클리》

이는 그 효과를 충분히 보여준 전쟁이었다.
짧은 몇 개월의 시간 동안 동양의 두 거인은
철저히 지위가 뒤바뀌었다. 중국은 동양 세계의
패권국으로 인정받던 국가였지만, 겉모습만
늑대였을 뿐 실제로는 온순한 양이었음이
밝혀졌다. 반대로 일본은 그동안 단 한 번도
주목받아본 적이 없지만, 단번에 우리 열강의
일원이 됐다. 물론 우리가 원하든 원하지 않든
상관없이 말이다. 일본은 이미 부지불식간에 우리
서양 사람의 존경을 받는 지위를 얻게 됐다. 반면
청 정부와 관원들의 부패는 우리가 못 본 척하는
가운데 중국을 매장하고 파멸시키고 있다.

1894년 12월 28일, 중국 영자신문《노스 차이나 데일리
뉴스(North China Daily News, 字林西報)》

THE GRAPHIC

NOVEMBER 24, 1894

THE CROWD OUTSIDE A PRINT SHOP LOOKING AT ILLUSTRATIONS OF JAPANESE VICTORIES
THE WAR IN THE EAST: A STREET SCENE IN TOKIO

1894년 11월 24일, 영국 《그래픽》

동양의 전쟁: 도쿄 거리. 서점 밖에서 일본 군중이 일본의 승리를 알리는 인쇄물을 보고 있다.

중일갑오전쟁에 대해 일본 민중은 각자 다른 태도를 보였다. 전쟁에 대한 열광은 먼저 지식층에서 만연했다. 후쿠자와 유키치는 자신의 글에서 이렇게 말했다. "일청전쟁은 문명과 야만 사이의 전쟁이다. 단순한 인간 대 인간, 국가 대 국가 간의 전쟁이 아니라, 새로운 문명과 진부한 문명 사이의 충돌인 것이다. 인류 문명의 발전을 위해 서로 엉켜 분명하지도 않은 전쟁 이유에 대해서는 어떤 토론도 할 필요가 없다."

전쟁 전야, 일본은 불경기의 공포 상황에 처해 있었다. 민중의 가장 큰 관심은 생계 문제였다. 전쟁의 승리는 국내의 갈등을 완화했다. 국가와 민중은 전쟁을 하는 중에 예상치 못한 이익을 획득했다. 국민의 생활수준은 대폭 향상됐다. 메이지유신 이후 일본은 전대미문의 번영을 맞이하게 됐다.

CHANG YEN HOON, CHINESE PEACE ENVOY, ON BOARD

Sketch by Mr. Lionel C. Barff ; Photo by Mr. G

CHINA.''

**1895년 3월 9일,
영국 《일러스트레이티드 런던 뉴스》**

장음환 전권공사가 인솔하는 평화 사절단이 영국
황실 우편선인 '중국첩운호(中國捷運號)'를 타고
일본으로 향하고 있다.

그림의 오른쪽에서 세 번째 인물인
서양인(중국 관료에게 몸이 가려진 인물-역주)은
아마도 미국의 전 국무부 장관이자 중국 측
사절단의 고문인 포스터일 것이다.
포스터(John Watson Foster, 1836~1917)
해리슨(Benjamin Harrison) 대통령 때의
국무부 장관. 1894년 중일갑오전쟁이 끝난
후 그는 청나라 정부 총리각국사무아문의
초청을 받아 일본과 담판을 진행했다.

**1895년 3월 9일,
영국《일러스트레이티드 런던 뉴스》**

장음환은 이홍장을 파견하기 전, 청나라에서 일본으로
파견되어 평화 조항을 담판한 첫 전권공사다.
영국 황실 우편선인 중국첩운호를 타고 강화를 논의하러
일본으로 향하는 길에 찍은 사진을 근거로 제판함

장음환은 중국 황제의 특명전권대사로서 일본과 평화
조건을 담판 짓기 위해 일본으로 갔다. 일본군은 그의
권력에 한계가 있다고 판단해 그 담판을 거절했다.
장음환은 59세로 광둥성 사람이다. 미국, 에스파냐, 페루
등에서 대사를 역임했으며, 현임 외교부 장관이다. 그는
비서와 통역 등을 대동해 일본으로 갔다.

La Guerre entre la Chine et le Japon. — Le Vice-Roi Li-Hung-Chang quittant Pékin

1895년 3월 31일, 프랑스 《르 프티 파리지앵》

중일갑오전쟁: 이홍장 총독이 강화를 맺기 위해 중국을 떠나 일본으로 향했다.

일본 우키요에

1895년 4월 17일 중국과 일본은 시모노세키조약을 체결했다. 중국 측은 화로 오른쪽부터
이홍장, 나풍록(羅豊祿), 오정방(伍廷芳), 화로 왼쪽부터 이경방(李經芳), 마건충(馬建忠)이
배석했다. 일본 측은 이홍장의 건너편에 이토 히로부미가 앉았고, 그 오른쪽으로 무쓰
무네미쓰(陸奧宗光), 이토 미요지(伊東巳代治) 내각서기관, 다나카 다카요(田中敬依) 외무성
비서 등이 배석했다.

Hôtel ou a été ratifié le traité de paix entre la Chine et le Japon.

1895년 7월 6일, 프랑스 《릴뤼스트라시옹》

'시모노세키조약' 체결 후에 중·일 양국이 조약문을 교환한 옌타이 소재 여관

1895년 5월 8일 중·일 양국은 옌타이 즈푸에서 양국 황제의
비준서를 교환했고, 정식으로 조약이 발효됐다.

L'ILLUSTRATION

LAO YU

1898년 10월 8일, 프랑스 《릴뤼스트라시옹》

라오위(老於, 유영복의 별명-편집자 주)

중국은 현재 불안한 정세 속에 놓여 있다. 이런 상황에서 예상 가능한 것은 유영복(劉永福) 같은 인물이 언제든 다시 화제의 인물로 나타날 것이라는 점이다. 그는 극동 지역에서 명성이 자자했으며, 라오위[老於, 여기서는 '노어세고(老於世故)'라는 사자성어를 줄인 것으로 보이며, 이 말은 '세상의 물정을 잘 안다'는 뜻임-역주]라고 불리기도 했다.

1897년 5월 25일 유영복은 군사 3500명을 이끌고 광저우(廣州)에 도착해 성 밖 북쪽 성문 가까운 곳에 막사를 치고 주둔했다. 이후 중국-베트남 변경 지역에서 다시 2000명의 소규모 부대를 흡수했고, 변경 지역에서 광저우에 이르는 일대에서 약탈을 일삼았다. 유영복의 군대가 나타나면 각 성의 군사들은 증발하듯 사라져버렸다.

그는 왜 이 검은 깃발 부대를 이끌고 있는 것일까? 어떤 이들은 서양 열강에 영토를 할양하려는 유약한 청 정부를 저지하기 위해 광둥과 광시 지역에서 진정한 어른으로 받들어지는 황진산(黃振山)과 중부 지역 몇몇 성의 일부 관원이 연맹을 결성했다고 말한다. 정부의 계획을 막기 위해 황진산과 양광(광둥 및 광시) 총독 담종린(譚鍾麟)이 의견을 모아 유영복과 그의 수하인 검은 깃발 부대에게 도움을 청했다는 것이다.

또 다른 이들은 프랑스가 유영복에게 무장을 시켰고, 그 이유는 영국 세력이 광저우 지역에 침투하는 것을 막기 위해서라는 것이다. 이는 더 말할 것도 없이 영국인의 이야기다.

끝으로 또 어떤 이들은 유영복은 오만하게도 양광 총독에게 자신의 군사들이 광저우 지역에 주둔하면서 직접 천조의 명령을 받들겠다고 했다는 것이다.

어찌 됐든 광저우 부근에 주둔한 이 검은 깃발 부대의 수령은 현재 큰일을 기다리고 있다. 어떤 큰일일까? 그는 어떤 일을 하려는 것일까? 답은 알기 어렵지만, 한 가지 확실히 알 수 있는 것은 현재 그 어느 누구도 유영복만큼 중국 전역을 뒤흔드는 반란을 책동하며 승리를 이끌어낼 능력을 갖고 있지 않다는 것이다.

60세 전후의 유영복은 용맹스러웠다. 키가 크고, 몸은 매우 건장하며, 눈은 작고, 광대뼈는 높으며, 귀가 컸다. 안색은 노란빛이 아니라 회백색을 띠었는데, 마치 몽골인의 피부색과 같았다. 그의 수염은 고작 열두 가닥 정도뿐이었는데, 검고 단단해 보였고 입 주변에 모여 있었다.

1898년 10월 8일, 프랑스 《릴뤼스트라시옹》
〈검은 깃발 부대의 수령, 유영복〉(선역)

APPROACH TO TAMSUI AT LOW TIDE.
This Harbor has a troublesome Bar, which greatly retards the Growth of the Port.

FORMOSAN SAMPAN.

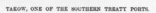

TAKOW, ONE OF THE SOUTHERN TREATY PORTS.

A GENTLEMAN OF LOO-CHOO.

FORMOSAN GIRL.

THE HARBOR OF KEE-LUNG—A SMALL TOWN WITH A LARGE EXPORT TRADE IN COAL.

FORMOSA, CHINA'S MOST IMPORTANT ISLAND.—[See Page 423.]

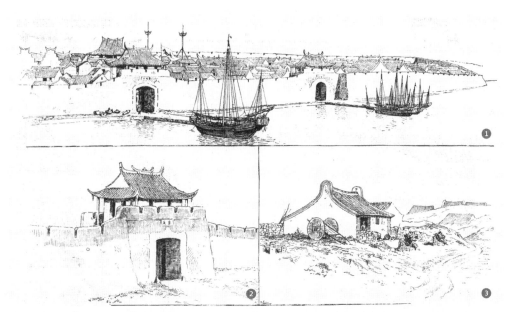

CESSION AU JAPON DES ILES PESCADORES. — 1. Vue générale de Makung. — 2. Une porte de la ville. 3. Une ferme dans l'île Ponghou.

D'après un dessin communiqué à « l'Illustration » par M. D. L.

1895년 5월 11일, 프랑스 《릴뤼스트라시옹》

펑후제도(澎湖諸島)가 일본에 할양됐다.

1 마궁성(馬公城) 조감도
2 마궁성 성문
3 일반 농가(農家)

1895년 5월 4일, 미국 《하퍼스 위클리》

타이완은 중국에서 가장 중요한 섬이다.

1 담수의 퇴조(退潮). 이 항만은 토사물이 쌓여 항만으로 발전하기에
제약이 있다.
2 타이완의 작은 배 '삼판(舢舨)'
3 타구[打狗, 지금의 고웅(高雄)] 남부의 조양항만
4 류큐 노인과 타이완 여인
5 지룽항(基隆港), 석탄을 수출하는 마을의 중요한 항구

맺음말

봉쇄 정책으로 굳게 닫혀 있던 중국을 무력으로 붕괴시킨 후 최근 약 1년 전까지 우리 영국은 극동 지역에서 그 누구도 도전할 수 없는 지배권을 장악하고 있었다. 이런 상황은 50년 정도 지속되어왔다. 우리는 전략적으로 중요한 싱가포르와 홍콩 등지를 점유해 그 지역을 지킬 위엄 있는 해군을 배치했다. 이로써 모든 경쟁 상대국에 앞서 해운 우위를 압도해 나갔다. 우리는 거대한 지역에서 상업적 이익을 확보할 수 있었다. 매년 500만 영국 파운드의 수입액과 1200만 영국 파운드의 수출액을 달성했다. 이런 모든 것은 우리가 극동 지역에서 향유하는 일부 특권에 불과하다. 우리가 장악한 중국과 일본 등지의 부유한 조약항과 현재 극동 지역에서 공용어처럼 쓰이는 영어 등을 생각해본다면, 영국이 확보한 최고의 발언권은 의심의 여지가 없다. 게다가 이러한 영향력은 극동 지역의 두 강대국인 중국과 일본이 공개적으로 받아들였을 뿐만 아니라, 기타 유럽 국가들과 미국 등의 열강 역시 묵인하고 있었다.

그러나 최근 1년 동안 상황이 완전히 변했다. 막을 수 없었던 중·일 간의 전쟁은 영국의 동아시아 정책의 기본 조건을 철저히 뒤엎어버렸다. 중국은 우리에게 잠재력이 큰 협력 대상이었는데, 이제 더 이상 그렇게 볼 수 없게 됐다. 반대로 일본은 그들 스스로 세계 강국의 대열에 올랐음을 이미 증명해 보였다.

비록 전쟁이 시작된 후 영국 정부가 취한 분쟁 조정(調停) 정책은 일본으로 하여금 자신들이 승리로 얻어낸 성과를 우리가 빼앗아가려 한다고 느끼게 하여 그들의 영국에 대한 감정을 상하게 했고, 그리하여 일본이 다른 열강에 더 가까워지게 만든 면도 없지 않다. 하지만 그래도 전후 영국은 러시아, 프랑스, 독일의 삼국간섭을 분명히 거절했다. 또 영국은 그들(삼국간섭)이 일본이 점령한 중국 랴우둥반도(시모노세키조약에 의거)에 간섭하는 것에도 참여하지 않았다. 이런 이유로 영국과 일본 양국은 상호 양해와 높은 평가로 서로 통하게 될 것이며, 대영제국과 동양 간에 이익공동체를 결성하게 될 것이다.

1895년 9월 24일, 영국 《타임스》

11

적국의 생각

우리 통신기자들은 최근 몇 개의 독립된 역사적
사건을 제대로 연결해서 보지 못했다. 그런 이유로
그들의 보도 내용에는 사람을 놀라게 할 과장된
내용이 포함돼 있었다. 비록 지금의 정세가 그들이
말하는 것처럼 심각하지는 않지만, 최근 한 달여
동안 중국에서 일어난 일을 살펴본다면 의심할
여지 없이 유럽 각국은 내년의 국제 정책 방향을
어떻게 정립해야 할지 다시 생각해야 할 것이다.
정세가 이렇게 된 이유는 세 가지다. 첫째, 중국과
일본의 전쟁 때문이다. 이번 전쟁으로 중국이
약하고 무능하다는 사실이 세계에 폭로됐다.
둘째, 러시아가 시베리아횡단철도를 대대적으로
부설했기 때문이다. 이로써 러시아는 아시아의 밀
생산지와 석탄 산지를 연결하게 됐고, 또 북태평양
지역을 통제할 수 있게 됐다. 셋째, 아프리카에서
영국과 독일의 갈등이 격화됐기 때문이다. 영국은
아프리카대륙 내륙 전체를 통제하려 하면서, 독일
역시 갖고 있는 식민 대국의 야망 따위는 그들의
고려 대상이 전혀 아니었다.

1898년 1월 8일, 미국《하퍼스 위클리》
〈중국에 대한 분쟁〉

DRAWN BY FRANK DADD, R.I.

FROM MATERIALS SUPPLIED BY T. CHILD, OF PEKIN

The lake Fai-yi-chi in the Palace Gardens of the Forbidden City, Pekin, is, in the summer, covered with lotus, but in the winter, when frozen over, it is used by the inmates of the Palace for sledging, and among the first to avail himself of this opportunity for a little amusement is his Imperial Majesty, who has just had a new sledge sent out to him from Austria

THE EMPEROR OF CHINA SLEDGING ON THE LAKE IN THE PALACE GARDENS, PEKIN

1895년 1월 19일, 영국 《그래픽》

중국 황제가 베이징 베이하이에서 썰매를 타고 있다. 썰매는 오스트리아 황제가 선물한 것이다.

베이징의 자금성 내 화원에는 태액지(太液池)라는 연못이 있다. 여름에는 연꽃이 가득 피고 겨울에는 얼어붙는데, 이곳에서 썰매를 탈 수 있다. 가장 먼저 이런 오락을 즐기던 사람은 바로 황제였다. 그는 오스트리아에서 얼마 전 신형 썰매를 선물로 받았다.

LA LÉGATION DE FRANCE A PÉKIN

Le ministre se rendant en chaise à l'audience impériale.

Les chaises du personnel de la Légation.

Capitaine de Fleurac.   M. Gérard, ministre de France.   M. Vissière, 1er interprète.   M. Leduc, 2e interprète.

Cour d'honneur de la Légation au moment du départ du personnel pour l'audience impériale.

Voiture de gala offerte à l'Impératrice douairière, à l'occasion de son soixantième anniversaire.

Photographies communiquées à « l'Illustration » par M. Charles Vapereau.

1895년 1월 12일, 프랑스《릴뤼스트라시옹》

1 프랑스 공사가 광서제를 알현하기 위해 가마를 타고 이동하고 있다.
2 공사관 직원의 가마
3 프랑스 공사와 수행원. 황제를 알현하러 가기 위해 영사관 내에서
의관을 단정히 하며 찍은 단체 사진
4 프랑스는 서태후에게 60세 생일 축하 선물로 마차 한 대를 보냈다.

DRAWN BY W. SMALL

In connection with the celebration of the birthday of the Dowager Empress, an Imperial Audience was held, at which all the Foreign Ministers and Legations were present. This was an important event, being an
This is the first time that Foreign Ministers have been accorded this privilege, and permitted to desecrate the pa

AN IMPERIAL AUDIENCE AT PEKIN WITHIN THE

IALS SUPPLIED BY MR. W. N. BEAUCLERK, SECRETARY OF LEGATION, TO OUR SPECIAL ARTIST, MR. C. E. FRIPP, AT PEKIN

ers of the seclusion surrounding the Emperor, for the reason that the audience was held within the precincts of the "Forbidden Town."
led wall with their barbarian boots

OF THE "FORBIDDEN TOWN"

1895년 2월 16일, 프랑스 《릴뤼스트라시옹》

서태후의 생일 축하 자리를 열어 황제는 처음으로 자금성에서 외국 사신을 영접했다.

서태후의 생일 축하를 기회로 황제는 중국에 주재하는 모든 국가의 사신을 영접했다. 이는 매우 특별한 순간이었다. 황제의 주변에 접근할 수 없다는 금지 관습을 타파한 중요한 첫걸음이기 때문이었다. 영접 의식은 말 그대로 '금성(禁城, 금지된 성)' 내에서 진행됐다. 중국 주재 외국 공사들에게는 역사에 남을 영광이었을 것이다. 야만인의 가죽 신발로 황색 벽돌 외벽이 둘러싼 신성한 토지를 오염시켜도 괜찮다고 허락을 받는 순간이었다.

M. Gérard, ambassadeur de France, reçu par l'empereur de Chine

1895년 1월 20일, 프랑스 《르 프티 파리지앵》

중국의 황제(광서제)가 제라르(M. Gérard) 프랑스 대사를 영접하고 있다.

Ce numéro est accompagné d'un supplément musical.

L'ILLUSTRATION

Prix du numéro : 75 cent.   SAMEDI 27 JUILLET 1895   53ᵉ *Année.* — Nᵒ 2735

LA GARDE DES LÉGATIONS EN CHINE PAR LES MARINS EUROPÉENS

Dans la rue des Légations, à Pékin : les marins français allant rendre visite à leurs camarades du poste de Pei-Lang.

Les marins français à Pékin : la leçon de tir à l'arc.

D'après les photographies de M. le Dᴿ J. Matignon.

1895년 7월 27일, 프랑스 《릴뤼스트라시옹》

1 베이징의 공사관 구역에 주둔한 프랑스 해군이 북당(천주교당-역주) 초소에 있는 그들의 동지들을 만나러 가고 있다.

2 베이징에서 프랑스 수군이 청군에게 활쏘기를 배우고 있다.

LA GARDE DES LÉGATIONS EN CHINE

On se souvient des inquiétudes qui se firent jour à Pékin même, parmi la colonie européenne, au cours de la guerre malheureuse engagée contre le Japon. On avait tout à redouter, en effet, d'une foule alarmée et surexcitée par les revers.

Il n'en fut rien heureusement, mais cette situation n'en autorisait pas moins les gouvernements européens à prendre toutes les précautions de nature à sauvegarder les intérêts et la vie de leurs nationaux. Déjà le gouvernement chinois avait pris les devants et placé une garde devant chaque légation; nous avons ici même indiqué (dans notre numéro du 2 mars), en montrant les éléments dont elle était formée, combien pouvait être précaire, à un moment donné, une pareille protection. C'est donc sans étonnement que l'on vit, vers la fin de février, des détachements de marins français, russes, espagnols, anglais et italiens monter à Pékin et s'installer devant leurs Légations respectives.

Quand nos matelots du *Bayard* arrivèrent sous les murs de la ville, il faisait un froid très vif et un vent glacial soufflait de Mongolie; nos hommes, sous la conduite des aspirants de Grancey et Quesnel, n'en avaient pas moins fait vaillamment, tantôt à pied, tantôt en charrette, le voyage de Tien-Tsin à Pékin.

Le détachement, fort de cinquante hommes, avait été partagé en deux compagnies : l'une resta à la Légation et l'autre fut dirigée sur le Peï-Lang, la plus importante des quatre missions catholiques de Pékin et la résidence de l'évêque.

Le service n'eut rien, du reste, d'extraordinairement dur, et nos mathurins eurent plus d'une bonne aubaine. Les membres de la Légation, en effet, et les quelques Français habitant la ville, pensaient souvent à eux et leur envoyaient volontiers des suppléments de nourriture, de tabac, de vins et de liqueurs. De temps à autre, les marins restés à la Légation partaient à ânes pour aller rendre visite à leurs camarades de Peï-Lang, aussi bien partagés qu'eux-mêmes, car les missionnaires étaient aux petits soins pour eux.

Des fêtes aussi étaient organisées pour distraire les hommes et leur laisser un bon souvenir de leur séjour dans la capitale du Céleste Empire; puis des jeux de toutes sortes : jeux de quilles, jeux de boules, tirs au pistolet et à la carabine, avec des prix. On n'avait même pas oublié le tir à l'arc, cher aux Chinois, et l'une de nos photographies montre un soldat tartare donnant une leçon pratique à nos marins.

Les détachements de marins qui vinrent s'installer à Pékin se composaient de 50 Français, 50 Russes, 50 Anglais, 20 Espagnols et 10 Italiens. Les Américains et les Allemands ne débarquèrent pas et restèrent à Tien-Tsin, prêts à toute éventualité. Le détachement du *Bayard* était commandé par MM. de Grancey et Quesnel, secondés par M. le Dr Matignon, aide-major de l'armée, médecin de la Légation et des détachements français, espagnol et italien.

La garde de la Légation de France.

LA GARDE DES LÉGATIONS EN CHINE. — Arrivée des marins du « Bayard » sous les murs de Pékin.

D'après des photographies de M. le Dr J. Matignon.

3 프랑스 공사관을 호위하는 모습
4 바야르함(프랑스 극동 함대의 철갑 순양함)에서 온 베이징의 프랑스
해군 사병(증원군)

베이징에 머무는 서양의 외교 사절, 선교사 그리고
교민은 중일갑오전쟁이 자신들의 안전에 악영향을
미칠지 모른다는 걱정을 했다. 결국 열강의 해군 병력은
톈진에 상륙한 후 각국의 베이징 소재 공사관으로 이동해
주둔했다. 프랑스 50명, 러시아 50명, 영국 50명, 에스파냐
20명, 이탈리아 10명, 미국과 독일의 수군은 톈진 일대에
머물며 뜻밖의 재난에 대비했다. 프랑스의 해군 군관과
군인 50명은 바야르함(Bayard, 청프전쟁 당시 프랑스의
기함)을 타고 베이징으로 왔으며, 베이징에 도착한 후 두
개의 부대로 나뉘었다. 한 부대는 주재하는 공사관으로
이동했고, 다른 한 부대는 북당[北堂, 베이징 서십고(西什庫)에
위치한 천주교당]으로 향했다. 그림 1은 공사관에서 수병들이
당나귀 타는 것을 배우면서 서십고에 전우들을 만나러
가는 장면이다. 그림 2는 공사관이 해군을 위해 상을
내걸고 레저 활동을 하는 장면으로, 실탄 사격을 하기도
하고 청나라 군인에게 활쏘기 등을 배우기도 했다.

Li-Hung Chang reçu par le Président de la République à l'Élysée

1896년 7월 19일, 프랑스《르 프티 파리지앵》

프랑스의 엘리제궁에서 이홍장이 프랑스공화국 대통령을 알현하고 있다.

《르 프티 파리지앵》의 보도에 따르면 이홍장은 유럽에 벌써 두 달 넘게 체류하고 있었다. 그는 결코 급하지 않았다. 중국이 일패도지(一敗塗地)로 일본에 패배한 후 그는 다시 설욕할 방법을 찾고 싶어 하는 것으로 보였다. 일정 내내 그는 생각하고 비교하고 평가했다. 러시아 황제 알렉산드르 2세의 대관식에 참여하는 것을 시작으로 그는 연이어 러시아, 독일, 벨기에 등을 방문했다. 현재 그는 프랑스에서 이미 수일간 머물고 있다. 이곳에서 그는 서양 국가의 군대 조직을 상세히 공부하는 한편, 최고로 선진화된 무기 등을 연구했다. 그는 엘리제궁에서 포르(François Félix Faure) 프랑스 대통령을 알현했고, 7월 14일에는 프랑스 국경절에 열린 열병식을 관전하기도 했다.

1. The Reception at ex-Secretary Whitney's House, August 29—Li Hung-Chang presents President Cleveland with the Letter from the Emperor of China.
2. The Celebration in Chinatown.　3. Li Hung-Chang's Visit to General Grant's Tomb, August 30.

THE VISIT OF THE AMBASSADOR OF CHINA.—DRAWN BY T. DART WALKER.—[SEE PAGE 907.]

893

1896년 8월 29일, 미국 《하퍼스 위클리》

이홍장, 미국에 가다.

1 8월 29일, 이홍장은 휘트니(William C. Whitney) 전 국무부 장관 저택에서 클리블랜드(Stephen Grover Cleveland) 대통령에게 황제의 국서를 전달했다.
2 당인 거리(唐人街, 차이나타운)의 경축 행사
3 8월 30일, 이홍장은 그랜트(Ulysses Simpson Grant) 장군(전 미국 대통령-역주) 묘를 참배했다.

1. In the Kitchen of the Hotel Waldorf—Chinese Cooks preparing Li Hung-Chang's Food.   2. The Arrival of Li Hung-Chang—Crowds at the American Line Pier, August 28.   3. Li Hung-Chang visits the Tomb of General Grant, August 30.   4. The Arrival of Li Hung-Chang—The Procession passing under the Washington Arch, August 28.   5. The Celebration in the Chinese Quarter—Looking up Mott Street from Chatham Square, September 1.

THE VISIT OF THE AMBASSADOR OF CHINA.—[SEE PAGE 907.]

1896년 9월 12일, 미국 《하퍼스 위클리》

이홍장, 미국에 가다.

1 이홍장이 미국에 와서 머문 곳은 뉴욕 5번가의 월도프(Waldorf) 호텔이다. 그가 직접 데리고
온 주방장이 호텔 주방에서 이홍장을 위해 중국 요리를 만들고 있다.
2 8월 28일, 뉴욕 부두로 이홍장을 환영하러 나온 미국인
3 8월 30일, 이홍장이 그랜트 장군 묘를 참배하고 있다.
4 8월 28일, 이홍장의 마차 의장대가 워싱턴 개선문(Washington Arch)을 지나고 있다.
5 9월 1일, 미국에 온 이홍장을 환영하는 의미로 뉴욕 차이나타운 거리에 다채로운 등이 걸렸다.

1824년 프랑스의 라파예트 후작이 미국을 방문한
이후 미국은 이홍장과 같은 귀한 손님을 맞이한
적이 없었다. 이는 전혀 과장이 아니다. 물론 전에
한 번 웨일스 친왕이 미국에 온 적이 있다. 그는
높은 신분의 귀한 손님이었지만, 미국에 왔을 때
너무 젊었고, 게다가 그의 나라는 우리와 우호
관계에 있었다. 하지만 이홍장은 스스로 성취해낸
비범한 존재로서 존귀한 인물로 평가받을 만했다.
이번에 그는 특사로서 미국을 방문했는데,
이미 고희의 나이였다. 그는 세계에서 가장 긴
역사를 가진 국가를 대표해 가장 신생 국가에
방문한 것이다. 이홍장은 미국이 처음으로 '원로
선배'라고 칭한 첫 번째 귀빈이었다. 중국에는
죽은 이를 존중하는 문화가 있는데, 그 예에 따라
이홍장은 이미 세상을 떠난 (미국의 전직 대통령)
그랜트 장군의 묘를 방문해 최대한의 존경을
표했다. 이홍장의 행보는 그의 이번 방문 일정에
좀 더 감성적인 요소를 더해주었으며, 의심할 여지
없이 미국인에게 위로의 마음을 심어주었다. 그의
이런 행동은 미국인이 왜 이토록 그를 열렬히
환호하는지를 설명해준다. 많은 사람이 거리로
나오는 기적과 같은 장면과 열정 넘치게 안부를

전하며 영접하는 모습 등으로 미국인은 청나라의
1품 백작, 태자태보, 직례 총독 등의 칭호를 갖고
있는 이 연장자를 영접했다.
이홍장은 뉴욕에서 마지막 날을 보내고
브루클린으로 이동했다. 그리고 미국 기자의 정식
인터뷰에 응했다. 또 이후에는 스트롱 시장과 관방
회담을 진행했다. 브루클린에서 그는 연합 클럽에
관심을 보였다. 특히 클럽 문 앞에 얼마 전 세워진
그랜트 장군상(像)에 관심을 보였다. 인터뷰 중에
그는 미국의 배화법안(중국을 배척하는 법안)에
불공평한 점이 있다고 지적했다. 경제적으로 이
법안은 불명한 데가 있으며, 정치적으로도 이
법안과 입을 열 때마다 자유 국가임을 말하는
미국의 태도가 일치하지 않는다는 것이다. 그의
언사는 비록 온화했지만, 지적할 부분은 지적하는
모습이었다. 이튿날 아침 그는 필라델피아로
이동하며 뉴욕 일정을 마무리했다.
이홍장이 뉴욕에 머무는 동안 몇만 명에 달하는
인파가 그의 실물을 목격했다. 처음에 사람들은
이홍장이 입고 있는 노란색 마고사와 모사에 꽂혀
있는 공작 깃털을 보고 웃기도 하고 신기해하기도
했다. 하지만 시간이 갈수록 점점 이 연장자의

위대한 모습을 발견하기 시작했고, 자연스레 그를 한층 더 존경하게 됐다. 사람들은 대부분 이홍장의 미국 방문이 어느 정도는 중국에 획기적인 시대를 가져오는 의의가 있다고 믿었다. 오랜 중국 문화의 전환점이 될 것이라고 말이다. 또 사람들은 만약 이홍장이 스물다섯 살만 더 젊었더라도 중국은 분명 다시 거듭났을 것이라고 확신했다. 이런 관점에서 볼 때 그의 이번 방문에 비극적 요소가 있음을 어렵지 않게 발견할 수 있다. 의심할 여지 없이 그의 방문은 중국 문명의 종식을 반증하는 것이기도 했다. 국가를 보전하기 위해 중국은 반드시 그 오래된 정치 체제를 버려야 한다. 이홍장은 이 문제를 잘 알고 있었다. 그가 중국의 미래를 이야기할 때 이렇게 말하지 않는가. "우리는 국가 주권을 보호해야 하고, 그 누구도 우리의 신성한 권력에 도전할 수 없다." 이홍장은 또 비스마르크와 같은 심정으로 이번 방문길에 올랐을 것이다. 조국의 통일이 비스마르크의 마음속에 깊이 간직된 가치였다면, 중국의 주권과 전통은 이홍장의 마음속에 깊이 새겨둔 가치였다.

1896년 9월 12일, 미국《하퍼스 위클리》
〈이홍장의 방미(訪美)〉(선역)

이홍장의 마음이 분명 좋을 수만은 없었다. 특히 최근 중국과 일본이 전쟁을 하는 중에 황제가 그에게 신임과 영예의 상징인 노란색 마고자를 하사했는데, 이를 박탈했기 때문이다. 이홍장은 이번에 노란색 마고자를 입고 프랑스를 방문했는데, 귀국 후에도 그가 이 옷을 계속 입을 수 있을지는 알 수가 없다. 독일인은 한 손에는 이홍장이 만든 성대한 프로그램을, 다른 한 손에는 주문서를 굳게 쥐고 언제든 독일의 무기, 탄약, 교관 등을 팔 준비가 되어 있었다. 이홍장은 그런 대접에 매우 만족해했다. 그러나 실제로 물품을 주문할 때는 분위기가 얼어붙었다. (……) 프랑스에 온 그가 통역을 통해 대통령 및 조야의 적지 않은 정치가와 교류를 진행하자, 그와 대화를 나눈 사람은 모두 그에게 탄복하고 칭찬을 그치지 않았다. 그러나 이홍장은 그들 가운데 중요한 문제에 대해 대화 나눌 그 누구도 찾을 수 없었다. 그는 자신의 노란색 옷에 달린 수정 단추를 풀고 마음의 문을 열 생각이 없었다. (……) 프랑스는 모든 귀빈에게 마음을 다해 대접한다. 그래서 이홍장이 중국으로 돌아간 이후에도 여전히 우리의 두터운 정을 기억할 수 있기를 희망한다. 그러나 기대는 해도 꼭 희망할 필요까지는 없을 것 같다.

1896년 7월 26일, 프랑스《르 프티 주르날》
〈이홍장〉(선역)

Le Petit Journal

Le Petit Journal
CHAQUE JOUR 5 CENTIMES
Le Supplément illustré
CHAQUE SEMAINE 5 CENTIMES

SUPPLÉMENT ILLUSTRÉ
Huit pages : CINQ centimes

ABONNEMENTS

	SIX MOIS	UN AN
SEINE ET SEINE-ET-OISE	2 fr.	3 fr. 50
DÉPARTEMENTS	2 fr.	4 fr.
ÉTRANGER	2 50	5 fr.

Septième année   DIMANCHE 26 JUILLET 1896   Numéro 297

LES HOTES DE LA FRANCE
Le vice-roi Li-Hung-Chang, ambassadeur extraordinaire de Chine

1896년 7월 26일, 프랑스《르 프티 주르날》

프랑스를 찾은 귀빈. 중국에서 온 특별한 사자(使者) 이홍장 총독

THE INTERNATIONAL INSTITUTE OF CHINA.

UNUSUAL attention has lately been directed to affairs in the Far East. The greatest diplomats of Europe, Asia, and America have suddenly been brought face to face with a strange medley of unexpected complications, concentrated in the ancient empire of China. The people of that country, hitherto intensely conservative, have been compelled by the force of circumstances to move with the great movements of the world and the time. Conditions have changed, and with the change have arisen new opportunities along lines of progress, enlightenment, and reform. Whoever would seek to use time, money, and energy with the least possible waste must note the new conditions and meet the new opportunities. What may have been best a few years ago may not be best to-day.

REV. GILBERT REID, Peking.

Recognizing the significance of the present time in the affairs of the Far East, a company of men, resident in China, have combined in the effort to establish in the city of Peking the International Institute of China. Already men connected with the nationalities of Great Britain, France, Germany, Holland, and the United States are on the committees to further the interests of the proposed institute. Men of other nationalities have shown their endorsement of the work by contributing to it. Men who are sincere in their wish to promote the welfare of the Chinese people and to strengthen the Chinese government have come forward to show their good-will toward this new enterprise.

This International Institute, to be started in the capital of China, is a combination of various features distinct in other lands. First, there will be a library and reading-room, to bring together books and periodicals in the Chinese language, to which will be added such from other countries as will be deemed advisable in the future. This will be the first library of the kind to be erected in China, and it is purposed to make it a model for public-spirited Chinese

tance, and to be used as a meeting-ground for both foreigners and Chinese who congregate in the large city of Peking. Fifth, there will be class-rooms for giving information and instruction to the grown-up men in official life, or who have literary degrees—a plan modelled somewhat after the University Extension course in this country.

The peculiarity of this work is the definite purpose to reach those who possess the largest influence in China, and through them to affect for good the whole population of that country. As one largely responsible for carrying out this proposed plan, I may say that I deem the undertaking to be feasible because of what has already been accomplished without the aid of any such institutional work. Personally, during the few years that I have lived in China I have found it possible, in a social way, without any introduction from other foreigners and without any political pressure brought to bear upon them, to make the

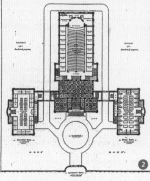

PLAN OF BUILDINGS AND GROUNDS.

The Imperial Board of Foreign Affairs, as representing the government, has, for the first time in its history, been willing to formally sanction under its seal such a plan for an international institute. Promises have been made by men of that body to bestow still greater honor by memorializing the Emperor for Imperial recognition so soon as the plan may be carried out. There is already abundant proof that the execution of this plan will not long be delayed. Already in China I have been able to secure contributions to the amount of $15,000. Most of this came from individual Chinese. Governor Hu, Director-General of Railroads in North China, the Metropolitan Viceroy Wang Wen-Shao, of Tien-tsin, and Viceroy Chang Chih-Tung, in Central China, were among the number to indicate their good-will by rendering financial aid. The work at present is carried on in a humble Chinese house rented for not more than $7 per month, and though new and grander buildings are planned for the future, it is still intended to bring Western ideas to the Chinese by methods of conciliation and adaptation.

GOVERNOR HU, Director-General of Railroads.

This plan, so largely endorsed in China, is now brought to the attention of people in this country and Europe. Already commercial bodies and educational institutions have indicated their willingness to co-operate. As soon as the money can be secured for the erection of the buildings, a larger appreciation on the part of the Chinese themselves will at once be manifested. The door for progress will be open as never before. Two buildings will cost each $13,000.

The main central building will consist of two parts—the front part will cost $14,000, and the auditorium, or larger part, will cost $35,000. Altogether, the estimated cost is only $75,000. Three competent English architects stipulate to erect these buildings, according to drawings already made, within this amount. This plan, presented to public-spirited men in the United States, offers an unusual opportunity to help in a large and generous way

PROPOSED BUILDINGS FOR THE INTERNATIONAL INSTITUTE OF CHINA, AT PEKING.

to follow in other sections of the country. Second, there will be a museum, or permanent exposition building, to display the arts and inventions of different nations and to impress the Chinese with the best features of our Christian civilization. Third, there will also be reception-rooms, to bring together the leading men of China and those from other countries who may desire to meet them in a social and friendly way. Fourth, there will be an auditorium for public lectures on all questions of impor-

acquaintance of as many as four hundred of the Chinese mandarins. This, of course, has been secured only through concentration of effort, and by a willingness to conform to many of the Chinese usages and to recognize the good points which many of them possess. Within this circle of friends are included all but one of the Emperor's cabinet, every one of the eleven members of the Imperial Board of Foreign Affairs, many censors of rank, men of highest literary distinction, and upwards of one hundred officials now holding office in the different provinces. An associate in the work is the Rev. Dr. Martin, author of *A Cycle of Cathay*, who has also had large acquaintance with distinguished men in the government, owing to his position, held for over thirty years, as president of the Imperial College and adviser to the Foreign Office. If such a number of influential men, many of whom are intensely conservative, can thus be reached with no attractions, how reasonable is it for us to expect that, with such attractions as this institute will afford, still greater influence can be exerted on these same men, and also an influence over others not yet reached, so that together they will be inclined to adopt measures, approve plans, and assist all efforts for the uplifting of their own people, and for the strengthening of their own government.

The Grand Secretary, Li Hung-Chang, in a letter which he presented to me April 12, 1897, to be used for publication in this country, made the following statement:

"You have set about solving this problem in a way that should commend itself to every friend of humanity. Unquestionably, if you can give to the blind leaders of our people light and learning enjoyed in the West, they in turn will lead our people out of their darkness."

Then, referring especially to his friends in the United States, he closed with these words:

"If it would interest them to know that I regard you highly, and will give you a helping hand in your future efforts to bring more light into the world and encourage higher aims for aspirations, you may use for that purpose this letter," etc.

this new endeavor to open up China more widely and peaceably to the whole world—to commerce, to education, to civilization, and to all the varied forms of Christian missions.

Should pamphlets or other information be desired, inquiries may be made of the Fleming H. Revell Company, 158 Fifth Avenue, New York city, or of the bankers Brown Brothers, 59 Wall Street.

GILBERT REID.

METROPOLITAN VICEROY WANG WEN-SHAO, OF TIEN-TSIN.

VICEROY CHANG CHIH-TUNG.

1898년 4월 9일, 미국 《하퍼스 위클리》

1 이가백(李佳白, Gilbert Reid) 목사, 베이징
2 건축 평면 설계도
3 철도를 주관하는 호(湖) 총독
4 중국 국제학회의 건축 계획도, 베이징
5 직례 총독 왕문소(王文韶), 톈진
6 장지동(長之洞) 총독

중국에 거주하는 지식인은 현재 극동 지역의 상황이 갖는 중요성을 인식하고 있다. 그들은 한마음으로 베이징에서 중국국제학회를 설립하려는 계획을 세웠다. 영국, 프랑스, 독일, 미국 그리고 네덜란드 등의 지식인은 학회 설립으로 인한 이익을 촉진하기 위해 이미 위원회를 설립했다.
다른 국가의 지식인도 모두 이 학회 설립을 위해 많은 공헌을 했으며, 그들이 이번 새로운 사업에 선의가 있음을 내보였다.
이홍장 대학사(大學士)는 1897년 4월 12일 우리에게 한 통의 편지를 보내왔다. 이미 중국에서 발표한 내용이었다. 그의 편지 내용은 다음과 같다. "당신이 문제 해결에 전력을 다해준다면 각 분야에서 친구들의 찬양을 받게 될 것입니다. 그리고 맹목적으로 백성을 다스리던 우리 관원들에게 서양의 영광과 학식을 전해준다면 그 관원들은 우리 백성을 암흑에서 벗어나게 해줄 것입니다."
이홍장은 글을 끝맺으며 특별히 그의 미국 친구를 언급했다. "만약 그들이 관심이 있다면, 또 내가 정말로 당신을 중시한다는 것을 안다면, 미래에 당신이 세계에 더 많은 영광을 가져올 수 있도록 도울 것이며, 사람들이 더 원대한 목표를 확립하도록 장려할 것입니다. 당신은 이 편지를 하나의 추천서라고 생각해도 됩니다."

1898년 4월 9일, 미국 《하퍼스 위클리》
〈국제학원계획(國際學院計劃)〉(선역)

THE CHINESE QUESTION.— THE GERMAN OCCUPATION OF KIAO-CHAU : SUNDAY AFTERNOON IN THE YAMEN, OR GOVERNMENT HOUSE, TSINGTAN.

Facsimile of a Sketch by our Special Artist, Mr. Melton Prior.

" On Sunday the band of one of the ships plays in the Yamen, and I was much interested in watching the Chinese enjoying music quite foreign to them. The Governor walked about and chatted with his officers, and with the head Chinese men of the place."—MELTON PRIOR.

1898년 4월 16일, 영국 《일러스트레이티드 런던 뉴스》

중국 문제: 독일이 점령한 자오저우(膠州). 독일 군관이 칭다오(靑島) 아문(衙門)에서 음악회를 열고 있다.

일요일에 전함 위에 있던 군악대가 아문에서 연주를 했다. 나는 호기심 가득한 눈빛으로 현장에 있던 중국인을 관찰했다. 그들은 처음 들어본 음악에 큰 흥미를 보였다. 총독과 그의 부하 그리고 현장에 나온 중국 최고위 관원들이 대화를 나누고 있었다.

멜턴 프라이어(Melton Prior) 본사 특파 화가

THE CHINESE QUESTION: GERMANS LANDING STORES AT TSINGTAN FOR KIAO-CHAU.

Facsimile of a Sketch by our Special Artist, Mr. Melton Prior.

" *It is not every day that the wind and sea allow of stores and ammunition being landed at Tsingtan. Occasionally it blows very hard, and then communication between sea and shore is both difficult and dangerous; but, given a fair wind, the scene is very lively on the pier or jetty, which was in course of construction by the late Chinese General. The stores are hauled out of the sampans, as shown in the sketch, and then carried by the Chinese coolies in various ways—it takes six and sometimes eight of them to carry a load of which two or three Europeans would make light; and they have to take constant rest, sometimes succumbing under the load, whereupon coolies, ammunition, or stores are mixed together in an incongruous mass.*"—Melton Prior.

1898년 4월 23일, 영국 《일러스트레이티드 런던 뉴스》

중국 문제: 독일 군함이 칭다오 자오저우에서 물품을 하역하고 있다.

칭다오는 사람들이 아무 때나 물자와 탄약을 선적하고 하역할 수 있는 자연 조건이 갖추어진 항만은 아니었다. 다시 말해 늘 파도가 평온한 곳은 아니다. 바람이 거칠게 부는 날은 해상과 해안 간 통신이 어렵고 위험하기까지 했다. 그러나 풍속만 정상이라면 부두와 방파제 둑 위에는 사람들로 북적였다. 칭다오 최후의 중국인 장군은 그가 진행하던 방파제 둑 재건을 완수할 시간이 부족했다. 그 결과 공사는 중단된 상황이다. 물자는 작은 선박을 이용해 하역한 뒤 그림과 같은 방식으로 부두까지 운송해온다. 그 후 중국인 노동자가 온 힘을 다해 운반한다. 세 명의 유럽인이 가볍게 옮기던 물자를 중국인 노동자는 여섯 명, 심지어 여덟 명이 있어야 가능했다. 게다가 그들은 걷다가 쉬기를 반복했다. 가끔은 무게를 견디지 못해 넘어지기도 했다. 노동자, 물자, 탄약 등이 뒤섞이며 항만은 혼란스러웠다.

멜턴 프라이어(Melton Prior) 본사 특파 화가

1898년 7월 16일, 영국 《일러스트레이티드 런던 뉴스》

1 옌타이의 중국 범선

2 일본군이 웨이하이웨이에서 철군할 때 미오시 장군은 대영제국과 대청제국을 위해 잔을 들었다.

(일본군이 웨이하이웨이에서 철수하고 단 하루 만에 영국 해군은 청나라에 조차를 강행했다-편집자 주)

THE ILLUSTRATED LONDON NEWS, JULY 16, 1898.— 96

THE CHINESE QUESTION.

Among our sketches of recent events in the Far East the most interesting are those relating to the British occupation of Wei-Hai-Wei. The hoisting of the British flag took place on the island on the Queen's Birthday, when the British ships in the harbour—H.M.S. *Narcissus* and *Alacrity*—were dressed with flags and fired a royal salute at noon. The choice of May 24 is said to have been mere coincidence. It is also noted as an amusing coincidence that when the British naval officers went ashore for the ceremony they were greeted by a cuckoo. Bluejackets under arms were landed under Commander Napier, and these formed three sides of a square, the fourth being composed of sailors from the Chinese men-of-war.

About the flagstaff on the ramparts were gathered British naval officers and men, and a crowd of Chinese, the Commissioners being received in the centre of the square. The Proclamation of Occupation was then read by Captain King-Hall, whereupon the order was given to "hoist the colours." As they fluttered to the masthead the band played the National Anthem and the bluejackets presented arms. The Chinese national air was also played, but our correspondent declares that it was rather difficult to follow. Three cheers for her Majesty and one for the Emperor of China concluded the ceremonial. The Chinese flag had been hoisted the previous day, and the two flags of "the dual control" remained flying together for three days. On the 23rd the Japanese flag was hauled down

who are more eager to adorn their book-shelves than improve their minds. He prefers the modest little shop up a quiet street, where he hopes to find a bargain or have a chat with the bookseller.

The book-hunter knows more about his favourite authors and editions than the bookseller, or, for that matter, anybody else; and the acuteness he has displayed, and the bargains he has picked up during his hunts through the stalls, are truly marvellous. But as one comes to know these dear old men more (they are sometimes young in years) one's wonder grows less, for all their stories have a strange family likeness which in time grows monotonous and suggestive of a common origin. That bargains are now and again to be picked up is a pleasing and encouraging fact for lovers of books; and that second-hand booksellers are only human, and are liable to make mistakes, is also a fact which the most experienced of them will no doubt admit. Nor is this to be wondered at in a trade full of ups and downs, and in which all men are learners.

The less people know of books the more inclined are they to exaggerate their value.

"Sixpence for a big book like that!" an old lady will exclaim in accents of scorn, and with a look of surprise; "why you gave me a shilling for a smaller one last week."

This is reminiscent of "Handy Andy," and the post-master who wanted to charge the Irish hero more for a small letter than he charged another for a big one. "Do

escape by saying they see nothing to suit just now, or by offering a ridiculously low price.

Some will frankly tell the bookseller his prices are too high, a few others that they are too low; and if this candid speaking is not resented, they will go on, and kindly suggest many improvements in his mode of carrying on business. That he should know his own business best never occurs to these simple souls.

When buying books over the counter, the vendors will often favour the bookseller with a history of the books they are offering, their literary and monetary values, what they want for them, how soon they will sell, and the prices they will fetch. If the bookseller, after examination, forms a different estimate of them, they will argue the point with him, and in so many words insinuate that he does not know his own business and is too stupid or obstinate to learn. If worthless, and no offer made, they will look indignant and sternly demand "What's wrong with them?"

Those who know books best are the pleasantest and easiest to deal with, both in buying and selling, and generally regard the bookseller with kindly feelings. Ladies are harder to deal with than men, and are more regardless of the bookseller's time and feelings. When the working man or woman are book-lovers they are pleasant customers, but not much can be said in favour of the average sons and daughters of toil.

Many go hunting after a book all their lifetime, and are disappointed if they come across it. It's either too dear

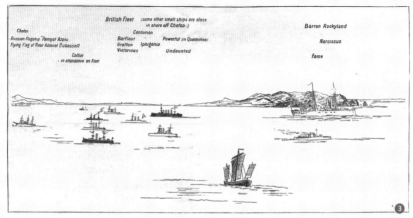

THE CHINESE QUESTION.—THE BEGINNING OF THE BRITISH OCCUPATION OF WEI-HAI-WEI : THE DEPARTURE OF H.M.S. "NARCISSUS" AND THE DESTROYER "FAME" FROM CHEFOO ON MAY 20

From a Sketch by Mr. W. G. Littlejohn, H.M.S. "Centurion."

3 중국 문제: 영국은 웨이하이웨이를 점령하기 시작했다. 순양함 수선호와 구축함 비모호(費姆號, Fame, 그림의 오른쪽)는 5월 20일 옌타이 즈푸를 향해 이동했다.

중국 국기는 어제 게양됐다. 양국의 국기는 '이중 통제'하에 3일 동안 공동으로 펄럭일 것이다. 5월 23일 일본 국기는 일본군 고위 장교들이 철수할 때 내려졌다. 그림 2는 일본의 미오시(三圉子) 장군이 떠나기 전에 대영제국과 대청제국을 위해 잔을 드는 모습을 그렸다. 영국의 에드워드 시모어(Edward H. Seymour) 원수(영국 해군함대 사령관-편집자 주)는 웨이하이웨이 접수를 책임질 대표를 파견했는데, '수선호(水仙號, Narcissus)'의 킹홀(King-Hall) 함장과 옌타이 영사 홉킨스(L. C. Hopkins)였다. 중국 측에서는 두 명의 대표가 참여했는데, 성이 '유(劉)'와 '엄(嚴)'이었다. 이들은 미오시 장군이 곧 타고 떠날 선박 앞에서 송별식을 거행했다.

〈중국의 정세: 영국이 점령한 웨이하이웨이에서의 의식〉(선역)

GENERAL VIEW OF PORT ARTHUR.

THE DISPUTE OVER CHINA.

ALTHOUGH not at present as sensational as they have been represented in cablegrams from correspondents who have lost connection between the separate events of recent history, the developments of the last four or five weeks in China promise to give direction to European international politics during the coming year.

PRINCE HENRY OF PRUSSIA.

It now seems probable that Germany's indignation over the murder of the German missionaries Nies and Henle, though genuine enough, was carefully exaggerated in order to cover plans of much larger importance than the mere forcing of an indemnity. However this may be, it is evident that what seemed at the time the rash and headstrong outbreak of the German Emperor at Kiel, on December 15, was the result of premeditation as careful as he is capable of giving any subject. It was his own peculiar way of notifying Russia and England that Germany must be accounted with in carrying out the secret treaty which, it now appears, was really negotiated between Russia and China just after the close of the Chinese war with Japan.

NATIVE CRAFT IN FRONT OF HONG-KONG.

IN THE GARDEN OF THE VICEROY'S LITERARY CLUB.

ADMIRAL SIR E. H. SEYMOUR, K.C.B.,
British Commander-in-Chief on the China Station.

1898년 1월 8일, 미국 《하퍼스 위클리》

1 뤼순항 조감도
2 프로이센 장군 하인리히 왕자
3 홍콩 연안의 본토 선박
4 총독 문학 클럽의 화원에서
5 주중 영국 해군함대 사령관 에드워드 시모어 백작

1898년 1월 8일, 미국 《하퍼스 위클리》

1 홍콩 호텔에서 바라본 항구
2 광저우에 정박된 페달형 선박. 이런 종류의 배는 주장강(珠江)에서 운행했는데, 쿨리가 페달을 밟았다.
3 홍콩항 바깥의 중국 어선
4 광저우의 아문부(衙門府)
5 홍콩의 중국인 거주 지역인 엘링턴(Ellington) 거리
6 옌타이 내항으로 들어온 본토 선박. 일본 영사관에서 바라본 장면이다.

HONG-KONG—THE HARBOR, FROM THE HONG-KONG HOTEL.

STERN PADDLE-WHEEL BOAT PLYING ON PEARL RIVER IN FRONT OF CANTON,
PROPELLED BY CHINESE COOLIES IN TREAD-MILL.

CHINESE FISHING-JUNK, OUTSIDE HONG-KONG HARBOR.

COURT IN FRONT OF THE YAMEN OF THE TARTAR GENERAL, CANTON.

ELLINGTON STREET, HONG-KONG, CHINESE QUARTER.

CHEE-FOO—THE INSIDE HARBOR, WITH NATIVE SHIPPING, FROM THE JAPANESE LEGATION.

THE DISPUTE OVER CHINA —FROM PHOTOGRAPHS BY W. H. JACKSON.

EN CHINE
Le gâteau des Rois et... des Empereurs

1898년 1월 16일, 프랑스《르 프티 주르날》표지

앙리 메예르(Henri Meyer)의 정치 만화. 중국이라는 파이를 놓고 각국의 왕이 싸우고 있다.

신(Chine, 프랑스어로 중국)이라 불리는 커다란 파이를 둘러싸고 귀빈 몇 사람이 앉아 있다. 영국의 빅토리아 여왕, 독일 황제 빌헬름 2세, 러시아 차르 니콜라이 2세 그리고 일본을 상징하는 사무라이다. 준걸한 청년의 모습인 니콜라이 2세 뒤에는 프랑스공화국의 상징 마리안(Marianne)이 서 있다. 그녀는 한 손을 부드럽게 니콜라이의 어깨 위에 얹고 몸을 앞으로 기울였다. 그녀는 니콜라이와 함께 포트아서(Port-Arthur, 뤼순항)라고 쓰여 있는 파이를 공유하고 싶어 한다. 한편 빅토리아와 빌헬름은 서로 눈을 부릅뜨고 배척하는 모습이다. 빅토리아는 자신이 오래전부터 침 흘려온 가장 많은 파이를 손으로 가리고 있다. 빌헬름은 과감하게 칼로 파이를 자르기 시작하는데, 자오저우만을 이등분하려 시도하고 있다. 한쪽은 영국 쪽(웨이하이웨이)으로, 다른 한쪽은 독일 쪽(칭다오)으로 남기기 위해서다. 오직 일본 사무라이만이 실의에 빠진 모양이다. 그의 눈은 오히려 나머지 절반의 파이에서 맴돌고 있다. 이때 머리에 정대화령(頂戴花翎, 청나라 고관이 쓰는 모자)을 쓰고 노란색 마고자를 입은 청나라 대관(이홍장으로 추정됨)이 길길이 날뛰며 끼어들고 있다. 그러나 자신에게는 그럴 만한 능력이 없음을 알고 있다. 그는 두 팔을 벌리고 입으로는 마치 다음과 같이 말하고 있는 것 같다. "그래도 나에게 조금이라도 남겨줘. 체면이라도 살리게!"

일본 《어국지예》(우키요에)

풍자만화 <세계 각국의 아이들>

戯畫「公園の各國兒童」

우리는 일청전쟁에서 승리해 랴오둥반도를 영토로 획득했다. 그러나 눈물을 머금고 굴욕적으로 청나라에 반환했다. 이는 극동의 평화를 유지하기 위해서였다. 그러나 우리에게 이런 권고(랴오둥반도 반환 요구)를 했던 열강은 이후 어떻게 했는가?

러시아는 만주철도 건설권과 광산 채굴권 그리고 뤼순과 다롄 조차권 등을 획득했다. '북청사변(北淸事變, 여덟 개 국가가 연합해 중국을 침략한 전쟁)' 후에 만주 주둔군의 야심은 더 크게 노골적으로 표출됐다. 독일은 두 명의 선교사가 살해됐다는 핑계로 자오저우만을 갑자기 점령해 이곳에 대한 99년간의 조차권을 획득했다. 또 산둥의 철로 부설권과 광산 채굴권도 획득했다.

러시아가 뤼순을 조차하던 기간에 영국은 청나라를 압박해 웨이하이웨이 조차권을 획득했다. 프랑스 역시 성공적으로 광저우만 조차권을 획득했다. 다시 말해 (우리에게) '극동의 평화'를 이유로 랴오둥반도를 반환하라고 했던 열강이 오히려 '동아시아를 교란하는 것'이 아니면 무엇인가? 이 그림은 이러한 상황을 풍자한 것이다.

조일태랑(朝日太郎, 일본 대표): "응? 아조(俄助, 러시아 대표), 너희가 청길(淸吉, 청 대표)의 경솔함을 틈타 '찐빵(이익)'을 훔쳐 가면 어떻게 하니? 빨리 돌려줘!"

아조: "쓸데없는 말 하지 마, 오만한 꼬마야. 내 이 커다란 체구가 보이지?"

법차(法次, 프랑스 대표): "아조, 그 찐빵 우리 나눠 먹자."

덕일(德一, 독일 대표): "법차, 네가 얻으면 내게도 좀 줘야 한다."

미장(美藏, 미국 대표): "이거 참 재미있는 일이네. 아조가 억지를 쓰면 조일태랑이 무시당하는 거 아냐?"

영자(英子, 영국 대표): "아조, 참 사람 짜증 나게 하네. 유부(有夫, 아르헨티나 대표)야, 너 장난감 배 두 척 다 조일태랑에게 줘."

유부: "그래, 그래, 조일태랑에게 빨리 줄게." [일본이 이후 아르헨티나로부터 일진(日進)과 춘일(春日) 두 척의 전함을 구매한 것을 의미함]

한방(韓坊, 조선 대표): "조일태랑 형, 나 너무 무서워. 너무 무서워."

청길: "오……, 오……."

일본,《어국지예》〈세계 각국의 아이들〉

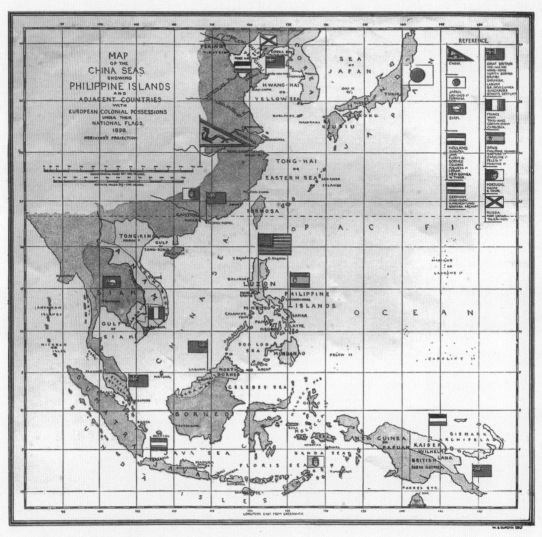

1898년 6월 11일, 미국 《하퍼스 위클리》

극동 지역에서 서양 국가들의 세력 범위도

Carte du démembrement de la Chine.

1895년 1월 5일, 프랑스 《릴뤼스트라시옹》

열강이 중국을 나눠 갖는 상상도

프랑스의 주간지 《릴뤼스트라시옹》은 일본에서 전쟁 승리로
인한 광풍과 민족 자긍심이 일어나고 있다고 보도한 후 도쿄의
《시사신보(時事新報)》('탈아론'을 주장한 일본의 주류 정치사상가 후쿠자와 유키치가
발간하고 주관하는 신문)가 1894년 발간한 한 장의 가상도를 공개했다. 이
가상도는 10년 후인 1904년 중국이 해체된 후를 가정한 지도였다. 프랑스,
독일, 영국, 러시아와 일본이 중국의 대부분을 분리해 나눠 갖는다는 것이다.
기자는 이 지도를 보고 다음과 같이 보도했다. "이 지도는 일본인이 이미
승리에 도취해 이성을 잃었다는 것을 방증할 뿐만 아니라, 유럽인에게
최근 전해지는 일본 사회의 유행 사상(중국이 전패한 후 일본은 중국과 함께 공수
동맹을 맺어 서양에 대항한다는 것)이 많은 서양 매체의 보도에 언급되는 것만큼
과하지는 않다는 것을 더욱 말해주는 것이다."

"WIDE-OPEN" NEW YORK.—[See Page 1045.]

HARPER'S WEEKLY

JOURNAL OF CIVILIZATION

Vol. XLII.—No. 2183.
Copyright, 1898, by Harper & Brothers.
All Rights Reserved.

NEW YORK, SATURDAY, OCTOBER 22, 1898.

TEN CENTS A COPY.
FOUR DOLLARS A YEAR.

KUANG HSU, EMPEROR OF CHINA.
FROM A SKETCH FROM LIFE.

THE DISTURBANCES IN CHINA.

PEKING—THE FORBIDDEN CITY, AS SEEN FROM THE IMPERIAL CITY.

DRAWN BY HARRY FENN FROM THE ONLY PHOTOGRAPH KNOWN TO HAVE BEEN TAKEN OF THE PROHIBITED ENCLOSURE.—[SEE PAGE 1031.]

1898년 10월 22일,
미국 《하퍼스 위클리》

동요하는 중국. 베이징 내성에서 바라본
자금성
우리가 알고 있는 한 유일한 자금성 사진
스케치
왼쪽 위: 광서제 [백일유신(百日維新, 무술변법-
역주) 실패 후 세력이 약화된 광서제는 서양 매체가
쫓는 집중 대상이었다.-편집자 주]

만약 최근 중국의 황제가 도망, 피살 혹은 자살했다는
보도가 나왔다면 제대로 해석해야 한다. 먼저
영자신문에는 전혀 나오지 않는 중국의 속어를 이해할
필요가 있다. 이는 보도의 진위 여부를 가리는 데 도움이
될 것이다. 적어도 크게 발생할 것 같지 않은 사건 중에서
그나마 가장 발생 가능성이 높은 사건을 골라낼 수 있도록
도움을 줄 것이다. (……) 그것은 바로 '유면자(留面子, to save
his face)'라는 말이다.('체면을 세워주다'라는 의미의 속어.-역주)
대청제국의 고관은 대부분 혹여 갑작스레 돌발 사건이
발생해도 이 말을 스스로에게 쓴다. 예를 들어 위협을 받아
사직을 해야 할 때 아마도 자기 자신과 관련 기관의 신용을
지키기 위한 가장 좋은 방법은 자살일 것이다. 그러나
황제는 예의와 규정에 따라 그가 그런 선택을 하지 않도록
해야 한다. 만약 황제가 그를 대신할 새로운 인물을 이미
결정한 상태라면, 혹은 적어도 새로운 인물 발탁과 관련해
곧 인사이동을 발표할 예정이라면 그 고관은 반드시
'황제의 체면을 지키기' 위해 하직해야 한다. 그러니 이
글의 의미가 누군가를 진력을 다해 죽인다는 뜻은 아닌
것이다.
황제가 머무는 자금성은 황성 안에 있고, 황성 바깥쪽은
성벽이 둘러싸고 있다. 그러나 황제가 느끼는 안전감은
광둥 지역의 가난한 어부만도 못하다. 어부는 적어도
자신이 위험한지 예측이라도 할 수 있지만, 황제는 자신의
생활환경을 통제할 길이 없기 때문이다.

1898년 10월 22일, 미국 《하퍼스 위클리》
〈중국의 동요(動搖)〉(선역)

SUPPLEMENT TO THE GRAPHIC, MARCH 18, 1899

AN HISTORIC EPISODE IN THE CHINESE COURT: THE RECEPTION OF THE WIVES OF FOREIGN MINISTERS BY THE EMPRESS DOWAGER

1899년 3월 18일, 영국 《그래픽》

서태후가 외국 공사의 부인들을 초대했다. 이는 중국 궁성 내에서 벌어진 전대미문의 역사적 사건이다.

맺음말

하늘이 중국 해체에 속도를 냈다. 중국은 큰 재난에 직면했다. 비록 겉으로는 지나치게 가혹해 보이지만, 실상은 아직 그렇지 않다. 하늘의 뜻은 거스르기 어렵다. 천명에 응하고 민의에 순종해야 하는 것이다. 유럽에서 온 한 무리의 포악하고 굶주린 늑대들이 이빨을 드러내고 발톱을 세우며 늙고 쇠약해 생이 얼마 남지 않은 노인을 덮치고 말았다. 그 노인의 사지를 찢고 뼈까지 드러내고 있다. 물론 세상 사람은 서양 국가들이 중국을 집어삼키려 침을 흘린 지 오래됐다는 사실을 알지만, 그 모양이 너무 추해서 새삼 많은 이를 크게 놀라게 하고 있다. 그러나 중국이 파괴되어도 전혀 아쉬운 상황은 아니다. 그 이유는 세상 이치나 하늘의 이치는 순환하며 액운이 닥치는 것은 당연하기 때문이다. 많은 열강이 이 아름다운 땅을 갈라놓을지라도, 열강이 갈라놓은 그 결과가 최후에 어떻게 변할지 몰라도, 전 세계 최고의 부패한 탐관오리 상류층을 제외한 나머지 중국인은 오히려 이러한 역사 격변의 수혜자다. 과거 중국인의 통치 이론, 공정함과 정의에 대한 전통적 이해 그리고 관(官)과 민(民)의 관계에 대한 전통적 개념 등은 '걸작'으로까지 일컬어지면서 전 세계의 감탄을 받았다. 중국인은 원래 위대한 민족이다. 그들의 총명함은 동양을 신속하게 문명의 시대로 진입시켰다. 그러나 그때부터 중국은 진부함을 답습하기 시작했고, 낡은 것을 부여잡고 놓지 않았다. 훌륭한 통치 행위와 태평성대에 추구하던 선(善)과 도(道)의 초심은 점점 멀어져갔다. 세계의 다른 민족과 비교해보면 많은 중국인이 지배 계급의 가혹한 착취와 박해를 받았고, 늘 예속된 노예로서 살았다. 그들에게 인간의 존엄이란 없었다.

1898년 1월 15일, 미국《하퍼스 위클리》
〈중국의 분열〉(줄리언 랠프)

One of the principal events of Li Hung Chang's brief stay in Germany was his visit to Prince Bismarck. The visit lasted about two hours. Toward appeared outside the Castle with Li Hung Chang, whom he afterwards conducted to his carriage. The two venerable statesmen shook hands warmly on par Charlottenburg Polytechnic, when Professor Slaby showed a number of experiments with the Röntgen Rays. The Chinese Envoy consented to an attem the bullet fired at his head by the assassin at Shimonosaki last year. The image of the head which was obtained showed clearly the track of the bullet in the below. But more than by anything else Li Hung Chang would seem to have been impressed by his inspection of the Krupp Works at Essen.—Our illustration sent by Mr. Arthur Mennell

LI HUNG CHANG WITH PRINCE BISMARCK ON THE BALCONY OF THE CASTLE AT FRIE

TWO VETERAN STATESMEN: A SCENE DURING THE CHINESE V

k, wearing a cuirassier uniform,
inese statesman also visited the
means of the rays, the position of
f lodged in the tissues slightly
eue Photographische Gesellschaft

1896년 7월 4일, 영국《그래픽》

독일 프리드리히스루(Friedrichsruhe)를
방문해 비스마르크를 만난 이홍장 중국 총독.
나이 지긋한 두 정치가가 함께 서 있다.

12

전쟁 중 미디어의 역할

중일갑오전쟁을 전체적으로 살펴보면 황해의 포연 말고도 보이지 않는 또 하나의 전쟁이 있었다. 바로 여론전이다.

청 정부는 여론전을 경시하고 방임했는데, 일본은 전면적으로 현대화된 미디어 수단을 조작했다. 신문 미디어 세계화의 맹아가 보이기 시작하던 시기, 일본 정부는 목판과 동판 인쇄, 전통적 소묘, 대자보 선전 등을 충분히 이용했다. 또 최근 미디어 중 하나인 사진 촬영 등을 통해 전 방위로 여론을 통제했다. 정보의 반복적인 유포는 민중과 국제 여론에 영향을 주었다. 바로 이 전쟁에서도 일본은 우위를 차지할 수 있었으며, 일정 정도는 청군의 패망을 가속화했다.

일본 정부는 일찍이 조선에 대해 포위 전략을 전개했는데, 여론 선전을 국가 전략으로 높였다. 그들은 또한 비밀리에 하우스 전《뉴욕 트리뷴》 기자를 여론전의 고문으로 초청했고, 크릴맨《뉴욕 월드》기자가 뤼순 대학살 사건을 폭로한 이후에는《워싱턴 포스트》,《샌프란시스코 크로니클》,《뉴욕 타임스》등에 일본에 유리한 글을 싣기도 했다. 그래서 오히려 크릴맨이 의심받는 일도 있었다. 청 조정과 미디어는 대학살 사건에 침묵을 지켰지만, 일본은 대학살 사건 이후 오히려 "달로(韃虜, 중국 한족이 만주 조정을 욕하는 말-역주)를 몰아내고, 중화(中華)를 부흥하자"라는 구호를 공공연히 앞세우며 중국 내 만주족과 한족의 관계를 분열시켰다.

실제로 청 정부는 신문 보도와 관련해 극단적이고 보수적인 자세를 견지했다. 중일갑오전쟁 당시 외국 기자의 종군 취재를 거절했고, 외국 무관의 종군 전쟁 관전도 거절했다. 이렇게 미디어 활용을 배척하게 되면서 전쟁 중 청나라의 입장은 불투명해졌다. 따라서 국제사회는 오로지 일본의 이야기만 듣게 됐기에 일본에 유리하게 경도될 가능성이 컸다. 예를 들어 영국 국적의 고승호가 일본군에 의해 격침돼 1000명이 넘는 청군이 익사한 풍도해전 때나 뤼순 대학살 사건 때 청 조정과 미디어의 강력한 목소리는 없었다. 게다가《점석재화보(點石齋畫報)》나 《상하이신문화보(上海新聞畫報)》같은 청의 국내 신문은 전쟁 패배를 오히려 승리로 조작했는데, 이는 국제 미디어의 조롱감이 되기도 했다.

일본은 중일갑오전쟁 중에 모든 국가 선전 기기를 가동했다. 외국 무관의 전쟁 관전을 허락했고, 외국 기자의 종군 취재도 허락했다. 국내의 신문 기자, 행군 화가, 사진가, 승려, 신관 등이 군과 함께 취재나 작업하는 것을 허락했다. 비록 실제 과정에서는 많은 제한도 있었지만, 이런 방법 자체는 전쟁의 투명성을 크게 향상시켰다. 통계에 따르면 중일갑오전쟁 기간 동안 일본이 파견한 종군기자는 총 114명, 또 화가와 사진 촬영기사는 15명이었는데, 많은 이가 전쟁 중에 목숨을 잃었다. 전쟁 발발 후 1개월 만에 17명의 서양 기자가 일본군 종군 취재 허가를 받았다. 이토 히로부미는 미디어 공세를 이용해 국민 여론의 지지를 받고 전쟁 승리의 절반을 획득했다고 말했다.

당연히 증기기관 시대의 첫 번째 해상 전쟁은 당시 서양 매체의 첨예한 관심을 받고 있었다. 어쨌건 중일갑오전쟁의 결과는 동아시아 내 서양 세력의 구조를 전환하게 될 것이기 때문이었다. 영국, 프랑스, 미국, 독일, 러시아 등의 미디어는 충실히 기사를 보도했다. 이러한 보도 과정 중에 일본 정부는 서양 기자를 초청하는 한편, 서양 매체에 취재 거리도 제공해주었다. 이 책에서 수집한 보도 중에 많은 것이 일본 정부에서 제공받은 지면과 사진이다.

서양 미디어에 취재의 편리함을 제공함과 동시에, 일본 정부는 서양 미디어가 진행하는 여론의 기획을 빌리기도 했다. 이 책에서도 서양 매체의 일본 전장 병원에 대한 다량의 보도 내용을 볼 수 있다. 종군기자가 보는 앞에서 일본 측은 다친 청군에게 의료 서비스를 제공하고, 치료 이후 그들을 석방하기도 했다. 베이징 함대 제독 정여창이 자살한 이후에도 이토 스케유키가 정여창의 시신을 예를 다해 송환했다. 이러한 행위는 모두 일본 측의 여론 선전의 소재로 쓰였다. 그래서 홀랜드(T. E. Holland) 영국 국제법 전문가는 감탄하며 이렇게 말했다. "이는 일본이 성숙한 문명국가라는 상징이다."

여론전, 일본이 완전히 승리했다.

LI HUNG CHANG.
The Chinese Viceroy, Who Was Received Yesterday as the Nation's Guest.

1896년 8월 29일, 미국 《뉴욕 타임스》

이홍장 중국 총독, 어제 국빈 신분으로 방미

이홍장은 방미 기간 동안 미국 《뉴욕 타임스》 기자와 인터뷰를 했다. "중국에도 신문이 있지만, 안타까운 점은 우리 편집인은 진실한 상황을 독자에게 알리길 원하지 않는다는 것이다. 그들은 이곳 신문이 '진실, 전체 진실, 오직 진실만'을 말하는 것처럼 하지 못한다. 중국의 편집인은 진실을 말할 때 매우 인색하다. 그들은 오직 일부 사실만을 말하며, 이곳의 신문만큼 큰 발행량도 보이지 않는다. 성실히 진실을 설명하지 못하기 때문에 우리 신문은 매체 본연의 고귀한 가치를 잃어버렸고, 널리 문명을 전달할 가능성도 상실하게 됐다."

1894년 10월 27일, 영국 《그래픽》

1 조선 부산 거리의 일본군 사병
2 《그래픽》 일본 주재 종군화가 비고(G. Bigot)
3 종군기자로서 마주한 첫 번째 문제: 부산에서 인터뷰하던 중 조선 경찰부대장의 심문을 받았다.

서양 매체는 가장 먼저 소식과 사진을 얻기 위해 동아시아에 대규모 기자와 우수한 화가를 파견 보냈다. 그들은 상하이, 인천, 나가사키 등 후방 도시에 머물면서 관련 정보를 수집하고 편찬해 유럽과 미국으로 발송했다. 어떤 이는 일본군과 함께 전선으로 나가 취재하고 스케치했다.

THE WAR IN THE EAST

SKETCHES AND PHOTOGRAPHS BY OUR SPECIAL ARTIST WITH THE JAPANESE FORCES

IAPANESE SOLDIERS IN THE MAIN STREET OF FUSAN, COREA
From a Photograph supplied by our Special Artist with the Japanese Forces

MONS. G. BIGOT
The *Graphic* Special Artist with the Japanese Forces
From a Photograph by Yamamoto, Tokio

ON THE WAY TO THE FRONT

(FROM OUR OWN CORRESPONDENT, M. G. BIGOT)

FUSAN, SEPTEMBER 13

LAUGHTER fills the air in the Japanese concession which nestles so confidingly at the foot of the sacred mount. The *chayas* or tea-houses are full of gay crowds, and the tinkling music of the *samisens* swells into unwonted sonorousness as the *geishas* foot their merriest in sight of the gallant soldiers who are going to fight the Chinese barbarian in the North. Two more transports arrived here yesterday, and the gallant linesmen are now enjoying their last night oft before they march into the Corean wilds to reinforce their victorious countrymen at Ping-Yang. To them Fusan is not so much the beginning of Corea as it is the last outpost of Japan. Here is the largest colony of their countrymen outside Nippon itself. The settlement—they call it the European concession, although only half a dozen Europeans live in it—is Japanese to the tiniest stones in the streets, and it is just now as full of patriotic enthusiasm as though it were, in truth, on the other side of Broughton Strait.

The nearest Corean port to the Japanese headquarters at

THE FIRST DIFFICULTIES OF A WAR CORRESPONDENT: AN INTERVIEW WITH THE CHIEFS OF THE COREAN POLICE AT FUSAN
FROM PHOTOGRAPHS SUPPLIED BY OUR SPECIAL ARTIST WITH THE IAPANESE FORCES

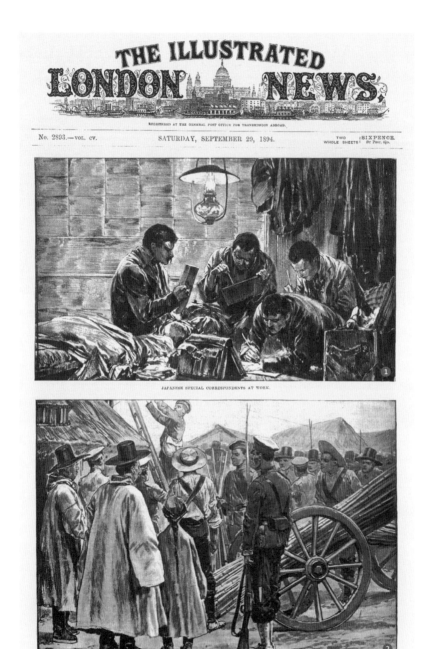

1894년 9월 29일, 영국 《일러스트레이티드 런던 뉴스》

1 일본에서 종군기자가 작업을 하고 있다.
2 일본군이 (조선에서) 군용 전보 케이블을 부설하고 있다.

전쟁이 발발하자 일본군은 한양과 부산을 잇는 385킬로미터의 전신 케이블을 부설했다.

THE ILLUSTRATED LONDON NEWS, Dec. 29, 1894.— 804

HOW JAPANESE WAR PICTURES ARE MADE.

THE WAR IN THE SOUDAN.—THE BATTLE OF KERBEKAN, FEB. 10, 1885: GENERAL EARLE'S TROOPS ATTACKING THE ENEMY.

From a Sketch by Lieutenant Beverley W. R. Usher, 1st Battalion South Staffordshire Regiment.

THE ROUT OF CHIN-LEN-CHANG.

From the Private Collection of Mr. Lasenby Liberty (of Liberty and Co.), for Presentation to the Japan Society.

OBVIOUSLY COPIED BY THE JAPANESE ARTIST FROM THE ABOVE.

1894년 12월 29일, 영국《일러스트레이티드 런던 뉴스》

1 1885년 2월 10일 수단에서 일어난 케르베칸(Kerbekan) 전투. 얼(Earle) 장군이 적군을
공격하고 있다.

2 일본 화가의 펜 아래서 본 한 전투.

일본 화가는 유럽 화가의 10년 전 그림(수단, 케르베칸 전투) 구성을 그대로 복사해 전쟁 선전
포스터를 만들었다.

THE FAR EAST*

OFF TO THE WAR: A JAPANESE SOLDIER BIDDING FAREWELL TO HIS FAMILY
FACSIMILE OF A DRAWING BY OUR SPECIAL ARTIST IN JAPAN

1895년 4월 6일, 영국 《그래픽》

전쟁터로 떠나기 전 일본군이 가족과 이별하고 있다.

이 그림은 일본 정부가 서양 매체에 발송한 선전 그림 중 하나다.

L'hôpital de la Croix-Rouge, a Tokio : vue générale des bâtiments.

L'HOPITAL DE TOKIO

Quand, il y a quelque quinze ans, par une révolution unique dans l'histoire, le Japon décida, par ordre impérial, de dépouiller sa civilisation propre pour embrasser celle des Européens, on put croire tout d'abord que ce mouvement inattendu ne dépasserait pas le port du chapeau haut de forme pour les hommes, et celui du corset pour les femmes de cet étrange pays. La guerre qu'il poursuit actuellement contre son colossal voisin a bien vite montré que la transformation était plus profonde qu'on ne l'avait prévu, et qu'en adoptant les uniformes des armées occidentales et leur armement, les officiers de l'armée japonaise en avaient également acquis la science militaire et les traditions. Il est vrai que la conscience des nécessités de la lutte pour l'existence devait fatalement opérer cette transformation. Les photographies que nous venons de recevoir de Tokio nous apportent cependant la preuve que la renaissance du Japon est plus complète encore, et que, poursuivie jusque sur le domaine d'institutions humanitaires organisées d'après les données les plus modernes des sciences médicales, elle place vraiment ce coin de l'Extrême-Orient au rang des civilisations européennes.

Dans cet Hôpital de la Croix-Rouge dont nous donnons une vue d'ensemble, — et où sont actuellement en traitement un certain nombre de prisonniers chinois blessés — il n'y a pas que le nom ou la façade qui soient à la dernière façon du jour. Autant que nous pouvons en juger par les documents d'une sincérité irrécusable, tout semble y avoir été édifié et installé d'après les grands principes qui président aujourd'hui à l'hygiène hospitalière, tels que les a formulés la doctrine microbienne.

Dans un quartier éloigné de la ville proprement dite de Tokio, à Shibuya, s'élèvent, autour d'un monument central réservé à l'administration, toute une série de petits pavillons séparés, comportant au plus un étage, isolés au milieu d'un vaste emplacement bien dégagé, et qui réalisent à première vue le type parfait de l'hôpital moderne, de celui que nous autres, vieilles civilisations encombrées de vieux bâtiments, nous avons tant de peine à obtenir. Combien en effet seraient heureux nos médecins, si tous ils avaient ainsi, pour les diverses catégories de leurs blessés et de leurs malades, des locaux séparés, à l'abri de la contagion des voisins et du mortel encombrement!

Pénétrons maintenant dans un de ces pavillons, et nous ne tarderons pas à acquérir la certitude que nous sommes bien dans un de ces petits temples de l'antisepsie, édifiés pour l'hygiène pastorienne: médecins, élèves, infirmiers et infirmières y apparaissent revêtus de blouses de toile aptes à la fréquente désinfection; le matériel, depuis les boîtes à instruments jusqu'aux lavabos, est du dernier modèle. Et même l'état d'âme du directeur de l'Hôpital, le très aimable docteur T. Iwai, s'y dévoile d'une modernité étonnante, à nous faire honte, dans cette mise en scène, d'un réalisme un peu lugubre, de son personnel hospitalier et de ses blessés. Mais enfin, c'est de la chirurgie de guerre que l'on fait maintenant au Japon, et ces photographies devaient prouver au Mikado, pour qui elles ont été faites, que l'on y travaille aussi bien, dans son empire, le bistouri que le sabre à la main... D'ailleurs les opérations semblent si bien réglées, et pratiquées par un personnel d'une propreté si correcte, que nous pourrions dire presque élégante, que vraiment l'on peut admettre le public à y assister.

Les détails valent d'ailleurs la peine d'être vus de près. Voici d'abord un moignon d'amputé qui a fort bon aspect, et sur le sort duquel nous pouvons être tranquilles. Ne voyons-nous pas la main de l'étudiant — nous dirions de l'interne — diriger sur lui, sous les yeux du chirurgien, le liquide assurément antiseptique qui coule, par un tube en caoutchouc, du bock classique que soutient, à hauteur voulue, une jeune infirmière? Que l'on veuille bien remarquer la position de la main de l'aide, soutenant les chairs par le dessous, à l'aide du bout des doigts: tout cela est chirurgicalement d'une correction absolue; et ce pauvre Chinois, qui sourit sur son lit de douleur, peut se vanter d'être pansé suivant les règles de l'art le plus moderne. Aussi est-il à peine besoin d'insister sur la scène de la petite chirurgie que l'on voit plus loin; il est manifeste que l'art d'appliquer bandes et appareils n'a plus de secrets pour les Japonais.

Cela nous suffirait déjà pour supposer que le Service de santé doit être organisé, aux armées qui guerroient en ce moment, avec une perfection assez comparable à celle que réalisent nos services européens similaires. Mais la preuve nous en est encore apportée par un autre document: il s'agit d'une ambulance qui s'est établie près d'une masure quelconque, où, bien entendu, l'on n'a rien trouvé pour étendre les blessés à hauteur des chirurgiens. Mais bien vite les cantines d'ambulance ont été vidées, mises debout, et reliées deux à deux par des planches prises dans les environs; et voilà installés des lits, où les blessés seront commodément visités, opérés et pansés. Que les chirurgiens militaires japonais pratiquent l'antisepsie sur le champ de bataille, il n'en faut d'ailleurs pas douter: car voici, dans les mains des aides, les longues boîtes de fer-blanc, remplies de gaz antiseptique, que nous connaissons bien.

Nous savons d'autre part que les sciences médicales sont maintenant cultivées, au Japon, avec le plus grand succès, et que maîtres et élèves y sont entièrement à la hauteur de leurs anciens de la vieille Europe.

Non loin de cet Hôpital de la Croix-Rouge s'élève, en effet, une Faculté de médecine installée à l'européenne, et dans cette Faculté on trouve des laboratoires où travaillent de véritables savants, dont quelques-uns ont une notoriété européenne, celle qui doit être évidemment surtout agréable à des Japonais. Pour en donner un exemple, il nous suffirait de citer M. Kitasato, qui fut le collaborateur de M. Behring dans sa découverte du traitement sérothérapique du tétanos et de la diphtérie. Deux autres Japonais, MM. Jabsuhara et Ogata, ont même été les premiers, après la découverte de la sérothérapie en France, à l'appliquer au traitement du charbon, précédant ainsi M. Behring lui-même. On le voit, il s'agit là de travaux essentiellement modernes, qui placent les savants japonais dans les rangs des véritables pionniers de la science.

Nous n'avons qu'un regret, à énumérer tous ces progrès, c'est de ne pouvoir dire que les Français en ont été les initiateurs. C'est à Berlin, en effet, que le gouvernement du Mikado envoie ses médecins pour s'y perfectionner dans les cliniques et les laboratoires, et ce sont encore des professeurs allemands qui ont organisé la nouvelle Faculté de médecine de Tokio.

X.

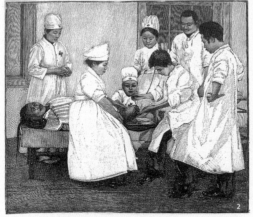

Après une amputation.

1894년 12월 29일, 프랑스《릴뤼스트라시옹》

도쿄의 병원

1 멀리서 바라본 도쿄 적십자병원
2 전쟁터에서 다친 청군의 다리 절단 수술을 하고 있다.

Blessés chinois traités à l'hôpital de Tokio : l'heure de la promenade.

L'HOPITAL DE LA CROIX-ROUGE, A TOKIO. - Les pansements.

3 포로로 잡힌 중국군 부상병이 도쿄의 병원에서 치료를 받고 있다. 산책하는 포로들
4 도쿄 적십자병원. 붕대 감는 부상병

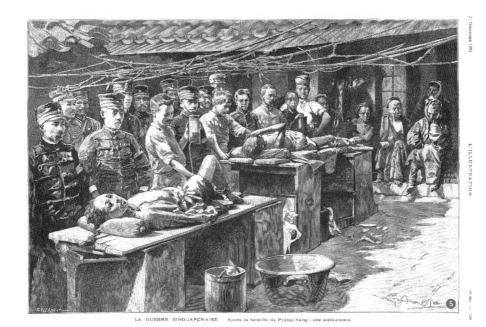

LA GUERRE SINO-JAPONAISE.   Après la bataille de Pyeng-Yang : une ambulance.

5 포로로 잡힌 중국군 부상병이 평양전투 이후 일본군 진지에서 긴급구조대의 치료를 받고 있다.

우리에게 제공된 그림을 보면 중국군 부상병들이 도쿄 적십자병원에서 현재 치료를 받고 있다. 이 병원은 이름부터 외관까지 모두 현대적이다. 부정할 수 없는 진실한 자료를 통해 우리는 충분히 확인할 수 있었다. 이곳의 모든 것이 현재 의료 보건의 기본 원칙에 따라 설립되고 배치돼 있었다. 이런 원칙은 미생물학과 관련한 것에도 적용된다.

1894년 12월 29일, 프랑스《릴뤼스트라시옹》〈일본의 전쟁포로 병원〉(선역)

앞에서 언급한 다섯 폭짜리 그림은 일본 정부가 복수의 서양 매체에 전달한 것으로, 당시 널리 유통됐다.

HARPER'S WEEKLY
JOURNAL OF CIVILIZATION

Vol. XXXIX.—No. 2000.
Copyright, 1895, by Harper & Brothers.
All Rights Reserved.

NEW YORK, SATURDAY, APRIL 20, 1895.

TEN CENTS A COPY.
FOUR DOLLARS A YEAR.

THE WAR IN THE EAST—CHINESE POOR RECEIVING ALMS AT THE JAPANESE STAFF-OFFICE IN THE KINCHU CITADEL.
DRAWN BY C. S. REINHART FROM AN OFFICIAL PHOTOGRAPH TAKEN FOR THE JAPANESE GOVERNMENT.

1895년 4월 20일, 미국《하퍼스 위클리》

일본군이 진저우(金州)를 점령한 이후 일본군 참모부가 빈곤한 중국 백성에게 먹을 것을 나누어주고 있다.
이 그림은 일본 정부가 서양 매체에 보내준 그림을 근거로 제작했다.

HARPER'S WEEKLY

NEW YORK'S JAPANESE CLUB.—Drawn by G. W. Peters.

1894년 10월 6일, 미국 《하퍼스 위클리》

뉴욕의 일본 교민 클럽

일본인의 선전전은 조선 일선에만 머물러 있었던 것이 아니다. 마찬가지 방법으로 유럽과
미국 매체에도 선전전이 전개됐다. 이 그림은 뉴욕에 위치한 일본 교민의 클럽이다. 이곳은
미국 내 일본 측 선전전의 교두보로서 평소에도 서양의 기자, 정계 인사, 사회 유명인사를
초청해 만찬을 열었다.

Une embuscade.

Pris entre deux feux.

Japonais emportant les fusils de l'ennemi.

CARICATURES JAPONAISES

Comme nos lecteurs le verront un peu plus loin, les Japonais sont en train de nous démontrer qu'ils ne sont inférieurs à aucun peuple de la vieille Europe, non seulement dans l'art de tuer, mais dans celui plus difficile de soigner et de guérir. Leur réputation artistique était plus solidement et depuis longtemps, du reste, établie. La campagne actuelle, si glorieuse pour les armes japonaises, devait fournir un aliment à la verve de leurs dessinateurs et de leurs caricaturistes, et faire surgir quelques-unes de ces publications illustrées, de ces albums fort en honneur au Japon, qui sont les champs de bataille où l'artiste s'escrime de son mieux contre l'ennemi, le lardant d'épigrammes, l'achevant par le ridicule, pendant que le petit soldat, de son côté, poursuit sa marche triomphale sur les routes de la Mandchourie.

Les spécimens que nous en donnons pourraient se passer de tout commentaire. Tel de ces dessins est consacré à la glorification du soldat japonais qu'il nous

Chinois très occupés à la fabrication des drapeaux blancs.

montre s'élançant de l'embuscade où il était dissimulé, emporté dans un mouvement irrésistible. Dans d'autres, l'artiste se montre sans pitié. Voici des Chinois occupés fiévreusement à la fabrication des drapeaux blancs, les drapeaux de la capitulation! Ils n'ont plus que cette ressource en effet, si nous en croyons cette autre image nous montrant leurs vainqueurs pliant sous le faix des fusils pris à l'ennemi. Plus loin, ce sont les troupes impériales de Port-Arthur ne s'occupant que de faire face à l'escadre du mikado, sans s'inquiéter d'une autre troupe japonaise qui survient à l'improviste et fonce sur leurs derrières. Et maintenant saluez! précédé d'une imposante escorte, confortablement installé dans sa luxueuse chaise à porteurs, voici le ministre Atari qui se rend au palais royal présenter à son souverain de judicieuses observations sur la nécessité d'introduire des réformes dans le gouvernement de la Corée.

Comme on le voit, personne ne reste inactif chez ce vivace petit peuple, qui sait combattre et vaincre aussi allégrement par le crayon que par l'épée.

Le ministre Atari se rendant au palais du roi de Corée.

1894년 12월 29일, 영국《그래픽》

1 매복병에게 당한 청군

2 앞뒤로 포위된 상황에서 공격받는 청군

3 일본군이 청군의 수중에서 노획한 무기를 운송하고 있다.

4 백기를 제작하느라 바쁜 중국인

5 오토리 게이스케 공사가 조선 국왕이 있는 궁전으로 향하고 있다.

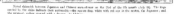

THE WAR IN EASTERN ASIA, AS DEPICTED BY A CHINESE ARTIST.

청나라 화가가 펜으로 그린 동아시아 전쟁

1 7월 27일 중국 군인과 일본 정찰부대 간에 충돌이 발생했다.

2 한양 성곽 앞에서 발생한 가드너(Gardner) 사건. 중국인 화가는 이 그림에 생동감을 더하기 위해 일본인이 장막에서 할복자살하는 장면을 그려 넣었다.

3 7월 25일 해상 충돌이 일어났다. 선박의 국적은 국기를 구분한 뒤에야 알 수 있다.

4 일본군 전함이 고승호를 격침했다. 중국인 화가는 일본군이 물속에 있는 중국군을 향해 총을 쏘는 장면을 그렸다. 또 그림의 오른쪽에 프랑스 전함이 구조 활동을 하는 장면도 그려 넣었다.

《점석재화보》는 중일갑오전쟁 중에 다음과 같은 가짜 승전보를 보도했다. "아산 대승", "형체가 없는 왜병", "해전 승보", "해적과 같다" 등이다.

《점석재화보》는 중국 최초의 삽화 중심 순간(旬刊, 10일에 한 차례 발간) 신문이다. 상하이의 《신보(申報)》에 첨부되어 발송되며, 그림은 여덟 장이 실린다. 1884년(광서제 10) 창간됐고, 1898년(광서제 24) 정간(停刊)됐다. 시사와 사회적 사건을 주로 실었다. 그중에서도 중일갑오전쟁 기간 중 석판화로 "아산 대승", "형체가 없는 왜병", "해전 승보", "해적과 같다" 등의 내용을 게재했는데, 청군에게 들은 허위 소식으로 군사 정보를 오도했고 진실을 호도했다. 중국인은 잠시나마 허구와 같은 가짜 승리에 속았고, 국제적으로는 웃음거리가 됐으며, 부정적인 영향을 초래했다. 그러나 이런 화보 자체만을 보면 이 신문이 당시 미디어의 선봉 역할을 담당했음을 알 수 있다. 당시 저명한 화가인 해우여(奚友如), 왕소(王釗), 주모교(周慕喬) 등을 포함한 열일곱 명이 참여했다. 이 신문은 일세를 풍미했다.

맺음말

———

내가 일본에서 만난 유럽인은 모두 이렇게
말했다. 가장 신뢰할 만한 정보는 모두 뉴욕과
샌프란시스코에서 발행한 신문에서 온다고
말이다. 여러 가지 이유가 있겠지만, 일본 정부는
오직 일본에 유리한 신문만 발간을 허락했다.
이렇게 보면 어떤 사람도 일본에서 발행한 매체의
보도를 신뢰할 수 없을 것이다. 상하이에서도
일본과 거의 다를 바 없었다. 상하이에서는
중국 정부가 인정하는 소식만 매체에 실을 수
있었다. 그러나 일본과 비교하면 중국은 좀 더
관용적이었다. 아니면 더 세심치 못한 것일 수도
있다. 그래서 중국 신문을 잘 보면 행간에서
군대의 패전 소식을 읽게 될 수도 있다. 상황이
이러하니 중국에서든, 일본에서든 나는 오직
유럽 매체의 신문만 신뢰할 수 있었다. 기왕 말한
김에 한마디 더 하자면, 내 개인적인 생각에
일본 요코하마 신문은 확실히 중국을 지지했다.
반대로 상하이의 신문은 친일적이었다. 상하이의

유럽인은 현재 정세가 어떻게 돌아가는지 잘 알고
있었다. 만약 중국이 패한다면 그것은 대외 개방을
지금보다 더 많이 해야 한다는 것을 의미한다.
게다가 그 개방의 강도와 폭은 100년도 더 전에
평화롭게 진행됐던 교역 및 무역과 비교해 훨씬
크고 빠르게 진행될 것이다. 이러한 내 생각은
여실히 영자신문에 반영되어 보도됐다.
전쟁터 일선에서 보내오는 소식을 전하는 중·일
양국의 신문을 제대로 보려면 독자가 스스로
추측하며 독해해야 했는데, 이들 신문은 그렇게
정보를 접할 수 있다는 것 외에 어떤 다른 가치도
없었다. 예를 들어 나가사키에 있을 때 나는
평양전투 이전에 전쟁 소식을 접했다. 보도에
따르면 일본군 전사자는 36명이고, 일본군이
세 척의 중국 전함을 노획했으며, 중국군은
2000명이 사망했다. 이 뉴스를 들은 독자
여러분은 어쩌면 이번 전쟁의 자세한 상황이
일부 황당하다고 말할지도 모른다. 그러나 진짜로
중·일 양측이 평양에서 악전고투하고 있다는
것을 알 수 있다. 게다가 일본 군대가 아마도
완전한 승리를 거두었을 것이라고 유추할 수
있다. 그런데 상하이에 도착했을 때 영자신문은
이미 이번 전쟁에 대해 500자 뉴스를 보도한
상태였다. 그들의 보도는 평양전투에서 중국군이

패배했음을 확인하고 있었다. 해전의 처참함도 잘 묘사했고, 중국군 고위 해군 장교의 전사 소식도 보도했다. 유럽인은 이런 보도를 잘 이해하지 못해서 신문을 뒤집었다 엎었다 하며 뒤적거린다. 그러다 더 많은 정보를 얻기도 한다. 최후에 그들은 억측하게 된다. 중국 측 사상자는 분명 매우 심각할 것이다. 그렇지 않으면 중국은 이미 이 전쟁의 승전보를 알렸을 테니까. 그들은 모두 중·일 양측이 각각 세 척의 전함 손실을 입었고, 중국 해군이 철수했다고 알고 있다. 중국군이 정교하고 아름다운 여객용 운송선을 일본군 수중에 뺏겼다는 보도도 있었다. 그런데 사실 이렇게 불확실한 뉴스만 생산되는 상황은 중·일 양국의 전쟁 사실에 대한 전보가 보잘것없을 정도로 매우 적기 때문이다. 미국의 민중은 조선에서 무슨 일이 발생했는지 중·일 양국 국민보다 훨씬 더 많이 알고 있을 것이다. 설령 이런 미국의 보도가 전장에서 벗어나라는 경고를 받은 기자 때문에 내용이 어쩔 수 없이 소설처럼 과장되게 쓰일 수밖에 없어도 말이다.

일본 당국은 불리한 전쟁 사정에 대해서는 절대적 비공개를 유지하는데, 이는 혁명 발생을 우려하기 때문이다. 그러나 만약 일본군이 중국군에 충분히 타격을 입혔다는 확신이 들면 그들은 최선을 다해 소식을 공개했다. 왜냐하면 그 어떤 성공도 전쟁에서 승리한 것처럼 사람의 마음을 고무하는 것은 없기 때문이다. 이를 통해 일본은 정부의 이미지를 향상시켰다. 전쟁 실패만이 인민들로 하여금 혁명을 지지하고 반유럽 배외 정책을 표방하는 정당을 지지하도록 한다. 우리는 여기서 중·일 양국의 개혁진보운동은

모두 일본군의 승리 여부와 관련이 있다는 것을 어렵지 않게 발견할 수 있다. 우리는 일본군이 얼마나 오만방자하며 거리낌이 없는지를 목도했다. 이는 문명의 소멸과 같다. 기독교도는 최선을 다해 중국을 도울 것이다. 일본이 전쟁 상황과 관련한 보도를 억제했던 또 다른 이유는 일본 정부가 일본군이 죽거나 다치는 것을 자국민에게 보여주고 싶어 하지 않았기 때문이다. 이는 일본의 첫 대외전쟁이었다. 예전에 일본의 사무라이는 맨손으로 싸웠다. 그래서 일반인은 현대 전쟁에서는 반드시 사상자가 발생할 수밖에 없다는 사실을 잘 모른다. 일본 전역에서 사람들은 모두 채색된 선전화를 본다. 그림 가운데 대다수는 일본인이 중국인의 몸 위에 올라탄 모습이다. 또는 중국의 선박을 격침하고, 중국 군대 진영이 포연으로 가득 찼으며, 연일 화염이 발생하는 장면이다. 일본 내 어디를 가든 지식층인 것처럼 보이는 사람이 고작 얇은 종이에 몇 글자밖에 인쇄되어 있지 않은 신문을 목마른 사람처럼 들여다보는 모습을 볼 수 있다.

1894년 11월 10일, 미국 《하퍼스 위클리》, 줄리언 랠프

LI HUNG CHANG RECEIVING A VISITOR AT CAR

DRAWN FROM LIFE BY W. HATHERELL, R.I.

TERRACE

1896년 8월 22일, 영국《그래픽》

영국을 방문한 이홍장은 칼턴(Carlton)에서
이전에 만난 적이 있던 커훈(A. R.
Colquhoun)《런던 타임스(London The
Times)》전 주중 특파원을 만났다.

후기.

서양의
　화보

19세기, 서양 열강의 식민지 건설 과정과 무역 세계화는 기세등등하게 이루어졌다.

19세기, 산업혁명은 전 세계에 기차, 전보, 전함과 대포를 가져다줬다.

19세기, 오래된 동아시아는 한겨울 경첩이었고, 지구의 축은 흐름에 따라 서쪽으로 이동했다.

19세기, 유럽과 미국의 농민은 빠르게 도시로 이주했고, 인구수 상승과 함께 교육 수준도 높아졌다.

19세기, 이웃 국가 간의 갈등은 국제적 분쟁으로 커졌다. 사람들의 관심사는 자기 집 앞의 작은 땅에서 열강이 각축을 벌이는 글로벌 자원으로 이동하게 됐다.

19세기, 구대륙이든 신세계든, 인력거 인부든 갑부든, 이제는 창밖의 일을 듣지 않아도 되는 무릉도원 시대로 돌아갈 수 없다. 정치, 금융, 문화의 영역에서 각 세력은 치열하게 게임을 치른다. 사회를 지배하는 역량 역시 점점 전제군주의 지배에서 멀어지고 무관제왕(전문가)이 시대의 요구에 따라 발생하게 됐다. 문자는 인류 역사상 처음으로 일상에서 소비되는 용품으로 변모했다. 문자는 대학 도서관의 먼지 쌓인 고대 서적에서 필사적으로 벗어나, 많고 다양한 신문, 잡지 속으로 뚫고 들어가 우유와 빵과 함께 도시 주민의 아침상에 놓이게 됐다.

1842년 5월 14일 토요일《일러스트레이티드 런던 뉴스》라는 이름의 주간지가 영국에서 탄생했다. 모든 것에는 짝이 있듯이, 9개월 후 또 다른 토요일에 영국해협 건너편 파리에서 프랑스어판 주간 화보집《릴뤼스트라시옹》이 창간됐다. 이 두 주간지가 세상에 나올 때 이미 영국과 프랑스의 시사 및 정치 관련 내용을 다루는 두 개의 가장 오랜 일보가 있었는데, 하나는 영국의《타임스》이고, 다른 하나는 프랑스의《르 피가로(Le Figaro, 費加羅報)》다. 앞서 말한 두 주간지는《타임스》에 비해 57년,《르 피가로》에 비해 16년 늦게 발간되기 시작한 것이다. 그러나 그들의 존재 이유를 무시할 수는 없다.《일러스트레이티드 런던 뉴스》나《릴뤼스트라시옹》 독자는 이제 더 이상 신문을 볼 때 두 눈을 한 곳에 모아 빼곡하게 들어찬 두부덩어리 같은 문장 속에서 마치 바다에서 바늘을 건지듯 흥미 있는 내용을 찾을 필요가 없어졌다. 그 이유는 이들 주간지의 창간인이 다음과 같은 사실을 잘 알고 있기 때문이다. 이제 새로운 독자층이 등장했고, 그들은 좀 더 직관적이고 빠른 방법으로 세계를 이해하고 싶어 한다. 이제 그림을 읽는 시대가 온 것이다!《릴뤼스트라시옹》의 편집장은〈우리의 목표〉라는 글을 창간호에 게재했는데, 글의 시작은 다음과 같다. "기왕 이번 세기에 가장 유행하는 말이 '삽화(插圖, Illustration)'라면 우리가 바로 이 단어를 쓰자! 바로 이 단어를 통해 신문 매체의 새로운 한 장을 시작하자. 오늘날 군중이 가장 필요로 하는 것은 무엇인가? 그들이 진정 요구하는 것은 세상에 어떤 일이 일어났는지 가장 알기 쉬운 방법으로 알려주는 것이다. 간단한 문장으로 발간하는 일보가 이러한 수요를 만족시킬 수 있을까? 안타깝지만 그렇지 못하다. 일보가 할 수 있는 것은 단지 몇 개의 이야기를

L'ILLUSTRATION,
JOURNAL UNIVERSEL.

Ab. pour Paris. — 3 mois, 8 fr. — 6 mois, 16 fr. — Un an, 30 fr.
Prix de chaque N°, 75c. — La collection mensuelle br., 2 fr. 75.

N° 1. Vol. I. — SAMEDI 4 MARS 1843.
Bureaux, rue ce Seine, 33. — Réimprimé.

Ab. pour les Dep. — 3 mois, 9 fr. — 6 mois, 17 fr. — Un an, 32 fr.
pour l'étranger. — 10 — 20 — 40

NOTRE BUT.

Puisque le goût du siècle a relevé le mot *Illustration*, prenons-le! nous nous en servirons pour caractériser un nouveau mode de la presse nouvelliste.

Ce que veut ardemment le public aujourd'hui, ce qu'il demande avant tout le reste, c'est d'être mis aussi clairement que possible au courant de ce qui se passe. Les journaux sont-ils en état de satisfaire ce désir avec les récits courts et incomplets auxquels ils sont naturellement obligés de s'en tenir? C'est ce qui ne paraît pas. Ils ne parviennent le plus souvent à faire entendre les choses que vaguement, tandis qu'il faudrait si bien les entendre que chacun s'imaginât les avoir vues. N'y a-t-il donc aucun moyen dont la presse puisse s'enrichir, pour mieux atteindre son but sur ce point? Oui, il y en a un; c'est un moyen ancien, longtemps négligé, mais héroïque, et ce moyen que nous pretendons nous servir; lecteur, vous venez de nommer la gravure sur bois.

L'essor extraordinaire qu'a pris depuis quelques années l'emploi de ce genre d'illustration semble l'indice d'un immense avenir. L'imprimerie n'a plus seulement pour fonction de multiplier les textes: on lui demande de peindre en même temps qu'elle écrit. Les vues ne peuvent-elles plus qu'à moitié, si le génie de l'artiste, s'inspirant de celui de l'écrivain, ne nous traduit leurs récits en brillantes images, et l'on dirait qu'il en est désormais de toute littérature descriptive comme de celle du théâtre, que l'on ne connaît bien qu'après l'avoir vue représentée. Pourquoi donc cette association si heureuse du dessin avec les signes ordinaires du langage ne s'étendrait-elle pas hors des bornes dans lesquelles elle s'est contenue jusqu'ici? Pourquoi ne ferait-elle pas irruption hors des livres? Ce mouvement n'est-il pas même déjà commencé par les recueils désignés sous le nom de *pittoresques*? Nous ne faisons donc que le continuer en lui imprimant ici une nouvelle direction, et ce n'est pas hasardant à lui ouvrir la carrière du nouvellisme, nous ne doutons pas de reussir, car il est évident que nulle part il n'est susceptible de porter de meilleurs fruits.

Les recueils pittoresques ne sont au fond que des livres composés d'articles variés, et publiés feuille à feuille. C'est donc sur un terrain tout différent et vierge jusqu'à ce jour que nous prétendons nous placer. Puisque la bibliothèque pittoresque est fondée, et que la librairie n'a plus à cet égard que des perfectionnements matériels à chercher, fondons d'un autre côté du nouveau, et ayons désormais des journaux qui sachent frapper les yeux par les formes séduisantes de l'art.

Quelqu'un s'étonnera-t-il? S'inquiétera-t-on de savoir comment nous espérons soutenir un tel programme? Nous demandera-t-on sur quels chapitres un journal a besoin d'illustration? Pensera-t-on que nous allons être réduits aux monuments, aux sujets généraux d'instruction, au rétrospectif, et qu'en définitive nous serons désarmés par les dimensions du format des recueils du même genre qui existent déjà? Il nous est trop facile de répondre.

Toutes les nouvelles de la politique, de la guerre, de l'industrie, des mœurs, du théâtre, des beaux-arts, de la mode dans le costume et dans l'ameublement, sont de notre ressort. Qu'on se fasse idée de tout ce qu'entraine de dessins de toute espèce un

tel bagage. Loin de craindre la disette, nous craindrions plutôt l'encombrement et la surcharge.

La plupart du temps il est impossible, en lisant un journal, de se faire une idée nette de ce dont il est question, parce qu'il serait nécessaire pour cela d'avoir sous les yeux une carte géographique et qu'il serait trop long d'en chercher une. Que l'on m'imprime dix colonnes sur les terrains en litige entre l'Angleterre et les États-Unis, j'aurai plutôt compris avec dix lignes, si l'on a le soin d'y accoler une carte précise du pays. Cette carte est la pièce essentielle du procès, et faute de la posséder, tout demeure confus. Il faut en dire autant de toutes les nouvelles politiques qui se rapportent à des contrées éloignées. Qui ferait profession d'être assez versé dans la géographie pour suivre sans difficulté, sur les récits abrégés des journaux, les mouvements des armées de l'Afghanistan, dans l'Inde, dans la Chine, dans le Caucase, même dans l'Algérie? Nous compléterons donc notre texte par des cartes toutes les fois que les cartes lui seront utiles. Voilà un genre d'illustration dont personne ne contestera la convenance; mais ce n'est pas assez; les cartes ont par elles-mêmes quelque chose de trop sec et de trop peu vivant. Au moyen de correspondances, et, quand il le faudra, de voyages, nous les soutiendrons par les vues des villes, des marches d'armées, des flottes, des batailles. Qui n'éprouvera une joie plus vive en voyant les faits d'armes de nos frères d'Algérie retracés d'après nature, au milieu de ces sauvages montagnes, dans l'Inde, dans le Caucase, au pied de ces ruines romaines, qu'en les lisant simplement dans les bulletins?

La Biographie nous offre une large scène. Nous voulons qu'avant peu il n'y ait pas en Europe un seul personnage, ministre, orateur, poète, général, d'un nom capable, à quelque titre que ce soit, de retentir dans le public, qui ait payé à notre journal le tribut de son portrait. Qui ne sait que l'on comprend mieux le langage et les actions d'un homme quand on a vu ses traits? C'est un instinct de notre nature qu'il nous semble avoir un commencement de connaissance avec les gens, du jour où nous connaissons leur figure. Même nous n'entendons ne point nous borner aux figures isolées, et les scènes souvent si passionnées et si vives des assemblées délibérantes, non-seulement en France, mais en Espagne, en Angleterre, partout où la conduite officielle des États se marque à la vue, ces étonnants *meetings* de la démocratie d'outre-mer, enfin toutes les grandes cérémonies publiques ou religieuses, auront leur place toutes les fois que l'occasion en sera digne.

Arrivons tout de suite au théâtre: ici notre affaire, au lieu d'analyser simplement les pièces, c'est de les peindre. Costumes des acteurs, groupes et décorations dans les scènes principales, ballets, danseuses, tout ce qui appartient à cet art où la jouissance des yeux tient une si grande place; Français, Opéras, Cirque-Olympique, petits théâtres, tout et de toutes parts viendra se réfléchir dans nos comptes-rendus, et nous tâcherons de les illustrer si bien, que les théâtres, s'il se peut, soient forcés de nous faire reproche de nous mettre en concurrence avec eux, en donnant d'après eux à nos lecteurs de vrais *spectacles dans un fauteuil.*

On pense bien que nous ne nous ferons pas faute d'introduire aussi nos lecteurs aux expositions de peinture; c'est là que nous triompherons. Nous ne nous contenterons pas de donner, comme les autres journaux, des jugements tout nus, auxquels l'immense majorité du public, celui de l'étranger et des départements, n'a le plus souvent rien à voir ni à entendre. A côté du jugement, nous aurons soin de donner les pièces sur lesquelles il se fonde; et, sans avoir besoin de se déplacer, tout le monde pourra se faire au moins une idée générale des morceaux qui, chaque année, attirent le plus l'attention.

Enfin, la vie courante fourmille d'événements qui tombent sous notre loi: nous ne parlons pas de l'extraordinaire, de ces de tous les jours nous suffisant, et il n'y en a malheureusement que trop, soit dans les affaires judiciaires, soit dans un catalogue désigné dans les journaux sous le nom de faits divers, qui, par leur importance désastreuse, demandent que le crayon les reproduise exactement à l'esprit. Qui n'aurait voulu planer en instant à vol d'oiseau sur tant de grandes villes en proie, ces dernières années, à l'incendie? qui n'aurait été curieux de la vue de ce terrible Rhône remplissant la plaine de Tarascon comme un lac en mouvement, ou transformant Lyon en une Venise? qui ne voudrait se représenter la mer durant ces ouragans furieux, dont tous les ports désolent, les vaisseaux à la côte, les sauvetages, les désolations des rivages? Et comment tout indiquer ici! Les voyages de découvertes, les scènes des pays lointains, les colonies, les ateliers remarquables, les chemins de fer qui vont s'ouvrir, et dont nous suivrons avec soin la construction

sur les points où elle présentera aux regards quelque chose soit de singulier, soit de grandiose.

Nous terminerons notre programme par un mot sur les modes. Il ne s'agit pas seulement de celles du costume, que nous ne négligerons cependant pas: il s'agit aussi pour nous de ces modes d'ameublement qui tiennent de si près à l'art et qui ont porté si haut la gloire de la France; bronzerie, carrosserie, ébénisterie, orfèvrerie, bijouterie, toutes ces branches brillantes de l'industrie parisienne occuperont dans nos colonies la place qui leur est due, et nous servirons peut-être à accélérer la dispersion dans le monde de ces innombrables essaims de formes riches, élégantes, destinées à l'embellissement de tant d'usages de la vie, et qui étendent sur le monde l'empire de notre patrie comme il s'y est longtemps étendu par la seule forme du langage.

En voilà assez pour marquer ce que nous voulons faire, et peut-être pour inspirer le désir de le voir. Concluons donc cette préface, et commençons notre œuvre en priant le public, qui vient d'en entrevoir les difficultés, de ne point s'étonner si nous ne nous élevons que progressivement à la hauteur du service nouveau que nous ne craignons pas d'embrasser.

Le Gouverneur des îles Marquises.

(Le capitaine Bruat, gouverneur des îles Marquises.)

Armand Bruat, né en Alsace, doit avoir de quarante-cinq à quarante-six ans. Il entra au service en 1811, à bord

대략적으로 펼쳐놓는 것뿐이다. 하지만 진정으로 해내야 하는 것은 바로 사람들이 마치 자기 눈으로 목도하듯 사건의 전체 전개 과정을 보여주는 것이다. 오늘날의 신문 매체는 이러한 목표에 진정 속수무책인가? 아니다, 하나의 방법이 있다! 그것은 우리가 장기간 부시했던 오래된 방법이다. 바로 이런 방법이 앞으로 우리 신문의 주요 특색이 될 것이다. 그렇다. 당신이 말한 것이 맞는다. 바로 목각 판화 기법이다!"

《일러스트레이티드 런던 뉴스》와《릴뤼스트라시옹》은 전 세계에서 가장 빨리 창간된 삽화 위주의 주간지였다. 그들은 섬세하고 생동감 있는 가는 선의 목각 판화로 19세기의 기술 조건 아래 할 수 있는 가장 빠른 속도로 세계 각지의 중대한 사건을 재현해냈다.《일러스트레이티드 런던 뉴스》창간호는 판매가가 6펜스였고, 16개 지면과 32장의 삽화로 구성됐다. 사람들은 여기서 아프가니스탄 전쟁, 프랑스 기차 탈선 사고, 미국 대통령 후보자의 여론조사 결과, 버킹엄 궁전에서 열린 화려한 무도회 장면, 새로 시작한 연극, 그리고 신간 소개 등을 보았다. 또 법률적으로 진행 중인 적잖은 범죄에 대한 내용이 실릴 경우에는 2만 6000부가 모두 동이 났다. 1842년 말에는 발행량이 이미 8만 부에 달했고, 1851년에는 13만 부 돌파, 1863년에는 30만 부에 달했다.《릴뤼스트라시옹》가격은 75상팀이었고, 창간호는 1만 6000부를 발행했다. 1929년에는 65만 부로 기록을 갱신했다.

이 두 주간 화보지의 성공은 전체 서양 세계를 뒤흔들었다. 그리하여 비슷한 발행물이 이를 모방하며 등장했다. 1843년《일루스트리르테 차이퉁(Illustrirte Zeitung, 新聞畫報)》은 라이프치히에서 창간됐고, 1850년《하퍼스 먼슬리(Haper's Monthly, 哈珀斯月刊)》, 1857년 《하퍼스 위클리》는 뉴욕에서 창간됐다. 1873년《릴루스트라치오네 이탈리아나(L'Illustrazione Italiana, 意大利畫報)》는 밀라노에서 발행하기 시작했다. 이렇듯 세계 각지에서 주간 화보지가 우후죽순처럼 창간됐는데, 다들《일러스트레이티드 런던 뉴스》와《릴뤼스트라시옹》을 모델로서 분명하게 겨냥하고 있었다.

《일러스트레이티드 런던 뉴스》는 미국 시장을 쟁탈하기 위해 뉴욕판 창간을 추진했다. 여기서도 독자 여러분께 몇 부 보여드렸는데, 뉴욕판은 런던판보다 2주 정도 늦게 인쇄됐다. 그 이유는 뉴욕판의 신문 틀이 런던에서 대서양을 거쳐 뉴욕의 인쇄 공장으로 운송돼야 했기 때문이다. 흥미로운 것은 1858년 짧은 구절의 서양 문구라도 있으면 통과시키지 않던 중국에서 찰스 워그먼(Charles Wirgman)《일러스트레이티드 런던 뉴스》특파원이 쓴 글이다. 그는 중국 광저우에서 취재할 때 놀라워하며 이런 글을 썼다. "중국인은《일러스트레이티드 런던 뉴스》로 집 벽과 평저선(平底船)을 장식하기를 좋아한다." 그리고 윌리엄 심프슨(William Simpson) 《일러스트레이티드 런던 뉴스》특파 화가는 그의 스케치와 우편물을 보내 1873년 11월 22일

1873년 11월 22일, 영국 《일러스트레이티드 런던뉴스》

중국 상하이의 전통 선박인 오봉선(烏篷船) 내부 벽에 《일러스트레이티드
런던 뉴스》가 가득 붙여져 있다.

자에 실었는데, 그는 상하이의 조봉선 내 벽에《일러스트레이티드 런던 뉴스》가 가득 붙여진 모습을 발견하기도 했다!

시장 경쟁은 해외에서만 발생한 것이 아니다. 바로 같은 국가 내에서도 경생이 있었다. 1869년 12월 4일 런던에서 창간된《그래픽》은《일러스트레이티드 런던 뉴스》에 꽤 큰 도전이 됐다. 《그래픽》의 정치적 입장은 보수적인《일러스트레이티드 런던 뉴스》보다 왼쪽에 있었다. 사회 개혁적 편집 방침은 한층 더 정밀하게 아름다워진 삽화와 좀 더 생동감 있어진 지면의 품격에 반영됐다.《그래픽》은 다량의 사회 저층과 동정심 가득한 지식인 청년 독자층의 지지를 빠르게 얻었다. 이런 점에서 우리가 소장한 "고승호가 일본에 의해 격침된 사건"과 "뤼순 대학살"이라는 표현은 분명했다.《그래픽》의 그림과 글을 통한 보도는 진실을 폭로하는 데 좀 더 직접적이고 깊이가 있었다. 물론 당대에 발간됐던 미디어가 철저히 강도와 같은 논리와 식민자의 오만함을 포기했던 것은 아니다. 그러나 적어도 편집 방침의 차이에서 120년 전 당시 세기의 교류를 통해 대영제국 역시 결코 철밥통과 같은 것은 아니었고, 그들 내부에서도 서로 다른 계층과 상이한 정치적 주장이 있었음을 깨달을 수 있다.《그래픽》은 크게 성공했다. 1869년 창간 당시 편집부는 임대한 작은 민간 주택에 있었는데, 1882년에는 뉴욕에 마련한 세 동짜리 건물로 이사했고, 20종이 넘는 출간물과 1000명의 직원을 두고 대량의 발행물을 북미 지역에 판매하게 됐다.

북미 현지에서 나고 자란《하퍼스 위클리》는 1857년 뉴욕에서 탄생했다. 당시는 미국의 남북전쟁 전야였다. 표현 방식과 편집 기획으로 보면 이 주간지는 많은 분야에서 파리의 《릴뤼스트라시옹》을 더 많이 모방했다. 삽화 외에도 각계각층 사회 명사들의 빈틈없는 장편의 글을 배치해 주간지의 우위를 좀 더 극적이고, 전면적이며, 심도 깊게 만들려고 노력했다. 그리고 정치 지도자나 엘리트 그룹에게 좀 더 정밀하고 엄격한 정책적 의견을 제시하는 데 그 장점을 발휘하기 위해 노력했다. 1860년《하퍼스 위클리》의 발행 부수는 이미 20만 부에 달했다. 1862년부터 20년 동안 '미국 정치만화의 아버지'라 불리던 토머스 내스트(Thomas Nast)가《하퍼스 위클리》에 참여하면서 거대한 매력을 더하게 된다. 내스트 역시《하퍼스 위클리》의 거대한 발행 부수에 기대어 스스로의 정치적 이상(노예제 반대, 흑인 인권 보호 등)을 표현해 나갔다. 그는 또한 그랜트, 헤이즈, 클리블랜드 등 각각의 후보자를 지지하며 대통령 선거의 승리를 이끌었다. 그는 이로써 '대통령 제작자'라 불리기도 했다. 내스트는 또한 미국을 '인격화'하기도 했다. 예를 들어 '엉클 샘'이라는 명칭을 써서 미국을 형상화했다. 더 흥미로운 점은 오늘날 전 세계인이 아주 잘 아는 뚱뚱하고 빙그레 웃는 빨간 코의 산타클로스 역시 그가《하퍼스 위클리》를 통해 세상에 소개한 캐릭터라는 것이다.

우리가 소장한 다른 종류의 화보지로는 프랑스의《르 프티 주르날》과《르 프티 파리지앵》등이 있다. 이 두 화보지와 앞서 설명한 몇 개의 주간지 간에는 비교적 큰 차이가 있다. 이 주간지들이 겨냥한 독자층은 사회 저층의 노동자였다. 그래서 가격은 좀 더 저렴했고, 문자도 일반 회화체였다. 또 흥미 위주의 대중적 신문 내용을 발굴하는 데 집중했다. 삽화의 화폭은 컸으며, 시각을 자극할 수 있는 것을 추구했다. 《르 프티 주르날》의 주말 화보 증간은 심지어 1890년 전후로 이미 6색 윤전기를 사용해 앞뒤 표지를 인쇄하기 시작했다. 기존의 것과 달리 시장에서 차지하는 위치를 생각해보면 그들의 발행 부수는 놀라울 정도였는데, 《르 프티 주르날》은 1895년 이미 100만 부에 달했다. 20세기 초에는 《르 프티 파리지앵》 주말 화보지에 역전되기도 했다.

진지한 시사정치 보도물이든, 일반 대중을 대상으로 한 거리 신문이든, 그들이 손으로 세심히 작성해 게재한 삽화는 그 가치와 품위 면에서 매우 높은 예술품이라 할 만하다. 《릴뤼스트라시옹》은 1891년부터, 《일러스트레이티드 런던 뉴스》는 1892년부터 가장 선진적인 사진인쇄술을 채택하기 시작했다. 그때부터 더 많은 사진이 삽화를 대신하기 시작했다. 120년 전 발발한 중일갑오전쟁은 촬영 작품이 화보상에 널리 제공되는 더 많은 기회를 제공했다. 그러나 우리가 소장한 신문을 분석하면 알 수 있듯이, 당시의 신문 편집자는 더 크고 더 섬세하게 잘 보이는 사진이나 그림의 효과를 얻기 위해 여전히 판화를 통한 삽화 이용을 더 선호했다. 그들은 특파 화가가 보내오는 스케치를 신문의 인쇄판에 직접 적용하는 기술을 습득함으로써 지면 삽화의 충실도와 발간 속도를 크게 향상시킬 수 있었다.

20세기에 들어와 세계대전이 잇달아 발생했다. 여기에 경영 부실 등의 원인까지 겹치면서 점차 주말 화보지의 생명력은 사그라들고 있었다. 또 《타임스》, 《르 피가로》, 《뉴욕 타임스》 등의 전통 시사정치 일간지 역시 삽화를 넣기 시작했다. 또한 촬영 기술이 갈수록 발전하면서 주간 화보지가 차지했던 프리미엄도 점점 상실됐고 독자층도 축소됐다. 《그래픽》은 1932년 발행을 중단했고, 《릴뤼스트라시옹》은 1955년, 《하퍼스 위클리》는 1957년에 폐간했다. 《일러스트레이티드 런던 뉴스》는 1971년 월간으로, 1989년에는 두 달에 한 번 발간으로, 결국은 인터넷상에서 1994년 반년에 한 차례 발간하며 겨우 명맥을 이어가다가 9년 후인 2003년 발행을 중단했다.

그러나 《하퍼스 위클리》의 자매 출간물 두 종은 지금도 여전히 발간되고 있다. 1850년 창간된 《하퍼스 먼슬리》는 최근까지 두 달에 한 번 발간되고, 인터넷판으로도 발행된다. 주요 내용은 문학에 치중하고 있다. 1867년 세계에서 첫 번째로 발간된 패션 화보인 《하퍼스 바자(Haper's Bazaar)》는 비록 1901년 주간에서 월간으로 전환하기는 했지만, 이후 주인이 몇 번 바뀌는 과정을 거쳐 오늘날 여전히 전 세계적으로 최대 발행량을 기록하는 패션 잡지 중 하나로 자리매김하고 있다. 30여 개국 독자에게 열광적인 성원을 받고 있으며, 중국에서도《시상파사(時尚芭莎)》라는 이름으로 발행되고 있다.

서양의 거울을
통해 본
청일전쟁

이은상
부산대 교양교육원 교수

청일전쟁과 중국, 일본, 조선

청일전쟁(중일갑오전쟁)은 조선에 대한 지배권을 둘러싸고 발생했다. 1894년 갑오년 2월 전라남도
고부에서 전봉준이 이끄는 동학군이 봉기를 일으켰다. 동학군은 일본을 몰아내고 민씨 정권을 타도하자고
주장하며 한성을 향해 북상했다. 3월에는 갑신정변이 실패한 이후 일본으로 망명했던 김옥균이, 중국의
북양대신(北洋大臣) 이홍장과 담판을 위해 상하이에 갔다가 조선 정부가 보낸 자객에 의해 암살됐다. 중국
군함에 의해 조선으로 돌아온 김옥균의 유해는 저잣거리에 효시됐다. 이 두 사건은 일본을 자극하기에
충분했다.

동학군이 5월 말 전라도의 중심지 전주를 점령하자 조선 조정은 동학군 진압을 위해 6월 초 (이홍장에 의해
조선에 파견된) 위안스카이에게 파병을 요청했다. 일본의 이토 히로부미 내각 역시 파병을 결정했다. 중국
군대가 전주와 가까운 아산에 상륙하자, 일본군은 한성에 가까운 인천에 상륙했다. 전주의 동학군은 중·일
양국의 파병 소식을 들었고 내정 개혁을 하겠다는 정부의 약속을 받고는 화약을 결정했다. 조선 정부가
동학군이 해산했다는 이유로 일본군의 철수를 요구하자 일본은 중·일 양국 군대의 공동 철병 이후 조선의
내정을 공동으로 개혁하자고 중국에 주장했다. 물론 그 주장을 중국이 수용할 리 없었다. 6월 말 일본은
조선에 내정 개혁의 실행을 요청했고, 조선 조정은 일본군 철수가 먼저 해결돼야 한다고 주장하면서 독자
개혁을 시행하려 했다. 내정 개혁을 둘러싼 조선과 일본의 협의가 결렬되자 일본군은 7월 23일 경복궁을
점령해 민씨 정권을 무너뜨리고 대원군을 집정으로 하는 정권을 수립했다.

일본군은 8월 1일 중국에 선전포고를 했지만, 이미 전쟁은 그 이전에 시작됐다. 7월 25일 서해안의 아산만
부근에 있는 풍도에서, 29일에는 성환에서 중국 군대와 교전을 벌였다. 전면전 선포 이후 북상해 9월 평양을
함락하고 황해의 대동구 해역에서 중국이 자랑하는 북양함대를 격파했다. 이후 압록강을 넘어 만주를
침공해 11월에는 랴오둥반도의 뤼순을 함락했다. 그다음 해인 1895년 2월 산둥반도의 웨이하이웨이에
상륙해 북양함대의 주둔지 류공섬을 점령함으로써 전쟁은 일본군의 거의 일방적 승리로 끝났다.

전쟁의 결과 맺어진 시모노세키조약으로 일본은 2억 냥이라는 거액을 배상금으로 받고 타이완을 식민지로
획득했다. 그다음 해에는 기존의 평등한 청일수호조규(1871) 대신에 중국이 유럽 제국과 맺은 조약에
준하는, 일본 우위의 새로운 불평등조약을 맺었다. 청일전쟁의 승리로 일본은 중국에서 서구 열강과 동등한
지위를 누릴 수 있었고, 타이완을 식민지로 영유함으로써 서구 열강과 같은 식민지 제국이 됐다.

청일전쟁의 패배로 열강 간에 중국 영토 분할 경쟁이 가속화됐다. 패전의 충격으로 중국인의 위기감은
고조됐다. 이 과정에서 변법파를 대표로 하는 지식층은 중국이 천하의 중심이 아니라 다른 국가와
마찬가지로 단순히 '국가'로서 세계 질서에 참여하는 것임을 자각했다. 1898년 무술년에 일어난
캉유웨이(康有爲)와 량치차오(梁啓超) 등이 주도한 변법운동은 바로 국가의 존립마저 위태로운 망국의
위기의식에 대응하는 자강운동이었지만 백일천하로 끝나고 망국의 위기는 가속화됐다.

시모노세키조약 제1조 "중국은 조선국이 확실히 완전무결한 독립자주국임을 승인한다. 고로 독립 자주
체제에 손상을 주는 중국에 공물을 바치는 의식 등은 이후 전부 폐지한다"에 의거해 중국은 최후의

조공국이었던 조선의 독립 자주를 승인해야 했다. 청일전쟁은 비록 일본의 의중이 작용한 것이긴 했으나 한국과 중국의 관계사에서 중요한 전기를 이루는 사건이었다. 1899년 대한제국과 중국이 맺은 한청통상조약은 양국 간 평등한 상주 외교 사절 파견 등을 명시한 평등 조약이었다. 그러나 한·중 근대 평등 외교의 실험은 을사조약으로 대한제국의 외교권이 일본에 의해 박탈되는 1905년까지 6년에 불과했다. 청일전쟁은 한중관계사에서 획기적인 사건이었으나 타이완의 뒤를 이어 조선이 일본의 식민지가 되는 중요한 계기로 작용했다.

서양의 거울: '문명 대 야만'의 전쟁

중국 학계는 기본적으로 청일전쟁을 일본과 중국의 '침략 대 반(反)침략' 전쟁으로 인식하고, 중·일 양국 관계에서 해석한다. 가해자 일본과 피해자 중국의 구도에서 청일전쟁을 이해하는 것이다. 청일전쟁 연구의 권위자 치치장(戚其章)은 이렇게 말했다. "1894년 폭발한 중일갑오전쟁은 근대 사상 시대를 긋는 중대한 사건이다. 이 전쟁은 일본이 모의해 도발한 것이다. 이로 인해 중국에 대해 말하자면 그것은 1차 반침략 전쟁이며, 그 성질은 정의롭다. 그러나 청조 통치 집단의 부패, 무능과 전쟁을 지휘하는 과정에서 보여준 실패주의(失敗主義)로, 이번 전쟁은 결국 중국의 실패로 끝났다." 여기서 조선에 대한 중국의 종주권(宗主權) 강화, 조선을 둘러싼 중·일 양국의 주도권 전쟁이라는 성격은 부각되지 않는다.

청일전쟁 120주년을 기념해 출판된 이 책《갑오: 120년 전 서양 매체의 관찰》은 마융이 서문에서 서술했듯이 서양 미디어의 시각을 통해 중국, 일본, 조선의 청일전쟁을 재구성했다. 청일전쟁이 중·일 양국의 주도권 전쟁이라는 관점에서 조선 문제는 전쟁을 이해하기 위해 매우 중요하다. 중국 학계의 기본적 입장을 고려할 때 1장 '동아시아의 화약통: 조선'이라는 제목은 이런 의미에서 새롭다.

서양의 프리즘을 통해서 보면 '일본은 문명, 중국과 조선은 야만'이다. 일본은 동아시아의 영광과 진보를 대표했다. 일본의 승리는 세계 문명사회에 이익을 주며, '야만족이라고 볼 수는 없지만 현대 문명에서 가장 거리가 멀고 유럽의 정신 개조 영향이 가장 적은 지역으로, 외부 세계와의 통상과 교류를 거절해온' 조선에도 도움이 됐다.

마지막 장인 '전쟁 중 미디어의 역할'의 내용도 흥미롭다. 중국이 여론 선전에서 경시와 방임의 태도를 보였던 반면, 일본은 전면적으로 미디어를 활용했다. 일본은 100명이 넘는 종군기자를 비롯해 화가 및 사진 촬영기사를 파견했고, 외국 기자의 종군 취재도 허가했다. 이 전쟁은 당시 서양 매체의 큰 관심을 끌었는데, 서양 국가의 미디어 보도 과정 중에 일본 정부는 큰 역할을 했다. 예컨대 본문에서도 언급됐듯이 일본군이 부상한 중국 병사에게 적십자 의료 서비스를 제공하거나, 희생된 북양함대 제독 정여창을 예의를 갖추어 송환했다는 등의 보도는 일본 정부로부터 제공받은 정보에 의거한 것이다. 서양 미디어의 대부분은 중국 군대의 흉악하지만 패기 없음을 비판하고 일본군의 전투에 대한 충만한 열정을 대조적으로 설명했다. 일본은 실제 전투뿐 아니라 보이지 않는 또 하나의 전쟁인 여론전에서도 승리했다.

일본에 의해 만들어진 서양의 거울

김옥균이 암살되고 얼마 되지 않아 일본의 신문사는 일제히 김옥균 암살 상황을 상세히 게재하면서 동정을 불러일으켜 '김씨 추도 의연금' 모집을 호소했다. 중국과의 전쟁이 가까워지자 위안스카이의 간계에 빠져 조선에서 친청파가 득세하는 것을 막기 위해 조선의 독립을 위해 싸워야 한다는 대의명분을 앞세웠다.

양국이 선전포고 조서를 발표하기 직전 한 신문은 〈청·일의 전쟁은 문명과 야만의 전쟁이다〉라는 사설을 게재했다. "수많은 청나라 군대는 모두 무고한 인민으로 그들을 몰살하는 것은 가여운 일"이지만, "세계의 문명 진보를 위해서 그 방해물을 제거하고자 한다면" 어쩔 수 없는 일이라는 논리로, 문명의 기치 아래 철저히 싸워야 한다고 강하게 주장했다.

메이지유신기의 계몽사상가이자 교육가, 저술가인 후쿠자와 유키치에 따르면 "일청전쟁은 문명과 야만의 전쟁이다. 단순한 인간 대 인간, 국가 대 국가 간의 전쟁이 아니라, 새로운 것과 진부한 두 종류의 문명 간의 충돌"이었다. 전쟁은 일본과 중국 두 나라의 전쟁이 아니라 세계 문명을 위한 싸움이고, 이런 의미에서 도덕적으로도 정의로웠다.

전쟁 현장을 보도하는 주역도 미디어였다. 각 신문사는 기자가 보내온 정보나 병사가 고향으로 보낸 편지를 게재하며 전장의 모습을 상상하게 하고 가족과 벗의 무사 기원을 호소했다. 전쟁 기간 내내 전투 상황은 미디어를 통해 속보로 전달되고, 일본 국민은 이를 적극적으로 소비했다. 이러한 일본인에 의해 만들어진 이미지가 서양에 그대로 전달돼 서양인의 시각으로 환원됐음은 말할 것도 없다.

이 책은 청일전쟁에 대한 풍부하고 다양한 정보를 제공한다. 양무운동과 메이지유신 시기의 인물, 산업 정책, 도시의 모습 등을 묘사했고, 청일전쟁 시기 중국과 일본의 전함 비교, 전쟁 경과, 일본군의 뤼순 대학살, 웨이하이웨이 함락, 전쟁에 참여한 군인의 모습, 전쟁 종결 후 체결된 시모노세키조약 등을 자세히 설명했다. 더 나아가 전쟁 종결 이후 삼국간섭, 이홍장의 방미, 서양 각국의 중국 이권 쟁탈전, 서태후에 의한 광서제 폐위 음모 등에 대해서도 비교적 상세히 언급했다.

이 책에서 소개한 많은 화보 자료는 매우 흥미롭고 기존에 보기 어려웠던 것이다. 이 책을 읽으면서 우리는 125년 전의 청일전쟁을 생생하게 그려볼 수 있다. 그 자료 속에서 드러나는 '문명화된 일본, 야만의 중국과 조선'이라는 구도가 일본에 의해 만들어진 서양의 이미지였음을 유념해야 할 것은 물론이다.

중일갑오전쟁 관찰에 대한 관찰

이창주
아주대 정치외교학과 강사,
중국정책연구소 객원연구위원

1894년에 발발한 이 전쟁을 한국, 중국, 일본은 서로 다르게 칭한다. 한국은 '청일전쟁', 일본은 '일조청전쟁', 후에 '일청전쟁', 중국은 '갑오전쟁' 혹은 '제1차 중일전쟁'이라고 한다. 이 책에서는 '중일갑오전쟁'이라고 정리했다. 이 전쟁은 현대까지 지대한 영향을 미치는 동아시아 지역의 패권을 전환한 전쟁이었다. 일본은 이를 계기로 러일전쟁, 태평양전쟁까지 그 마수(魔手)를 확대해갔다.

이 책이 흥미로웠던 부분은 바로 '여론전'에 주목했다는 점이다. 특히 미국과 유럽, 일본 중심의 미디어가 중일갑오전쟁을 둘러싸고 어떤 보도를 했는지를 여실히 보여준다. 많은 삽화와 사진을 토대로 생동감 있게 당시의 상황을 전달하는 강점을 충분히 잘 살린 책이다. 일본의 근대 소설가 아쿠타가와 류노스케의 〈라쇼몬(羅生門)〉이 던져주는 시사점처럼 하나의 객관적 사건을 둘러싸고 다양한 주관적 관점이 존재하듯, 한 전쟁을 둘러싸고 다양한 시각에서 해석하는 모습이 인상 깊었다.

우리가 그동안 배워온 중일갑오전쟁은 역사학적으로 접근하는 방식이었지만, 이 책에는 다양한 학문이 겹쳐진 통섭학적 관점이 관통하고 있다. 또한 현대에 이르기까지 국제 정세에 큰 영향을 미치는 '외교 활동'과 '여론전'의 중요성을 강조한다는 점에서 언론학적 관점까지 종합적으로 담겨 있어 새로운 영역에 대한 우리의 호기심을 자극한다. 중국 랴오둥반도 끝자락에 위치한 뤼순에서 발생한 일본군의 학살을 미국에 보도한 《뉴욕 월드》의 크릴맨 기자와 그의 사장 조지프 퓰리처의 결단은 언론 통제로 국내에 보도될 수 없었던 광주민주화운동의 참상을 해외에 알린 독일의 기자 위르겐 힌츠페터의 모습과 겹쳐진다. 여기서 퓰리처는 우리가 잘 알고 있는 퓰리처상의 그 퓰리처다.

만국보관, 중국 측에서 편집하고 번역한 이 책에서는 중일갑오전쟁 중 중국의 처지에서 당시 서양 미디어의 보도 내용을 정리했다. 중국의 시각에서 당시의 상황을 철저히 성찰한 내용이 주를 이룬다. 특히 일본의 여론전 부분에 주목한다. 일본은 중일갑오전쟁 기간 동안 서양 미디어가 파견한 종군기자의 전장 참여를 허락했을 뿐만 아니라, 그들과의 끊임없는 교류로 열강의 여론을 일본에 유리하게 이끌어 나갔다. 일본은 이에 그치지 않았다. 유럽과 미국 내 일본 공관에서 만찬을 열어 열강의 정책 결정자나 언론인을 초대하는 모습이 나오는데, 이런 공관을 플랫폼으로 삼아 자국에 유리한 선전 활동을 진행하기도 했다. 만국보관은 당시 청 조정이 해외 미디어에 폐쇄적이었을 뿐만 아니라 청 내부 미디어의 취재 활동에도 제한적이었다며, 그 결과로 인한 연승(連勝) 오보 등에 대해 무섭게 비판한다.

그렇다면 당시 조선은 어떠했는가? 번역을 하면서 가슴이 아팠던 것은 이 책에 나오는 조선에 대한 묘사 때문이었다. 서양인을 위해 기생 혹은 무희를 불러놓고 연회를 펼치는 조선 관원, 고종을 찬양하는 내용으로 가득 찼다는 조선의 《관보》 그리고 명성황후의 허락 없이는 궁궐 내에서 아무런 일도 할 수 없었다는 내용 등이 바로 그런 것이다. 그런데 이보다 더 가슴 아픈 것은 정작 이 책에 전혀 소개되지 않은 내용에 있다. 당시 제2차 동학농민혁명으로 조선 농민의 최소 3만~5만 명이 일본군에게 학살되는 일이 발생했다. 그런데 당시 그 어떠한 서양 미디어에도 이 소식은 실리지 않았다. 인명의 가치는 수치로 비교할 수 없는 일이지만, 당시 뤼순에서 2만 명의 중국인이 일본군에게 학살됐을 때 일본 정부의 방해에도 《뉴욕 월드》에 기고했던 크릴맨과 이를 세상에 보도했던 퓰리처는 제2차 동학농민혁명 때 살육된 조선인의 비애를 알고 있었을까? 현재 우리가 밟고 있는 이 땅 위에서 발생한 사건을 조선은 얼마나 객관적으로 세상에 알리며 여론을 형성하고자 했던 것일까? 번역을 하면서 당시 조선 조정 내부의 상황 그리고 미디어에 실리지도 못한 조선 농민이 직면해야 했던 홀로코스트에 가슴이 정말 아려왔다.

이 책이 우리에게 주는 시사점은 무엇일까? 유튜브, 페이스북, 트위터와 같은 소셜 네트워크 시스템으로 각 개인이 세계를 향해 아무렇지 않게 자신의 의견을 말할 수 있고, 제4차 산업혁명으로 다양한 정보 교류 플랫폼이 큰 주목을 받는 이 시점에 중일갑오전쟁 당시의 여론전은 분명 시사하는 점이 크다. 당시 조정이 붙인 화선지 위의 먹물과 사람들 사이에 도는 이야기에 의존하던 조선은 변화하는 세계 미디어의 흐름에서 도태된 채 자신의 억울함조차 알릴 수 없었다. 그러나 오늘날 대한민국은 다르다. 누구나 어떤 말이나 할 수 있는 자유민주주의 체제의 대한민국, 크게 신장된 경제력을 토대로 세계를 울리는 한류 현상을 일으키는 소프트파워 강국 대한민국이다. 우리의 다양한 목소리를 다층적이고 다원화된 매체를 통해 발산할 수 있는 조건이 충분하다. 현대의 한국은 어떻게 세계 여론전에 참전할 것인가? 이제 중일갑오전쟁에 묶여 있던 우리의 국운을 일본과 중국보다 앞선 언론 자유와 미디어 플랫폼으로 극복해 나가야 하는 것이 아닐까.

감사 인사

오늘 독자 여러분께 보여드리는 이 책은 우리가 다년간 10여 개국에서 수집해온 오랜 신문을 번역하고 편집해 엮은 것이다. 수집 과정은 길고 길었지만, 충분히 흥미로운 일이었다. 친구들의 관심과 응원에 감사한다. 특별히 영국, 프랑스, 미국, 독일, 러시아 그리고 일본 등지에 있는 만국보관 친구들, 그들은 이 자료를 위해 매우 소중한 시간과 노력을 쏟아 부었다. 일일이 감사드리기는 어렵지만, 특별히 대니얼 블래시제(Daniel Blasize) 선생, 왕화(汪華) 선생, 노약(老若) 선생, 이삼(李三) 선생, 황원룡(黃元龍) 선생, 왕조남(王兆南) 선생, 유염민(劉豔民) 선생, 이설동(李雪東) 선생, 김연(金妍) 여사, 서위(徐偉) 여사 등에게 "감사합니다!"라는 인사를 드린다. 지난 몇 년간 그들의 지지와 도움이 없었다면 만국보관은 오늘과 같은 규모가 될 수 없었을 것이다. 또한 여러분께 양해를 구하고 싶다. 신문을 수집하고 운송하는 과정에서 우리가 너무 많은 것을 재차 부탁드리며 이런저런 말을 많이 하여 폐를 끼쳤다. 그리고 우리의 좋은 친구 미천(米川) 선생에게도 감사 인사를 드린다. 그의 작업실은 120년 전의 낡은 종이로 가득 찬 곳으로 변하면서 우리가 자료를 정리하고 연구할 수 있는 공간이 되어주었다.

그리고 또한 왕회경(王懷慶) 선생, 양영명(楊迎明) 선생, 효춘(曉春) 여사, 진도수(陳徒手) 선생에게도 특별히 감사 인사를 드린다. 그들의 지도가 없었다면 우리는 여전히 수집하는 길에서 배회하고 있었을 것이다.

그 밖에도 오래된 신문 속 그림을 디지털화 하는 과정에서 우리는 스리뤄(石利洛) 중국 공사의 홍량(洪亮) 선생, 후이저우(徽州)의 촬영가 장건평(張建平) 선생 그리고 초등표(肖登標) 선생의 큰 도움을 받았다. 그들의 가장 선진화된 하셀블라드(Hasselblad) 디지털 촬영 기기로 100년 전 존재했던 진귀한 신문을 세밀한 사진으로 탈바꿈시킬 수 있었다. 이런 점에서 다시 한 번 깊은 감사를 드린다.

동시에 우리의 번역 작업단에게도 깊은 감사를 드린다. 영어, 프랑스어, 독일어, 일본어, 러시아어 등 다양한 문자의 번역을 우리를 위해 해준 뜻이 같은 동지 여러분, 그들에게도 정말 감사하다. 강하(薑霞) 여사, 주강(朱強) 선생, 초진표(肖振彪) 선생, 유심이(劉心怡) 여사, 하정(賀靖) 여사, 기나(紀娜) 여사, 반문첩(潘文捷) 여사, 온해(溫楷) 선생, 장의호(張毅豪) 선생, 하연(夏然) 여사, 왕추염(王秋豔) 여사, 장아지(張亞遲) 선생, 형성(邢成) 선생, 박미화(樸美花) 여사 등에게 감사드린다. 여러 군함의 형태와 이름 그리고 다양한 인명으로 1년 넘게 고통스럽게 했다.

마지막으로 삼련서점(三聯書店)과 이 책의 책임 편집인 당명성(唐明星) 여사에게 감사드린다. 여사의 인내심과 세심함 덕분에 우리가 이런 성과를 더 빨리 낼 수 있었고, 우리가 갑오년에 뒤를 돌아볼 기회를 실현할 수 있었다.

만국보관
2014년 6월